Über dieses Buch Johann Sebastian Bach entstammt einer Familie, deren Name sogar als Berufsbezeichnung galt: so viele Musiker waren aus ihr hervorgegangen. Ganz selbstverständlich lernte er die musikalischen Grundbegriffe und Fertigkeiten und begann schon mit neun Jahren seine Laufbahn als Berufsmusiker, die ihn nach mehreren Anstellungen in kleinen Fürstentümern und mitteldeutschen Kleinstädten schließlich als Thomaskantor nach Leipzig führte.

Christoph Rueger, als ehemaliger Thomaner schon früh mit Bachs Werken in Berührung gekommen, zeigt uns Bach als einen Menschen, der mit sich und seiner Zeit in Einklang lebte, ohne deshalb ein bequemer Zeitgenosse zu sein. Soli Deo Gloria – Gott allein die Ehre – stand über vielen seiner Werke und war programmatisch für sein Leben und Schaffen. Sein umfangreiches Werk, von dem hier nur eine Auswahl angesprochen werden kann, zeigt, daß Bach die alten Kunstformen meisterhaft beherrschte, als Komponist und Virtuose aber seiner Zeit weit voraus war. Erst hundert Jahre nach Bachs Tod waren die Nachkommen imstande, sein Werk zu verstehen und zu pflegen, und heute ist es zum festen Bestandteil des internationalen Musiklebens geworden.

Der Autor Christoph Rueger, geb. 1942, Thomaner, Studium der Musik, Orgel, Klavier, Theorie und Komposition, seit 1983 Professor für Musiktheorie und Tonsatz in Berlin, Herausgeber von Musikliteratur und Klaviermusik, ist außerdem als Publizist und Moderator tätig.

Christoph Rueger

Johann Sebastian Bach

Eine Biographie

Fischer Taschenbuch Verlag

Ungekürzte Ausgabe
Veröffentlicht im Fischer Taschenbuch Verlag GmbH,
Frankfurt am Main, Dezember 1989

Lizenzausgabe mit freundlicher Genehmigung des
Erika Klopp Verlags, Berlin

Titel der Originalausgabe: ›Soli Deo Gloria – Johann Sebastian Bach‹
Umschlaggestaltung: Buchholz/Hinsch/Hensinger
Umschlagabbildung: Portrait J. S. Bach,
Ölbild um 1720 von Johann Jakob Ihle
Gesamtherstellung: Clausen & Bosse, Leck
Printed in Germany
ISBN 3-596-25688-7

Für Doris

Inhalt

Bekenntnis zu Bach – Anstelle eines Vorworts

Soli Deo Gloria – Gott allein die Ehre, das stand über vielen Werken Bachs. Keine Sorge, dies wird kein »frommes« Buch im frömmelnden Sinne. Und auch kein pathetisches, wie der Leser vielleicht befürchten könnte. Ich gehöre einem nüchternen Jahrgang an, 1942. Aber bevor ich dieses Manuskript in das Meer der Bach-Bücher entlasse, in der Hoffnung, daß es seinen Leser finden wird, *muß* ich erklären, warum ich es geschrieben habe.

Zu den großen Lehrmeistern meiner Jugend gehören ein lutherischer Pastor – das war mein Vater; ein faszinierender Organist und Chordirigent – Günter Ramin; ein profunder Musikhistoriker – Heinrich Besseler, und *Johann Sebastian Bach*. Acht Jahre habe ich in seiner Leipziger Kirche im Thomanerchor gesungen, und immer wieder hat es mich bei den Motetten, Kantaten, Oratorien und Passionen gepackt. Eigentlich gehört zu der Meistergalerie noch George Gershwin – als Ausgleich gegenüber soviel Würde. Das ist also mein persönlicher Beweggrund. Aber es gibt auch einen objektiven Grund. Ich halte Bach für einen Modellfall, gerade in unserer Zeit und nicht zuletzt für die Generation, die die Zukunft prägen wird. Es geht um Handwerk, Universalität und Weltbild.

Handwerk, Universalität und Weltbild gehören bei Bach zusammen. Aus einem alten Musikergeschlecht stammend, fühlte er sich in allen Bereichen des Musiklebens seiner Zeit zu Hause, konnte sich mühelos auf alle möglichen Stile einstellen und war im Improvisieren ebenso unschlagbar wie im Komponieren oder im virtuosen Instrumentalspiel. Und das Weltbild gab diesem universellen Handwerk, das keine Kluft zwischen weltlichen und geistlichen Werken kannte, die richtige Bestimmung. Bach fühlte sich als Auftragnehmer von höchster Stelle. Solides Können, Berufsethos und Standesbewußtsein resultieren bei ihm aus diesem Selbstverständnis.

Das aber widerspricht einer heute leider verbreiteten Praxis: mehr scheinen zu wollen als zu sein, Produkte als besser anzupreisen und zu verkaufen, als sie sind. Wenn das Handwerk nicht stimmt, gibt es auch kein Ethos, gibt es ein falsches, anfälliges oder verqueres Selbstbewußtsein. Bach war echt.

Die alten Chinesen sagten: Wenn der Kammerton stimmt, dann auch die Regierung. Man kann die Welt nach seiner Façon ordnen, aber man *muß* sie ordnen. Dann erst herrscht auch im eigenen Inneren Ordnung, dann stimmen auch Beruf und Selbstwertgefühl. Heute suchen junge Menschen, den alten Modellen mißtrauend, bei Bagwhan und Schlimmerem neuen Halt. Denn Halt braucht und sucht jeder. Bach hatte ihn. (Bei Archimedes hieß das so: »Gebt mir einen festen Punkt außerhalb der Erde, und ich werde sie euch aus den Angeln heben.«) Für ihn war die Welt das Produkt eines gigantischen Schöpfungsaktes, und er kannte den Urheber und hatte ein gutes Verhältnis zu ihm. Er nannte ihn *Gott*. Zur selben Zeit gab es genügend Denker, die für Gott *Vernunft* setzten. So oder so: Die Welt war geordnet, »in Ordnung«.

Dann aber werden äußerer Erfolg und Glanz relativ und sind nicht länger absolute Kriterien. Dann kann sich jeder an dem Platz, an den er »gestellt« ist, sein unangefochtenes Standesbewußtsein leisten, denn er füllt ihn nach bestem Vermögen aus.

Die Brücke zwischen universellem Handwerk und Weltbild heißt bei Bach »Pflichterfüllung aus Dankbarkeit«.

Auch wenn für ihn die Welt geordnet ist, bleibt er ein Mensch mit menschlichen Schwächen. Bach ist kein »abgehobener« Denker, Asket oder Märtyrer. Bach ist nicht nur sinnlich mit jeder Faser seines Gemütes, seines Körpers, sondern er ist auch gelegentlich schwach gewesen, hat sich schlecht in der Gewalt gehabt – bei seinem Jähzorn würde man heute sagen, er habe eine »niedrige Frustrationsschwelle«. Einmal in Rage, verkennt er sogar Tatsachen. Als Familienvater ist er – der Zeit entsprechend – durch und durch Patriarch. Als Ehegatte absolut in Führung; eine Eigenentwicklung der Frau lag damals außerhalb des Vorstellungsradius eines Mannes.

Doch ein Genie wie Bach wird durch solche menschlichen, allzu menschlichen Züge nicht verkleinert, sondern – sympathisch. Man merkt, er ist ja einer von uns. Und wenn er einen Sohn indirekt »auf dem Gewissen hat« und an seinem »Aussteigertum« Schuld trägt, so ist das eine sehr moderne Situation...

Geschont hat sich Bach nie. Und er hat die Menschen seiner Umgebung und die Nachwelt großzügig beschenkt. Wer innerlich reich ist, braucht mit Hingabe nicht zu geizen.

Das Leben eines Komponisten zu beschreiben, ohne auf seine Werke einzugehen, wäre, wie wenn man einen Baum malt und die Blätter wegläßt. Aber musikalische Werke beschreiben setzt ebenso wie jede künstlerische oder wissenschaftliche Disziplin, jedes Handwerk und jeder Beruf Fachausdrücke voraus. Wir versuchen dort auf sie zu verzichten, wo wir den betreffenden »terminus technicus« umschreiben oder übertragen können. Aber manches *muß* eben so und nicht anders bezeichnet werden. Solche Begriffe werden gewöhnlich beim ersten Auftreten erläutert und generell im Anhang noch einmal. Sehen Sie es bitte als kleinen Nutzen nebenbei: So erfahren Sie zum Beispiel, was sich hinter dem Begriff *Generalbaß* oder den rätselhaften zwei Buchstaben c. f. verbirgt.

Es war eine Materialschlacht. Umfang dieses Buches, Umfang des Bachschen Werkes und Umfang der Bach-Literatur verhalten sich wie erste zu zweiter zu dritter Potenz. Besonders die Auswahl der angesprochenen (nicht *be*sprochenen) Werke konnte unter diesen Umständen nur subjektiv ausfallen: Wenn Schmieders Bach-Werkeverzeichnis schon 750 Seiten Quartformat umfaßt, so entspräche das dem vierfachen Umfang des vorliegenden Buches.

Also mußte ich mich beschränken, mußte verzichten und in Kauf nehmen, daß mancher manches vergeblich suchen wird. Worauf es mir ankam, war, Zusammenhänge deutlich und Sie, meine verehrten Leserinnen und Leser, neugierig zu machen. Neugierig auf einen außergewöhnlichen Menschen und sein einmaliges Lebenswerk.

Christoph Rueger

1 Zeit – Land – Sippe

> Kaum hatte die Garde ihre Neuerwerbung voller Stolz ausprobiert, mußte sie wieder verkauft werden: Die Kanone schoß, nach welcher Himmelsrichtung auch immer, in fremdes Staatsgebiet...

Bachs Leben verlief in einem auffallend engen geographischen Rahmen. Die einzigen Staaten von europäischem Belang, mit denen er in Berührung kam, waren Kursachsen und Brandenburg-Preußen; wenn man die Jugendzeit in Lüneburg hinzunimmt, auch noch Hannover, das seit 1701 im Besitz des englischen Throns war.

Alle anderen waren Zwergfürstentümer, die ihre Winzigkeit durch Prachtentfaltung und kulturellen Glanz auszugleichen versuchten. Den steuerzahlenden Untertanen brachte das teilweise harte Belastungen, für die Kunst- und Musikgeschichte bedeutete es optimale Nutzung des schöpferischen Potentials der Untertanen oder, wie es damals hieß, der »Subjecte«.

Geboren wurde Bach in Eisenach, das damals ein eigenständiges Staatsgebilde war, eines der rund dutzend Bindestrich-Herzogtümer der ernestinischen Linie des Hauses Wettin. Eine unselige Tradition dieses Zweiges, der nach der Schlacht am Mühlberg die Kurwürde an die albertinische Linie (Hof in Dresden) abgeben mußte, besagte, daß das Territorium jeweils unter den männlichen Erben aufgeteilt werden mußte.

Von Sachsen-Eisenach ging es dann nach Ohrdruf, das kein Dorf war, wie man heute vielleicht vermuten könnte, sondern Residenz der Grafen Hohenlohe-Gleichen; Lüneburg und Celle gehörten zum Herzogtum Braunschweig-Lüneburg; Hamburg war eine Freie Reichstadt, Weimar Sitz eines Herzogs von Sachsen-Weimar; in Arnstadt residierte der Graf von Schwarzburg; mit den Höfen der sächsischen Herzogtümer Weißenfels, Altenburg und Zeitz stand Bach in Kontakt, beim Fürsten von Anhalt-Köthen war er Hofkapellmeister, beim Weißenfelser Herzog dasselbe »von Haus aus«, er konzertierte am Hof des Grafen Heinrich XI. Reuß in Schleiz und vor dem hessischen Landgrafen in Kassel.

Man könnte sich keinen größeren Kontrast vorstellen als die etwas zur selben Zeit regierenden Herrscher August der Starke und Friedrich Wilhelm I. Durch ihre Politik entwickeln sich ihre Länder geradezu gegensätzlich: Sachsen ist im Niedergang begriffen, Preußen steigt in die Reihe der europäischen Großmächte auf und kann später sogar dem riesigen Österreich Gebiete entreißen.

Friedrich August I., Kurfürst von Sachsen, dem Stammland der Reformation, war eine Herrscherpersönlichkeit nach dem Vorbild des Absolutisten par excellence, Ludwig XIV., der den bezeichnenden Satz »L'état c'est moi – Der Staat bin ich« geprägt hatte. An Rücksichtslosigkeit gegenüber seinen Landeskindern stand er dem Sonnenkönig nicht nach, doch verfügte er nur über einen Bruchteil von dessen Reserven an besteuerbaren Untertanen und natürlichen Reichtümern. Bezeichnend für seine ehrgeizige und rücksichtslose Innenpolitik ist der Fall Böttger – der Alchimist, der in seinem Auftrag versuchen mußte, auf chemischem Wege Gold für die zerrütteten Staatsfinanzen herzustellen, und dabei bekanntlich auf das »weiße Gold«, das Porzellan, stieß. Damit gelangte Kursachsen auf den internationalen Markt und konnte dem fernöstlichen Porzellan Konkurrenz machen. Zum Dank wurde Böttger zeitlebens als Gefangener des Königs auf der Festung Königstein einbehalten – als Geheimnisträger.

Bezeichnend für die ruinöse und ehrgeizige Außenpolitik dieses Sachsenherrschers ist das polnische Abenteuer. Hier betreten wir erstmals in Bachs Biographie weltpolitisches Terrain.

Als der Polenkönig Johann III. Sobieski 1696 starb, versuchte Ludwig XIV. in den Besitz des polnischen Thrones zu gelangen, um so eine zweite Flanke gegen das mächtige Habsburg auszubauen. Das zu verhindern, dazu war von den europäischen Gegenmächten und nicht zuletzt vom Papst der eitle Sachsenkurfürst ausersehen. Als einzige Bedingung für die Krönung zum polnischen König mußte er den katholischen Glauben annehmen, da Polen als katholisches Stammland galt. Für den Kurfürsten, der sich als polnischer König August I. nannte, war das kein Problem. Seitdem blieb der sächsische Hof bis 1918 katholisch, und eigens für den Herrscher und sein Gefolge wurde in Dresden die katholische Hofkirche erbaut. Bei der sächsischen Bevölkerung, die stark von Luthers Reformation geprägt und in stolzem Selbstbewußtsein evangelisch war, löste dieser Schritt heftige Empörung aus. Bach kam unmittelbar mit dieser Protesthaltung in Berührung, als er für die Gemahlin Augusts des Starken eine *Trauerode* komponierte. Christiane Eberhardine lebte zuletzt von ihrem Mann getrennt, dessen Übertritt sie sich nicht angeschlossen hatte, und wurde vom Volk fast wie eine Heilige verehrt.

Der polnische Thron war alles andere als stabil; der Sohn und Nachfolger wurde zwar zum König gewählt – als August II. –, aber erst nach längeren Auseinandersetzungen zwischen den Großmächten. Denn der alternde August I. war bereits von den Schweden unter Karl XII. vorübergehend aus Polen vertrieben und nach seinem Tod der frankreichhörige Stanislaw Leszinski als Nachfolger eingesetzt worden. Erst dem vereinten Druck Rußlands und Österreichs gelang es, die Königswahl Augusts III. durchzusetzen. Bach schrieb zu diesem Anlaß eine Glückwunschkantate: *Preise dein Glücke, gesegnetes Sachsen.*

Die enormen Haushaltsbelastungen durch die polnischen Aktivitäten und kriegerischen Konflikte zuerst mit Schweden, dann mit Preußen waren nicht der einzige Grund für den allmählichen Zusammenbruch der Staatsfinanzen; die Repräsentationsssucht der beiden Augusts und ihre Prachtliebe taten das ihre. Künste und Wissenschaften jedoch florierten noch lange. Die Rechnung hatte das einfache Volk zu begleichen.

Während der geräuschvollen Vorgänge im sächsischen Nachbarstaat rückte Brandenburg-Preußen unbemerkt, aber stetig vor. Seit den Tagen des Großen Kurfürsten war es unaufhaltsam, doch nie spektakulär aufwärtsgegangen. Das Staatswesen war nach französischem Vorbild straff organisiert und zentralisiert, ohne die negativen Begleiterscheinungen eines verschwendungssüchtigen Hofes. Auch der Brandenburger hatte sich eine Krone zugelegt, aber weniger aufwendig als der sächsische Herr Cousin. Im Fall Preußen war 1701 die listig inszenierte Krönung Friedrichs III. zum preußischen König Friedrich I. zugleich der Eintritt des Landes in die Reihe der europäischen Großmächte. Von Anfang an bekannte sich der Aufsteigerstaat zum Expansionismus: Die Krönungszeremonie wurde bewußt nach Königsberg verlegt, und schon zwei Jahre später stellte man Schlüters Reiterstandbild des Großen Kurfürsten auf – mit dem Blick nach Osten.

Zu Bachs Jugendzeit war dieser König noch an der Regierung. Er gab enorme Summen für kulturelle Repräsentation aus; Berlin verdankt ihm die meisten Prachtfassaden. Das wichtigste aber war, daß er sein Land aus unnötigen Kriegen heraushielt. Sein Sohn und Nachfolger Friedrich Wilhelm I. konnte hier anknüpfen und in seiner langen Regierungszeit (1713–1740) Wirtschaft und Verwaltung weiterentwickeln. Von vornherein hatte er sich Schranken auferlegt: keine außenpolitischen Unternehmungen, zielstrebiger Ausbau des Verwaltungsapparates und vor allem des Heeres – daher sein Beiname »Soldatenkönig«. Als einsamer Rufer unter den europäischen Herrschern führte er eine neue, aufgeklärte Ethik ein (»Menschen sind vor den größten Reichthum zu achten«); er machte den preußischen Beamten zu einem internationalen Modelltyp für Disziplin, Berufsethos, Sparsamkeit und Ergebenheit. Und das beeindruckendste: Er lebte seine Maximen selbst vor – spartanisch, zum Gespött seiner fürstlichen Vettern im Ausland. Man bedenke, daß zur selben Zeit Hessen-Kassel seine Soldaten nach Übersee verkaufte! Daß der Soldatenkönig teilweise brutale Methoden anwandte, ist bekannt und erinnert an den eisernen Besen, mit dem Peter der Große in Rußland das Mittelalter ausgekehrt hat.

Als der Kronprinz, bei dem Bachs Zweitältester Kammercembalist war, dem Vater nachfolgte, fand er ein gutes Erbe vor: Steuern und Recht waren geordnet, die Armee gut ausgebildet und ausgerüstet und stattlich an Zahl – 76000 Mann bei einer Gesamtbevölkerung von 2,5 Millionen. Ein Jahrzehnt später, 1750, in Bachs Todesjahr, waren es bereits 130000. Diese bald schon gefürchtete Armee war zahlenmäßig zwar »nur« die vierte in Europa (was bei der Größe des Landes viel heißen will), aber an Schlagkraft allen anderen überlegen. Der Preis: 40 % des Nationaleinkommens wanderten in die Rüstung.

Im Gegensatz zu seinem Vater ließ sich Friedrich der Große Kultur und Wissenschaften angelegen sein und hat trotz seiner aufwendigen Außenpolitik beides enorm gefördert. Freilich wurde eiserne Ökonomie verlangt und praktiziert. »Meine Soldaten sehen aus wie Grasteufel, aber sie beißen«, sagte er selbst. Bei ihm paarte sich spartanische Bescheidenheit mit zynischer Menschenverachtung vor allem gegenüber verweichlichten Menschen. Geld preßte Friedrich auf seinen Kriegszügen heraus, wo er nur konnte. Speziell die Leipziger Ratsherren mußten herhalten. Bach hat die »preußische

Invasion«, wie er schreibt, selbst miterlebt. Der aufgeklärte Monarch, der Philosoph von Sanssouci, der sich Voltaire zum geistigen Austausch einlud, führte Eroberungskriege, praktizierte den Spießrutenlauf und erpreßte nach Raubrittermethoden (mit Geiselnahme) Unsummen von unterlegenen Gegnern.

Es gab keinen größeren Gegensatz auf so engem Raum als die beiden deutschen Staaten Preußen und Sachsen.

Johann Sebastian Bach trug einen Namen, der in Thüringen sogar als Berufsbezeichnung für Stadtmusikanten benutzt wurde: »Bache« – denn es gab ihrer so viele aus diesem weitverzweigten und nach gut lutherischem Vorbild auch fruchtbar sich mehrenden Stamm. Die Bache waren in allen Bereichen des damaligen Musiklebens vertreten. Das spielte sich seinerzeit vorwiegend bei Hofe ab oder im Dienst der Städte. Beides hatte seinen Vorteil.

Die zahlreichen kleinen Fürstentümer boten für Kontinuität und Sicherheit des künstlerischen Schaffens oft bessere Voraussetzungen als die großen Länder wie Sachsen oder Preußen, die in außenpolitische Unternehmungen verstrickt waren oder mit aufwendigen Wirtschaftsproblemen zu kämpfen hatten. So konnte es an den großen Höfen vorkommen, daß ein neuer Herrscher die Hofkapelle glatt entließ (wie der Soldatenkönig).

Der Nachteil eines kleinen Hofes bestand in der totalen Abhängigkeit des Künstlers von Willkür und Geschmack des Landesherrn und in der provinziellen Enge der künstlerischen Szene. Weiterentwicklung und Fortschritt gab es nur dort, wo Gegenkräfte – künstlerische wie ideologische – aufeinanderstießen, wo Kritik geäußert und geduldet wurde, an den großen Höfen und in den Handelsmetropolen. Städte wie Berlin, Dresden, Kassel, Leipzig und Hamburg hatten meist auch Universitäten und damit ein fruchtbares und bewegtes Geistes- und Kulturleben.

In den Städten bildeten sich allmählich auch die zukunftsweisenden Formen des Musiklebens heraus, die nach Marktgesetzen organisiert waren: öffentliche Konzerte mit Eintrittspreisen statt Gratisvergnügen für Privilegierte. Bachs Collegium musicum in Leipzig nahm bei auswärtigen Virtuosen bereits Geld vom Publikum. Marktwirtschaftliche Prinzipien drangen sogar in die städtische Stellenpolitik ein: Mancherorts erhielt der Meistbietende das begehrte Kantorat!

Es war eine Zeit des Umbruchs, in die Bach gestellt wurde. Es gab progressive Fürsten, es gab konservative, ja reaktionäre Ratsherren. Besonders wird ihm das mangelnde künstlerische Empfinden der biederen Kaufleute in Leipzig zu schaffen gemacht haben. Ihnen fehlte die feine, kulturbetonte Erziehung, die Bach von seinen höfischen Auftraggebern gewohnt war. Die Kaufleute konnten mit dem genialen Kantor nichts anfangen. Aber das berührte sein Schaffen nicht.

Zwischen Hofkapelle, Kirche und Rathaus – Anger und Wirtsstube nicht zu vergessen – spielte sich das Leben der Bache seit mehreren Generationen ab. Stammvater der musikalischen Sippe ist Veit Bach, der um 1550 in Wechmar bei Gotha geboren wurde, nach Ungarn in die Gegend um Preßburg ausgewandert ist, von der Gegenreformation unter Rudolf II. von Habsburg vertrieben wurde und als Bäcker und Müller wieder nach Wechmar zurückkehrte. Von ihm erzählt Johann Sebastian Bach in seiner Familienchronik: »Er hat sein meistes Vergnügen an einem Cythringen gehabt, welches er auch mit in die Mühle genommen, und unter währendem Mahlen darauf gespielet. (Es muß doch hübsch zusammen geklungen haben! Wiewol er doch dabey den Tact sich hat imprimieren lernen.) Und dieses ist gleichsam der Anfang zur Music bey seinen Nachkommen gewesen.« (Cythringen ist keine Zither, sondern eine kleine Laute.)

Wandertrieb, Handwerk, fröhliche Musikpflege und entschiedenes Luthertum stehen mit diesem Ahnen am Anfang des Stammbaumes der Bache. Wenn man die malerische Beschreibung der Wechmarer Mühle liest, die Bach selbst liefert, so fällt auf, daß er den »Tact« erwähnt; das Gleichmaß des Mühlrades bereitete den Boden für die gleichmäßige, wohltuende, ja heutzutage sogar therapeutisch genutzte Motorik der Bachschen Musik!

Veit Bachs Nachfahren waren bis zum Vater des Thomaskantors städtische Spielleute oder Hofmusiker. Hans Bach, vermutlich sein Bruder, wenig jünger als er, war noch ein richtiger Spielmann und Hofnarr zugleich, zur selben Zeit am Hofe des Herzogs von Württemberg angestellt wie Leonhard Lechner und Basilius Froberger, Vater des berühmtesten Klavierkomponisten vor Bach. Ein Bildnis aus dem Besitz von Carl Philipp Emanuel zeigt ihn als fahrenden Musiker, mit Diskantgeige, Zimmermannswerkzeug und Narrenpritsche. Ein Spruchband trägt die Inschrift: *Hans Bach. Morio ce-*

Genealogische Übersichtstafel

Stammbaum der Familie Bach

- [Hans] 1561 nachweisbar
- Veit (1) † vor 1577
  - [Veit] † 1619
  - Caspar (3) c 1570–c 1640
    - Caspar (3 a) *c 1600
    - Johann (3 b) 1602–1632
    - Melchior (3 c) 1603–1634
    - Nicolaus (3 d) 1618–1637
    - Heinrich, der »blinde Jonas«? (3 e) † 1635
  - Johannes (2) c 1550–1626
    - Johann (4) 1604–1673
    - Christoph (5) 1613–1661
    - Heinrich (6) 1615–1692
  - [Lips] (3) *c 1552
    - [Wendel] *c 1580
      - [Wendel] 1629–1682
    - [Andreas] 1587–1637
      - Johann 1621–1686
    - Lips (58) c 1590–1620

- J. Christian (7) 1640–1682
  - J. Jacob (16) 1668–1692
  - J. Christoph (17) 1673–1727
    - J. Samuel (31) 1694–1720
    - J. Christian (32) *1696
    - J. Günther (33) 1703–1756
- J. Aegidius (8) 1645–1716
  - J. Bernhard (18) 1676–1749
    - J. Ernst (34) 1722–1777
      - J. Georg 1751–1797
  - J. Christoph (19) 1685–1740
    - J. Friedrich (35) 1706–1743
    - J. Aegidius (36) 1709–1746
- J. Nicolaus (9) 1653–1682
- G. Christoph (10) 1642–1697
  - J. Valentin (21) 1669–1720
    - J. Lorenz (38) 1695–1773
    - J. Elias (39) 1705–1755
- J. Christoph (12) 1645–1693
  - J. Ernst (25) 1683–1739
  - J. Christoph (26) 1689–1740
    - T. Friedrich (40) 1695–1768
      - T. Friedrich 1723–1805
    - J. Bernhard (41) 1700–1743
    - J. Christoph (42) 1702–1756
      - P. C. Georg 1734–1809
      - E. C. Gottfried 1738–1801
      - E. Christian 1747–1819
    - J. Heinrich (43) 1707–1783
    - J. Andreas (44) 1713–1779
      - J. C. Georg 1747–1814
- J. Ambrosius (11) 1645–1695
  - J. Christoph (22) 1671–1721
  - J. Balthasar 1673–1691
  - J. Jacob (23) 1682–1722
  - J. Sebastian (24) 1685–1750
    - W. Friedemann (45) 1710–1784
    - C. P. Emanuel (46) 1714–1788
    - J. G. Bernhard (47) 1715–1739
    - G. Heinrich (48) 1724–1761
    - J. C. Friedrich (49) 1732–1795
      - W. F. Ernst 1759–1845
    - J. Christian (50) 1735–1782

- J. Christoph (13) 1642–1703
  - J. Nicolaus (27) 1669–1753
  - J. Christoph (28) *1676
    - J. Heinrich (53) *1709
  - J. Friedrich (29) c 1682–1730
  - J. Michael (30) *1685
- J. Michael (14) 1648–1694
- J. Günther (15) 1653–1683

- J. Jacob (3 f) 1655–1718
  - J. Ludwig (3 h) 1677–1731
    - S. Anton 1713–1781
    - G. Friedrich 1714–1785
      - J. Philipp 1752–1846
  - N. Ephraim 1690–1760
  - G. Michael 1703–1771
    - J. Christian 1743–1814

- J. Stephan (3 g) *vor 1665–1717

lebris et facetus: fidicen ridiculus, homo laboriosus, simplex et pius – Berühmter und launiger Narr, spaßiger Fiedler, arbeitsamer, schlichter und frommer Mensch.

Die letzten drei Attribute trafen wohl auf alle zu, die sich Bach nannten und Musik betrieben.

Der Sohn des Veit, Johannes Bach, Urgroßvater Sebastians, erlernte anfangs das väterliche Handwerk, ging dann zum Stadtpfeifer von Gotha in die Lehre – noch auf dem Turm des alten Grimmenstein-Schlosses. Nach seiner Lehrzeit findet man ihn in mehreren thüringischen Städten, »den dasigen Stadt-Musicis zuhelffen«. Sohn Christoph, Großvater des Komponisten, »lernete gleichsam musicam instrumentalem. War anfänglich fürstlicher Bedienter am Weimarischen Hofe; bekam hernach unter der Erfurthischen und dann zuletzt unter der Arnstädtischen musicalischen Compagnie Bestallung.« 1635 traf er als erster Bach in Erfurt ein: Er wirkte hier als Ratsspielmann, sein Bruder Johann wurde Organist an der Predigerkirche. Für ihn bestellte man eigens eine neue Orgel bei dem damals führenden Orgelbauer Compenius.

1645 wurden in Christoph Bachs Familie Zwillinge geboren – Johann Christoph, später Hof- und Ratsmusiker in Arnstadt, und Johann Ambrosius, der Vater von Sebastian. Die Brüder waren Paradezwillinge: sie wurden gleichzeitig krank, waren mit ihren musketierähnlichen Schnurrbärten einander zum Verwechseln ähnlich und starben auch fast zur selben Zeit.

Mit 22 Jahren hatte Ambrosius ausgelernt und ging als Geselle zum Ratsspielmann in Erfurt. Nun konnte er seine Erwählte heiraten – Elisabeth Lämmerhirt, aus einer alten ansässigen Handwerkerfamilie stammend und Tochter eines Ratsherren.

Mittlerweile war ein ertklassiger Organist und Komponist als Nachfolger des 1773 verstorbenen Johann Bach an der Predigerkirche eingetroffen: Johann Pachelbel aus der Umgebung von Ohrdruf. Ihm schickte Ambrosius seinen Ältesten, Johann Christoph, der später als Organist zu Ohrdruf die Erziehung des verwaisten Johann Sebastian übernehmen wird.

In dieser Sippe sind die Namen schwer auseinanderzuhalten; kaum ein Bach, der nicht auch Johann hieße, und dann hatten sie auch häufig wiederkehrende Lieblingsvornamen! Zur besseren Unterscheidung hat die Musikgeschichtsschreibung verschiedene Linien nach geographischen Gegebenheiten zusammengestellt. Schon bei Veit geht eine Meininger Linie ab, sein Sohn Johannes begründet eine Arnstädter und eine Erfurter Linie – aus der Arnstädter wird Sebastians erste Ehefrau Maria Barbara hervorgehen, die Erfurter Linie eröffnet der Organist der Predigerkirche und Vorgänger Pachelbels, Johann. Von Bachs Großvater Christoph spaltet sich dann noch eine fränkische Linie ab. Dieser Stammbaum erfaßt noch nicht einmal den oben erwähnten Hofnarren und Spielmann!

Man kann sich das fröhliche Durcheinander vorstellen, wenn sich die Bache trafen. Nikolaus Forkel, der 50 Jahre nach Sebastians Tod die erste Bachbiographie schrieb, hat sich bei seinen Söhnen erkundigt. Sie erzählten ihm, daß die Bache eine »sehr große Anhänglichkeit aneinander« gezeigt hätten. »Da sie unmöglich alle an einem Ort beisammen leben konnten, so wollten sie sich doch wenigstens einmal im Jahre sehen und bestimmten einen gewissen Tag, an welchem sie sich sämtlich an einem dazu gewählten Orte einfinden mußten... Der Versammlungsort war gewöhnlich Erfurt, Eisenach oder Arnstadt. ... Da die Gesellschaft aus lauter Kantoren, Organisten und Stadtmusikanten bestand, die sämtlich mit der Kirche zu tun hatten, und es überhaupt damals noch eine Gewohnheit war, alle Dinge mit Religion anzufangen, so wurde, wenn sie versammelt waren, zuerst ein Choral angestimmt. Von diesem andächtigen Anfang gingen sie zu Scherzen über, die häufig sehr gegen denselben abstachen. Sie sangen nun Volkslieder, teils von possierlichem, teils auch von schlüpfrigem Inhalt, zugleich miteinander aus dem Stegreif so, daß zwar die verschiedenen extemporierten Stimmen eine Art von Harmonie ausmachten, die Texte aber in jeder Stimme anderen Inhalts waren, und konnten nicht nur selbst von Herzen dabei lachen, sondern erregten auch ein ebenso herzliches und unwiderstehliches Lachen bei jedem, der sie hörte.«

Dieser farbige Bericht ist direkt programmatisch für Bachs Persönlichkeit und Musikauffassung: Familiensinn, Verwurzelung, echte Frömmigkeit ohne jede Muffigkeit oder Spießertum, Zentralstellung des lutherischen Chorals, das Nebeneinander von Religiosität und ausgelassener Lebensfreude, ansteckende Heiterkeit aus einem zuversichtlichen Herzen – was man heute als optimistisch bezeichnen würde.

2 Von Eisenach bis Weimar 1685–1703

Ich habe fleißig seyn müssen...
Johann Sebastian Bach

Am 21. März 1685 wird er geboren, getauft zwei Tage später – ein Spielmann hält den kleinen Körper über das Taufbecken. *Johann* heißt er nach dem Vater Johann Ambrosius und *Sebastian* nach dem Paten Sebastian Nagel, dem Kollegen des Vaters aus Gotha. Und da der Vater auch herzoglicher Hofmusicus ist, haben wir alle drei Bereiche des damaligen Musiklebens vereint um den Täufling: Fürstenhof, lutherisches Gotteshaus und städtischer, bürgerlicher Rahmen.

Ambrosius Bach konnte zufrieden sein: In Erfurt hatte er in die Familie eines Ratsherren eingeheiratet, ein stattliches Haus gehörte ihm, und seit 14 Jahren war er in Doppelfunktion bei Stadt und Hof zu Eisenach tätig, von seinem Landes- und Dienstherrn hochgeschätzt. Herzog Johann Georg I. und die Stadtväter bescheinigten ihm einen »stillen und jedermann genehmen christlichen Wandel«, als er ein Führungszeugnis brauchte, um das Privileg des steuerfreien Bierbrauens (zum Eigenbedarf) beantragen zu können. Zu seinen Obliegenheiten gehörte laut Dienstvertrag, »daß er jeden Tag 2 mahl aufm Rathauß, als mittags ümb 10 uhr, deß abends aber ümb 5 uhr abblasen« solle. Ferner habe er den Bierfiedlern, »da dieselben bey begebenheiten vieler Hochzeiten aufwarten sollten«, das Trinkgeld auszuzahlen, er selbst aber könne den gewöhnlichen Lohn einbehalten.

Dennoch ist das thüringische Städtchen ein karges Pflaster, besonders, seit es Residenz einer selbständigen Linie Sachsen-Eisenach geworden ist, denn Hofhaltung verschlingt Geld. Vor Sebastians Geburt hatte sich der Vater nach einer besser bezahlten Anstellung umgesehen. In Erfurt – wo er durch seine Frau beste Beziehungen hatte – waren gerade etliche Kollegen von einer Pestepidemie dahingerafft worden. Mit der Resolutheit der Bache, die weder Ortswechsel noch mögliche Ablehnungen scheuten, entschloß sich Ambrosius, um Entlassung aus den Eisenacher Diensten nachzusuchen. Aber der Herzog ließ ihn nicht gehen; man wußte, was man an dem stillen, zuverlässigen Mann hatte. Später wird ein Weimarer Herzog ähnliches mit Sebastian versuchen; aber vergeblich – eher läßt sich der in Beugehaft sperren als nachzugeben!

Ein Jahr, bevor Sebastian zur Welt kam, gelangte ein neuer Fürst an die Regierung, und der erhöhte das Gehalt seines Musicus.

Das Haus des Ambrosius stand unter einem guten Stern, das Gewerbe florierte, er hatte zwei Lehrlinge und zwei Gesellen einstellen können, denen er auch Instrumentalunterricht geben mußte.

Die Lehrzeit betrug fünf bis sechs Jahre, dann wurde man Geselle, tat bei einem Meister Dienst oder ging auf Wanderschaft, um sich, sobald eine Stelle frei war, mit Probespiel als Meister zu bewerben. Man hatte dann bei städtischen Festen, Umzügen, privaten Festlichkeiten, Hochzeiten, höfischen Anlässen, Fürstenbesuchen, bei Aufführungen von Kirchenchören und – sofern die Stadt eine Residenz war – in der Hofkapelle zu spielen; mitunter (so Ambrosius) war der Ratsmusiker oder Stadtpfeifer auch noch Türmer und Hausmann.

Da dieser Stand noch um 1600 als unehrenhaft galt und seine Angehörigen rechtlos waren, organisierten sich die fahrenden Musiker und erreichten 1653, daß ihre Statuten als sächsische Kunstpfeifer bestätigt wurden. Mit den teilweise hohen Anforderungen an ihre Zunftgenossen wollten sie sich bewußt absetzen von den weiterhin als asozial geltenden »Bierfiedlern, gottlosen Spielleuten, Teuffels-Musicanten, Schalmey-Pfeiffern, insonderheit den Kerlen, so die Bähren herumb führen«. Ein Stadtpfeifer hatte sich so zu verhalten, daß er »für einen züchtigen ehrbaren Menschen angesehen und aestimiret werden könne, alles Scheltens, Fluchens, Schwerens, garstigen Redens, unnützen groben Zotten und Geckereyen sich gäntzlich enthalten solle«.

Ambrosius ist also unter solchen Auflagen Lehrausbilder. Und es wird in seinem Hause ganz ordentlich geklungen haben. Hier kommt Sebastian erstmals in Berührung mit der Musik und lernt ganz selbstverständlich Violine und Clavier (von clavis-Taste; mit dieser Schreibweise wird hier und im folgenden die Gesamtheit aller Tasteninstrumente erfaßt, wie sie für Bachs Schaffen weitgehend typisch ist. Das »Klavier« im heutigen Sinne ist ein Produkt des 19. Jahrhunderts).

Höchstwahrscheinlich wird Sebastian auch bei seinem Onkel Johann Christoph Bach an der Orgel der Georgskirche gesessen haben. Dieser vom Vater grundverschiedene Cousin hat wohl Johann Sebastian bestimmte hervorstechende Eigenschaften vererbt: Er war streitbar, vom Vorrang seiner Kunst unbeirrbar überzeugt, beharrlich aufstrebend, aber querköpfig und zuweilen unbelehrbar. Dem Rat der Stadt Eisenach hat er es schwer gemacht. Ständig hatte er Wünsche: Mal verlangte er eine neue Orgel (die Denkschrift könnte fast von Sebastian stammen), mal eine größere Dienstwohnung. Er, der selbst hoch hinaus wollte, aber letztlich doch in den kleinstädtischen Streitereien seine Kraft erschöpfte, erstrebte zumindest für seine Söhne geistige Mündigkeit, den Besuch einer Universität.

Ambrosius wird über diese ehrgeizigen Pläne des Vetters nachsichtig gelächelt haben. Für ihn stand fest, daß seine Söhne den typischen Weg der Bache gehen würden: nach der Schule zu einem tüchtigen Musicus in die Lehre und dann in den selbständigen Beruf.

Der dritte Ort, wo Sebastian – auch hier wieder aktiv – mit der Musik in frühe, prägende Berührung kommt, ist die Lateinschule der Stadt, die rund zweihundert Jahre zuvor Martin Luther besucht hatte und die Sebastian mit acht Jahren zum erstenmal betritt. Hier sieht er bekannte Gesichter: seinen älteren Bruder Johann Jacob und Onkel Christophs Sohn Johann Nicolaus. Die Klassen waren damals etwa 80 Schüler stark. Sebastian lernt vorzüglich. Disziplin bedeutet ihm keine Last, sondern Lust, denn sie erleichtert ihm, dem Nimmermüden und Nimmersatten, das Begreifen und Lernen. Schon damals muß sich das Fundament für seine vorzügliche, für uns heute unfaßbare Konzentrationsfähigkeit gebildet haben: Später wird er inmitten von Kinderlärm und Schülergetöse kompliziertestе kontrapunktische Gewebe entwerfen und diese Geräuschkulisse als befeuernd und nicht etwa störend empfinden. Wie einst Veit Bach das Mahlen des Mühlwerkes?

In Latein ist er sogar vorzüglich. Das wiegt um so mehr, als er oft genug den Unterricht versäumen muß, da man beim Kurrendesingen auf seinen sauberen Sopran aufmerksam geworden ist (die Schüler singen bei den wechselnden Anlässen im Gemeindeleben einstimmig Choräle und erhalten dafür Naturalien oder kleine Geldspenden). Für den simplen Unisono-Gesang ist seine Stimme zu schade, deshalb nimmt man Sebastian in den anspruchsvolleren »Chorus symphoniacus« auf, wo Sänger gebraucht werden, die ihren Part sicher halten können.

Er zählt acht Jahre, als der Tod in das harmonische Familienleben einbricht. Zuerst stirbt der Zwillingsbruder des Vaters aus Arnstadt – für Ambrosius Bach ein furchtbarer Schlag, denn die beiden waren aufs engste miteinander verbunden gewesen. Sebastian ist neun, da stirbt die Mutter. Den vollen Verlust können weder der Witwer noch die Kinder sogleich erfassen, denn der Haushalt mit den Lehrlingen und Gesellen läßt keine Zeit zum Grübeln und Trauern. Der Familien- und Berufsalltag muß erst einmal weiterlaufen, vier minderjährige Kinder müssen versorgt werden. Die einzige Tochter ist schon nach Erfurt verheiratet und nicht abkömmlich. Da gibt es nur eins, wie damals bei der niedrigen Lebenserwartung und hohen Kindbettsterblichkeit allgemein üblich: rasch wieder heiraten.

Sechs Monate nach dem Tod der Elisabeth geb. Lämmerhirt führt Ambrosius die zweimal verwitwete Barbara Margarethe Kaul heim; doch von dem Verlust seiner ersten Frau erholt er sich nicht mehr. Nach der Hochzeit lebt er noch zwei Monate. Dann folgt er ihr nach. Dem Los seiner Witwe wird das Schicksal der Witwe des Thomaskantors gleichen: Beiden lehnte man das Gesuch ab, ihnen um der Kinder willen die Bezüge ihrer verstorbenen Männer noch eine Zeitlang zu lassen, und es wurde sogar abgezogen, was die Verstorbenen früher versehentlich zuviel ausgezahlt bekommen hatten.

Mit neun Jahren hat Sebastian seine allernächsten Verwandten hergeben müssen. Seitdem lebt er mit dem Tod, dem Jenseits, der Ewigkeit auf vertrautem Fuß. Es gibt kaum einen anderen Komponisten, der einerseits so lebenspraktisch ist und andererseits doch ein Wissender, der Luthers »Mitten wir im Leben sind von dem Tod umfangen« ohne jede Sentimentalität oder Verkrampfung in das Fundament seines Lebens und Schaffens eingefügt hat.

»Was Gott tut, das ist wohlgetan« und »Wer nur den lieben Gott läßt walten« wird er auch später über die vielen Todesfälle in der eigenen Familie setzen – von seinen 20 Kindern vollenden zehn nicht das erste Lebensjahrzehnt.

Der Familienrat der Bache beschließt: Da die Witwe die Familie nicht erhalten kann, kehrt sie nach Arnstadt zurück; die Kinder teilt man auf. Jacob und Sebastian kommen zum ältesten Bruder Christoph, der in Ohrdruf das ehrenvolle Amt des Organisten an der Michaeliskirche innehat.

So wird Sebastian ein erstes Mal entwurzelt und gezwungen, sich einer neuen Umgebung anzupassen. Diese Fähigkeit hat er schon bald bestens erlernt und wird niemals aus Scheu vor äußerer und innerer Umstellung eine ihm lästig oder fad gewordene Position beibehalten.

Und geschenkt wird ihm nichts, denn nun beginnen die eigentlichen Lehrjahre – mit neun Jahren!

Eine Entfernung von 40 km genügt im damaligen Heiligen Römischen Reich Deutscher Nation, um eine Landesgrenze passieren zu müssen, selbst wenn es sich um ein und dieselbe thüringische Landschaft handelt. Vom Herzogtum Sachsen-Eisenach reist Sebastian in die Hohenlohe-Gleichische Residenzstadt Ohrdruf. Sein Bruder Christoph ist selbst schon Familienvater, und die Bezüge sind spärlich. So liegt nahe, daß auch der kleine Bruder beisteuert, was immer er sich ersingen kann: denn neben der Schule geht er wieder zum Chorsingen und hat inzwischen gelernt, daß man für Leistung Gegenwert erwarten darf. Er verlangt und erhält eine Art Honorar, was er dem Haushalt des Bruders zuschießt. Das wird auch sein Prinzip bleiben: Er arbeitet gern, viel und solid. Aber mit der gleichen Selbstverständlichkeit erwartet er entsprechende Bezahlung und wird heftig, wenn man ihn übervorteilen will.

In Ohrdruf eignet sich Sebastian weitere musikalische Kenntnisse an, und er erhält eine solide, für damalige Verhältnisse ungewöhnlich vielseitige Allgemeinbildung, freilich mit der Betonung auf Geisteswissenschaften und alten Sprachen.

Das »Lyceum illustre«, die Ohrdrufer Lateinschule, hatte einen guten Ruf. Die Erziehung ist geprägt von relativ aufgeklärtem Gedankengut und von der lutherischen Orthodoxie (Rechtgläubigkeit). Die Schüler müssen viel auswendig lernen: Luthers Katechismus, den Psalter, die Episteln und das Evangelium. Was uns heute als Zumutung erscheint, ist Bach später zugute gekommen: Als bibelfester Komponist brauchte er nicht lange nach geeigneten Texten für seine Kantaten und Oratorien zu suchen... Und zeitlebens war die Theologie *seine* wissenschaftliche Disziplin. Weitere Fächer sind

Griechisch und Latein, Logik, Mathematik und Rhetorik. Nicht zu vergessen: fünf Stunden Musik (bei 30 Wochenstunden Unterricht; heute liegt das Verhältnis in Deutschland bei 1:36!).

Die Schule bewältigt Sebastian spielend: Schon 11jährig ist er Primus, mit 14 wird er – drei Jahre überspringend – das Lyceum als Zweitbester verlassen. Mitschüler sind Georg Erdmann, der in Sebastians späterem Leben noch eine Rolle spielen wird, und der wenig ältere Bruder Jacob. Er blieb nur ein Jahr bei Bruder Christoph, dann ging er nach Eisenach zurück und beim Nachfolger des Vaters in die Lehre. Nach seiner Ausbildung wurde er »Hautboist« bei der Garde des schwedischen Königs Karl XII., den er auf seinen Kriegszügen nach Polen und Rußland begleitete. Er kam sogar bis nach Konstantinopel und ließ sich schließlich in Stockholm als Mitglied der Hofkapelle nieder. Er starb mit 40 Jahren, als sein berühmter Bruder noch nicht einmal in Leipzig eingetroffen war.

Sebastian singt im Schulchor des Lyceums, Bruder Christoph macht ihn mit Orgel- und Cembalomusik vertraut und führt ihn in den Generalbaß und die Anfänge der Komposition ein. Das geschieht allerdings nur sporadisch und nicht systematisch; Bach selbst wird später einen Unterricht erteilen, der dem Schüler ein hohes Maß an Selbständigkeit abverlangt.

Durch den älteren Bruder gerät Sebastian in die Tradition eines berühmten Organisten: Johann Pachelbel, der selbst in der Nähe von Ohrdruf geboren war, dann in Nürnberg wirkte, später als Hoforganist nach Eisenach und schließlich an die Predigerkirche zu Erfurt ging. Dort hatte Christoph Bach drei Jahre lang seinen Unterricht genossen. Durch diesen Kontakt kommt Sebastian in erste Berührung mit einem Hauptfaktor seines späteren Schaffens: der Choralbearbeitung, als deren Meister Pachelbel galt.

Sebastian ist unersättlich und entwickelt einen regelrechten Musikhunger. Eine Sammlung mit Stücken der bekanntesten Meister wollte ihm der Bruder noch nicht anvertrauen. Sebastian wußte sich Rat: »Das Buch lag in einem blos mit Gitterthüren verschlossenen Schrancke. Er holt es also, weil er mit seinen kleinen Händen durch das Gitter langen, und das nur in Papier geheftete Buch im Schrancke zusammen rollen konnte, auf diese Art, des Nachts, wenn idermann zu Bette war, heraus, und schrieb es, weil er auch nicht einmal eines Lichtes mächtig war, bey Mondenscheine, ab.

Nach sechs Monaten war diese musicalische Beute glücklich in seinen Händen.« Leider nützt es ihm nicht viel: Der große Bruder kommt dahinter und nimmt ihm die Abschrift »ohne Barmherzigkeit« weg.

Es wird nicht nur knapp, sondern auch eng bei Bruder Christoph, denn die Familie vergrößert sich. Da tut sich eine neue Perspektive auf. Aus Lüneburg kommt ein neuer Kantor an die Michaeliskirche, wo Christoph Bach Organist ist: Elias Herda. Er erzählt von freien Stellen im Lüneburger Mettenchor, der zum Gymnasium gehört. Es würden tüchtige Sänger gesucht, die den Statuten gemäß Freischüler und »armer Leute Kinder« sein mußten, »so nichts zum leben, aber gute Stimmen« hätten.

Für Sebastian, der nach Philipp Emanuels, seines Zweitältesten, Bericht eine »gute, durchdringende Stimme von großer Weite und guter Singart« besaß, genau das richtige. Aus demselben Dorf wie Kantor Herda, aus Leina, kam übrigens auch Sebastians Mitschüler und Freund Erdmann. Herda scheint beide Knaben herzlich an den Lüneburger Kollegen empfohlen zu haben, denn schon bald machen sie sich auf den rund 300 km langen Weg, um ihr Glück zu versuchen. Es ist der erste von etlichen Fußmärschen, die den angehenden Musicus noch erwarten. Die Freunde brechen gerade rechtzeitig von Ohrdruf auf, um einer grausamen Epidemie zu entgehen, die die Stadt heimsuchen wird.

Für die Freischüler des Mettenchores sind Ausbildung, Kost und Wohnung (Brennholz inbegriffen) kostenlos, sie erhalten sogar noch ein monatliches Mettengeld. Zum Dienst gehört es, jeden Morgen den Gesang der adligen Schüler anzuführen, die die dem Gymnasium angeschlossene Ritterakademie besuchen. Bei dieser Gelegenheit lernt Sebastian Standesunterschiede am eigenen Leibe kennen: Der Abstand zwischen den »Messieurs« und den Freischülern, die ihnen teilweise als »famuli« (beschönigend für Diener) beigegeben werden, ist nicht zu übersehen. Interessanterweise nimmt Bach schon bald das Auftreten seiner adligen Mitschüler an – von der französischen Sprache bis zur Kleidung. Als typischer Aufsteiger will er auf der Höhe der Zeit und der Mode sein und speziell den jungen Edelleuten in nichts nachstehen. Er scheint sich schon von früh an den Rang eines »Aristokraten des Geistes« zugemessen zu haben. Dieses durch Bildung erworbene Selbstbewußtsein wird er sein Leben lang behalten. So kann er mit Prinzen, Fürsten, ja Königen künstlerischen und geistigen Austausch halten und manchmal sogar Freundschaft pflegen.

Bezeichnend für die strenge Disziplin am Mettenchor ist die Regelung über die Einnahmen der Zöglinge aus dem Singen bei Hochzeiten und Begräbnissen. Rektor und Kantor legen den Verteilerschlüssel fest, entsprechend der Stimme und Singfertigkeit eines jeden. Wer damit nicht zufrieden ist, wird von der Verteilung gänzlich ausgeschlossen.

Es wird ein auf Disziplin und Leistung beruhendes Elitebewußtsein anerzogen: Freischüler kann nur werden und bleiben, wer sich durch »Frömmigkeit, Bescheidenheit, Gehorsam und Fleiß« auszeichnet. Und man hat ein wachsames Auge: Wer nach dem Straßensingen im Wirtshaus angetroffen wird, muß damit rechnen, sofort aus dem Chor entfernt zu werden.

Für den künftigen Musiker hält Lüneburg noch eine besondere Attraktion bereit: eine Notenbibliothek mit Handschriften und Stichen, die seit 150 Jahren geführt wird und sogar Kompositionen seines Eisenacher Onkels Christoph enthält. Sebastian sitzt ganze Nächte lang, kopiert, macht Auszüge und verschlingt Werk auf Werk.

Inzwischen ist er in den Stimmbruch gekommen. Vom hellen Diskant keine Spur mehr; da er aber auf mehreren Instrumenten gut zu begleiten versteht, darf er auch als »Dispensierter« im Mettenchor bleiben.

Neben der französischen Mode und Sprache kommt Bach jetzt auch in erste Berührung mit der französischen Musik. An der Ritterakademie gibt ein gewisser Thomas de La Selle Tanzunterricht. Dazu spielt er auf einer Tanzmeistergeige, einer »Pochette«, die ihren Namen daher hat, daß sie klein genug war, um in die Westen- oder Fracktaschen des Lehrers zu passen. La Selle kommt immer aus Celle herüber, wo er die braunschweigisch-lüneburgische Kapelle leitet. Sebastian freundet sich mit ihm an, man spricht über Tanzmusik, Sonaten und Konzerte. Der Franzose bietet an, den jungen Sänger einmal mit nach Celle zu nehmen.

Der Braunschweiger Herzog Georg Wilhelm, der in Celle Hof hält, ist ein erklärter Freund des Französischen. Er hat eine Französin geheiratet und will aus seinem Hof ein kleines Versailles machen.

Dazu gehört ein reges Musikleben, das er sich allein im Jahre 1690 14000 Taler kosten ließ. Die Hofkapelle existiert seit 1666 und pflegt vor allem das Werk der großen französischen Meister Lully (Hofkapellmeister des »Sonnenkönigs«), Rameau und Couperin, der sogar den Beinamen »le Grand« führte. Bach nimmt auf, was er nur erhaschen kann, um es teilweise erst viel später in seinen Stil einzuschmelzen (etwa in seine Suiten). Er vernimmt zum erstenmal die modische tristesse, die müde Melancholie eines verwehenden Zeitalters, die Eleganz einer überreifen Welt, aber auch die zierliche Knappheit und raffinierte Sparsamkeit der künstlerischen Mittel.

Nach seiner Rückkehr von Celle wartet schon ein neuer Komplex von Eindrücken auf den jungen Mann: Orgel und Orgelbau. Ein Grundzug seiner Natur ist Wißbegier. Heute würde er wahrscheinlich nicht eher ruhen, bevor er sämtliche elektroakustischen Geräte selbst auseinandergenommen und wieder zusammengesetzt hätte oder, genauer gesagt, bis er an ihnen neue, fachgerechte Verbesserungen und Zusatzeinrichtungen anbringen könnte.

Der namhafte Orgelbauer Johann Balthasar Held kommt nach Lüneburg, um die Orgel der Michaeliskirche zu überholen. Bach läßt sich nichts entgehen.

An der anderen großen Orgel, in der Johanniskirche, ist Georg Böhm tätig, Schüler des Improvisationskünstlers Adam Reinken aus Hamburg. Man muß direkt von dem Ohrdrufer Musikwinkel sprechen, denn auch Böhm stammt von dort! Georg Böhm ist der zweite Choralbearbeiter, den Bach kennenlernt, aber anders als der fast pedantisch strenge Pachelbel schmückt Böhm den cantus firmus – die Grundmelodie – koloristisch aus. Da zeigt sich, daß Sebastian Bach einen starken Hang zur barocken Ornamentik hat.

Aber man solle erst einmal den Reinken in Hamburg hören, schwärmt Böhm dem jungen Bach vor. Den treibt die Neugier – da ist wieder einer, von dem sich etwas lernen läßt –, und er wandert los. Wir haben von diesem biographischen Abschnitt wenig Zeugnisse; diese entscheidende Exkursion in die Hansestadt fällt jedenfalls in den Zeitraum 1700/02.

Die Freie und Reichsstadt Hamburg galt als *die* Metropole bürgerlicher Musikpflege. Hier ging es weltmännisch, international zu, und man brauchte dazu weder Hof noch Fürsten! Nicht von ungefähr wird der große Generations- und Berufskollege Bachs, Händel, seine ersten Schritte ebenfalls in die norddeutsche Weltstadt lenken. Für Sebastian ist der Eindruck des reichen, selbstbewußten Hamburg mit seiner vielfältigen Musikszene sicher sehr tief gewesen, und wenn er sich später für den Doppelposten eines Thomaskantors und städtischen Musikdirektors in einer vergleichbaren mitteldeutschen Metropole entscheidet, wird dieser frühe, überwältigende Eindruck mitgespielt haben.

Neben dieser ersten Begegnung mit einer funktionierenden und attraktiven bürgerlichen Selbstverwaltung bringt Hamburg zwei neue musikalische Anregungen. Einmal muß er, dessen Interesse sich schon längst auf die Orgel konzentriert hat, den schon legendären Adam Reinken an St. Katharinen hören, der ja immerhin Anlaß der Reise gewesen war. Sebastian ist sprachlos vor dessen ebenso kunstfertiger wie einfallsreicher Improvisation, der große Mann phantasiert für ihn über den Choral *An den Wasserflüssen Babylon*.

An St. Nikolai muß sich Sebastian gleich noch den anderen großen Organisten der Stadt, Vincent Lübeck, anhören. Beide, Lübeck und Reinken, sind übrigens ebenso wie Dietrich Buxtehude, den Bach später noch in der Ostseestadt Lübeck aufsuchen wird, Enkelschüler des »deutschen Organistenmachers«, des Holländers Jan Pieter Sweelinck, der als das Haupt der Norddeutschen Orgelschule gilt – mit ihrer gleichzeitigen Vorliebe für strenge Kontrapunktik, kunstvolle Variationen, virtuose Spieltechnik und Echowirkungen. Eine weitere entscheidende Wurzel für Bachs späteres Schaffen.

Der andere musikalische Komplex, dem er in Hamburg begegnet, ist Neuland für ihn. Hier gibt es seit 1678 eine deutsche Oper, wo, anders als an den Hoftheatern, nicht italienisch, sondern in der Landessprache gesungen wird: die Oper am Gänsemarkt unter Leitung ihres Dramatikers Reinhart Keiser. An diesem Haus wird wenig später Georg Friedrich Händel sein Operndebüt geben, bevor er nach Italien geht, um sich dort den neuesten italienischen Geschmack anzueignen.

Der Zeitraum zwischen Bachs Hamburgreise und seiner ersten Bewerbung ist in seiner sonst so detailliert erforschten Biographie ein weißer Fleck.

Inzwischen ist er zum Mann geworden. Alles war in seinem bisherigen Leben zeitlich vorgezogen: Mit neun Jahren brach die Kindheit schlagartig ab – durch den Verlust der Eltern und die Notwendigkeit, berufsorientiert zu lernen und sogar schon selbst zum Unterhalt beizutragen. Mit siebzehn hat er dann seine Lehr- und Gesellenzeit hinter sich gebracht, zu der auch das Wandern, die Ortsveränderung und das Aufnehmen großer Vorbilder gehört.

Man kann die Lüneburger Jahre gar nicht wichtig genug nehmen: Seine Persönlichkeit prägt sich aus, er lernt sich einpassen und doch behaupten, er erwirbt eine vorzügliche Allgemeinbildung, lernt den feinen französischen Geschmack kennen und das Musikleben eines eleganten Hofes, kommt nach seiner ersten Begegnung mit Pachelbels schlichter Orgelkunst zu weiteren Anregungen durch Georg Böhm, Adam Reinken und Vincent Lübeck, wird durch Reinken zum Ausbau seiner Improvisationskunst angespornt und steht staunend vor dem Musikbetrieb einer bürgerlichen Weltstadt.

Mit 17 stellt sich die Frage nach der Zukunft. Zum Besuch einer Universität fehlt Sebastian Bach das Geld; fremde Geldgeber hat er nicht. Außerdem drängt seine musikalische Phantasie: Er birst vor Ideen und Einfällen. Die *muß* er jetzt loswerden. Was er sucht, ist eine Anstellung mit genügend Freiraum, um zu experimentieren und sich zu vervollkommnen.

Die Sehnsucht nach den thüringischen Landen und dem Familienverbund der Bache bestimmt die Vorauswahl. Bach findet drei freie Stellen attraktiv: Sangerhausen, Arnstadt und Eisenach, wo Onkel Christoph gestorben war.

Zuerst bewirbt er sich in Sangerhausen, doch der Herzog von Sachsen-Weißenfels hatte sich für einen Musiker seiner Hofkapelle verwendet, so daß Bach trotz glänzenden Probespiels keine Chancen hat. In Arnstadt ist man von seinem Vortrag zutiefst beeindruckt, muß ihn aber hinsichtlich des Dienstantritts vertrösten, bis »seine« Kirche, St. Bonifatius, mit der dazugehörigen Orgel nach einem Brand wieder aufgebaut sein wird. Das dauere noch ein Jahr.

Bach entsinnt sich seines Großvaters, der als »Lakai und Geiger« am Weimarer Hof gearbeitet hatte, und seines Vaters, der beim Eisenacher Herzog Dienst tat, und beschließt, einstweilen als Musicus an eine Hofkapelle zu gehen. Da bietet sich Weimar an, wo man einen tüchtigen Geiger immer gebrauchen kann, selbst wenn es sich nur um eine Übergangslösung handelt.

3 Weimar – Arnstadt – Mühlhausen – Weimar 1703–1708

> Die Zeit ist vorbei, da Bach sich fröhlich zu Fuß auf eine lange Reise machte, um Buxtehude zu hören. Das Radio bringt heute zu jeder Tages- und Nachtstunde die Musik ins Haus. Es erspart dem Hörer jede Anstrengung – er muß nur an einem Knopfe drehen. Der Sinn für Musik kann aber ohne Mühen nicht erworben werden noch entwickelt.
>
> *Strawinsky*

In Weimar wird Bach in den Lakaienlisten geführt, aber das ist ja noch fast 100 Jahre später einem Joseph Haydn nicht anders gegangen. Bach spielt nicht in der regulären Hofkapelle, sondern bei dem mitregierenden Bruder des Herzogs, dem Prinzen Johann Ernst. Angestellt ist er als Geiger, aber der Organist Johann Effel, begeistert von den Genieblitzen des Neuen, macht ihn zu seinem Vertreter. Der Bürgermeister ist derart beeindruckt, daß er den jungen Virtuosen in einem Ratsprotokoll versehentlich als »fürstlich-sächsischen Hoforganisten« bezeichnet. Das sollte er freilich erst fünf Jahre später werden, nachdem er zwei Arbeitsverträge in städtischen Diensten aufgekündigt hat.

Dieser erste Weimar-Aufenthalt war also von vornherein nur als Überbrückung gedacht. Im Jahr darauf ist die Orgel in Arnstadt fertiggestellt und zum Probespiel freigegeben; die Kirche heißt jetzt nach ihrem Wiederaufbau Neue Kirche (seit 1935 Bachkirche).

Bei Bachs überwältigendem Vortrag schwinden die letzten Zweifel der Stadtväter; weitere Bewerber werden gar nicht erst eingeladen. Man macht ihm ein Vertragsangebot auf 50 Gulden plus 30 Taler für Kost und Logis. Diese Beträge hat sein Bruder in Ohrdruf auch nach Jahrzehnten Dienst nicht bekommen.

So führt der Weg des jungen Bach nach seinem Intermezzo in der herzoglichen Residenz Weimar in die gräflich-schwarzburgische Residenz Arnstadt (4000 Einwohner). Landesherr ist der »Gnädigste Graff und Herr, Herr Anthon Günther, der vier Graffen des Reiches Graff zu Schwarzburg und Hohstein, Herr zu Arnstadt...«

Wie in Lüneburg der Mettendiskantist, wird in Arnstadt der Organist liebevoll-pedantisch vermahnt, speziell was seine Lebensweise betrifft: »Ihr habt denn auch sonsten in Eurem Leben und Wandel der Gottsfurcht, Nüchternheit und Verträglichkeit zubefleißigen, böser Gesellschaft und Abhaltung Eures Beruffs Euch gäntzlich zu enthalten, und übrigens in allen, wie einem Ehrliebenden Diener und Organisten gegen Gott, die Hohe Obrigkeit und vorgesetzten, gebühret, treulich zu verhalten.«

Der Dienst ist menschlich, fast schon eine Sinekure – eine Pfründe ohne Amtsgeschäfte: Sonntag 8–10 Uhr, Montag zur Betstunde, Donnerstag 7–9, und auf freiwilliger Basis Leitung des Chores der Lateinschule. Hier protestiert Bach sogar: Etwas, das nicht im Vertrag steht und darüber hinaus noch Scherereien verursacht, gehe ihn nichts an. Das Konsistorium fordert: »Er müsse alles mit musiciren helffen«, zumal an der Neuen Kirche kein Kantor ausgeschrieben war.

Man sieht, der junge Kantor zeigt durchaus Selbstbewußtsein. In Arnstadt sind die Bache vielfältig vertreten – gab es doch eine ganze Arnstädter Seitenlinie der Musikerdynastie. Da sind Christoph Hertum – Schwiegersohn und Nachfolger Heinrich Bachs (des Vaters von Onkel Christoph aus Eisenach), die Witwe von Onkel Christoph und drei Kinder vom Zwillingsbruder des Vaters. Daß dieser Zwillingsbruder von Ambrosius ebenfalls Christoph hieß, wird den geprüften Leser wohl nicht mehr aus der Ruhe bringen.

Ein neues Bach-Gesicht ist für Sebastian die jüngste Tochter eines Vetters seines Vaters, eines Organisten aus Gehren: Maria Barbara. Auch sie hatte beide Eltern verloren; die jungen Menschen fühlen sich stark zueinander hingezogen, zumal sie beide für die Musik leben. Kennengelernt hatten sie sich durch einen Onkel Maria Barbaras, bei dem sie wohnt. Er ist Wirt des Gasthofs »Zur goldenen Krone«, und dort hatte sich der junge Organist einquartiert.

Bach mit seinem früh anerzogenen Gefühl für Solidität und Ordnung will diese Liebesbeziehung bewußt und dauerhaft gestalten. Er läßt sich Zeit; geheiratet wird erst 1707.

In Arnstadt treten auch schon bestimmte Schwachstellen seines

Charakters zutage. Wenn er es mit störrischer oder dreister Dummheit zu tun hat, verläßt ihn mitunter die Selbstbeherrschung. Oder er maßt sich im Bewußtsein seines hohen Auftrags im Namen der Kunst Entscheidungen an, für die andere zuständig sind. Oder er vergißt über der Freude an seinen stilistischen Errungenschaften ganz, für wen er spielt, ob die Gemeinde noch »mitkommt«.

Die Leitung des Schulchores, gegen die er sich von Anfang an gesträubt hatte, nervt ihn schon bald. Bei einer Probe albert der Fagottist Geyersbach mit seinem Instrument herum. Bach stampft mit dem Fuß auf und schilt ihn einen »Zippelfagottisten«. Gelächter ringsum. Nachts lauert ihm Geyersbach auf und schlägt mit einem Stock auf ihn ein, wobei er ihn »Hund« schimpft. Bach zieht seinen Degen (den er seit der Lüneburger Ritterakademie trägt) und zerfetzt ihm mit einigen gezielten Hieben das Hemd.

Nur dem Eingreifen beherzter Bürger ist es zu danken, daß nichts Ärgeres passierte. Bachs Angabe, Geyersbach habe mit der Schlägerei angefangen, wird von der Schwester seiner Braut, Barbara Katharina, bestätigt. Das wäre an und für sich eine wichtige Aussage zu seinen Gunsten, »wann nur sonsten dero Zeugnuß alß einer Weibsperson sufficient erkannt würde«. Dieser Kommentar, der die mangelnde Gleichberechtigung der Frau vor dem damaligen Gesetz bedauert, stammt von Sebastian.

Nach der Affäre Geyersbach fühlt sich Johann Sebastian ernsthaft gekränkt, zumal er die Leitung des Chores freiwillig oder genauer: ohne vertragliche Verpflichtung übernommen hatte. Auch als ihm der Rat gut zuredet, gibt er nicht nach. Er legt diese Nebenfunktion nieder. Zu Erholung beantragt und erhält er Urlaub – vier Wochen, um zu Dietrich Buxtehude nach Lübeck zu reisen, dessen Stelle zur Nachfolge ausgeboten ist. Bachs Vertretung übernimmt Cousin Johann Ernst, der Sohn von Ambrosius' Zwillingsbruder.

Von Buxtehude hatte Johann Sebastian schon in Lüneburg durch Georg Böhm gehört und war nun gespannt auf die berühmten Abendmusiken, die dieser an den fünf Sonntagen vor Weihnachten in der Marienkirche veranstaltete. Dabei konnte er zur Begleitung des Chores ein 40 Mann starkes gutes Orchester einsetzen.

Bach ist überwältigt – zum erstenmal mögen ihm vage Vorstellungen von seinen späteren Kantaten, Passionen und Oratorien gekommen sein. Er vergißt alles, vergißt, dem Rat der Stadt Arnstadt auch nur mitzuteilen, daß er seinen Urlaub eigenmächtig von vier Wochen auf vier Monate verlängert, vergißt wohl auch, seiner Liebsten zu schreiben.

Dafür erwirbt er sich die Freundschaft des alten Buxtehude, der sich ihn als Nachfolger wünscht. Der Haken: Seine Tochter, zehn Jahre älter als Sebastian und bar jeden Reizes, ist inbegriffen, der betagte Witwer will sie nicht unversorgt zurücklassen.

Es ist kaum anzunehmen, daß Bach diese Bedingung vor seinem Aufbruch aus Arnstadt gekannt hat, obgleich schon zwei namhafte Bewerber vor ihm aus genau diesem Grund wieder unverrichteterdinge abgereist waren: Johann Mattheson und Georg Friedrich Händel. Und auch Bach lehnt ab – sein Herz gehört Maria Barbara. Kaum zurück in Arnstadt, bestellt er das Aufgebot.

Nachdem er also die Wochen, die man ihm großzügig als Urlaub bewilligte, noch großzügiger in Monate verwandelt hatte, hören ihn die Arnstädter wieder im Gottesdienst spielen. Aber *wie*! Man traut den eigenen Ohren nicht. Von dem vulkanischen jungen Mann waren sie schon einiges gewöhnt. Aber was hatte das Buxtehude-Erlebnis aus ihm gemacht! Zwischen die Strophen der Gemeindelieder schiebt er freie Improvisationen, moduliert kühn durch die Tonarten und scheucht die Gläubigen durch verwegene, fast anstößige Harmonisierungen der ehrwürdigen Weisen aus ihrer Andacht auf. Bei Chorälen, die seit Menschengedenken *so und nicht anders* begleitet worden waren, tauchen plötzlich Seitenmelodien und Gegenthemen auf, so daß nur noch ein takt- und tonfester Sänger die Grundmelodie, den cantus firmus, halten kann. Bach spielt einen Gottesdienst, zu dem die Gemeinde kein Gesang-, sondern ein Kursbuch braucht. Das ist zuviel.

Das Konsistorium läßt ihn durch Superintendent Olearius vernehmen. Es zeugt von der Weitherzigkeit und wohl auch Sorge des Rates, durch schroffe Maßregelung den kostbaren Mann zu verlieren, daß nicht Bachs unerhörte Urlaubsüberschreitung Gegenstand der Aussprache ist, sondern sein Ausscheren aus dem traditionellen Gottesdienstspiel. Nebenbei kommt noch anderes zur Sprache: Bach sei während der Predigt in der Weinschenke angetroffen worden, was dieser nicht abstreitet, sondern in Zukunft zu vermeiden verspricht. Nun dauerte damals eine Predigt zwischen 40 und 60 Minuten, und es gab durchaus Qualitätsunterschiede… Weiter habe er die Zwischenspiele zu lang gemacht. Mit dem sogenannten »Organistenzwirn«, wie es noch heute in der Branche heißt, werden die kurzen Zeiten improvisierend überbrückt, wenn der Geistliche vom Altar zum Lesepult geht oder die Kanzel besteigt und sein stummes Gebet verrichtet. Der Organist muß dann möglichst blind spielen und durch den Spiegel über ihm verfolgen, wie weit der Pfarrer ist, damit er seine Improvisation rechtzeitig zu einem harmonisch-logischen Ende bringen kann. Wenn er sich nicht in seinem eigenen »Garn« verfängt oder es nicht an gutem Willen mangeln läßt, geht das ohne weiteres.

Bach ist kein einfacher Mitarbeiter. Statt sich über die recht entgegenkommende Behandlung durch die Arnstädter zu freuen, ist er gekränkt. Man hatte seine Leistung nicht angenommen, ihn nicht begriffen. Ab jetzt verrichtet er den Orgeldienst »nach Vorschrift«. Der Geistliche kann gerade noch seinen Talar raffen und die Stufen zur Kanzel doppelt nehmen, will er rechtzeitig mit dem Schlußakkord des gnadenlosen Organisten oben ankommen. Natürlich wirft man Bach jetzt vor, er habe es zu kurz gemacht. Und noch etwas: Auf der Orgelempore habe sich eine »frembde Jungfer« gezeigt, und das solle doch in Zukunft unterbleiben.

Damals waren Frauen bei kirchenmusikalischen Aufführungen nicht zugelassen, gemäß dem Satz des Paulus: »Das Weib schweige in der Gemeinde.« (Der Musikkritiker Mattheson, eben jener, der wie Bach vor Fräulein Buxtehude die Flucht ergriffen hatte, mokierte sich über diese Bigotterie der Kirchenbehörden und schrieb: Ihm sei geraten worden, die Sängerinnen, wenn er sie verbotenerweise schon mitmachen lassen wollte, so zu stellen, daß man sie nicht sehe. Schließlich hätte man sie aber nicht genug anschauen und hören wollen...) Allgemein wird angenommen, es habe sich um Maria Barbara gehandelt. Das ist aber nicht belegt, es kann auch ihre Schwester gewesen sein, Barbara Katharina, die Sebastian bei der Schlägerei mit dem Fagottisten als Zeugin unterstützt hatte.

Das Verhältnis zum Konsistorium ist jedenfalls gestört. Unter solchen Umständen kann Bach nicht daran denken, noch in Arnstadt zu heiraten. Vorerst muß die Existenz neu abgesichert werden.

1706 war der Organist an St. Blasius in Mühlhausen gestorben, einer »Kayßerlich-Freyen Reichs-Stadt«. Ein Ratsherr dort ist mit Maria Barbaras Mutter verwandt und unterstützt Bachs Bewerbung.

Das Probespiel Ostern 1707 wird ein voller Erfolg. Bachs recht kräftige Gehaltsforderungen werden ohne weiteres bewilligt: Er verlangt 85 Gulden und das Naturaldeputat, das sein Vorgänger Georg Ahle erst nach Jahrzehnten Dienst bekommen hatte: Korn, Holz, Reisig und Übernahme der Umzugskosten. Die Ratsherren verweisen nicht einmal darauf, daß Ahle nie 85, sondern nur 66 Gulden bezogen hatte.

Arnstadt atmet auf, den schwierigen Musiker auf glimpfliche Weise loszuwerden; und er findet in Mühlhausen alles, was er braucht. Daß man ihn auch hier in der Bestallungsurkunde ermahnt, »aller guten wohlanständigen Sitten sich befleißigen auch ungeziehmende gesellschafft und verdächtige compagnie meiden« zu wollen, ist er schon gewöhnt. Viel wichtiger ist das Entgegenkommen in der Sache: Die Orgel der Blasius-Kirche stammte noch von 1563 und war dringend überholungsbedürftig. Johann Sebastian macht eine ordentliche Disposition und bekommt sie genehmigt. Diese »Wunschliste« von seiner Hand ist ein wichtiges, einzigartiges Zeugnis für Bachs Vorlieben beim Registrieren.

Der junge Organist hat sich und sein Können wieder einmal ins rechte Licht gesetzt und sogar seinen angesehenen und nicht schlecht bezahlten Amtsvorgänger überrundet. Eine kleinere Erbschaft kommt hinzu: von Onkel Tobias Lämmerhirt aus Erfurt, einem Verwandten seiner verstorbenen Mutter. Jetzt kann geheiratet werden. Die Trauung findet statt in einer thüringischen Dorfkirche mit hohem Dach, Mansardenfenstern, Außentreppe zur Empore und einem behäbigen Turm. Pfarrer Lorenz Strauber legt dem Paar die Hände ineinander; er ist mit den Bachen befreundet und nimmt bald darauf Maria Barbaras Tante zur Frau.

Die Flitterwochen des Brautpaares sind eigentlich nur Flittertage, und die Hochzeitsreise geht nach Erfurt. Dann ruft der Dienst in Mühlhausen.

Seit diesen Erfurter Tagen läuft das rastlose Räderwerk des Familienalltags im Hause Bach. Es ist ein übervolles, tätiges und von starker Liebe zueinander getragenes erfülltes Leben, das Sebastian seiner Barbara bieten kann.

Er birst jetzt vor Plänen und schöpferischer Energie. Der bloße Orgeldienst an St. Blasius genügt ihm nicht, er übernimmt die gesamte Kirchenmusik, schafft ein neues Repertoire und ersetzt die damals üblichen Choräle mit eingeschobenen Zwischenspielen durch auskomponierte Kantaten, wie er das von Buxtehude kannte. Er fährt in der Umgebung herum, besucht Kollegen und bietet ihnen seine Kompositionen zur Aufführung an.

Warum er nun trotz dieser großzügigen Bedingungen schon sehr bald Mühlhausen wieder verläßt, dafür gibt es mehrere Gründe. Der wichtigste ist auf Streitigkeiten innerhalb der Kirche zurückzuführen, ein Stück Geistesgeschichte, das man heute kaum mehr nachvollziehen kann. Es geht um die Auseinandersetzung zwischen Orthodoxen und Pietisten. Luthers Reformation war allmählich über Generationen hinweg erstarrt und selbst schon wieder reformbedürftig geworden. Das konservative Lager bezeichnete sich stolz als lutherisch orthodox (griechisch: rechtgläubig). Und das wohlgemerkt nicht gegenüber den »Papisten« oder gar »Heiden«, sondern gegenüber den ihrer Meinung nach schwärmerischen Abweichlern. Diese traten nämlich für den lebendigen, persönlichen Umgang mit Gott und seiner heiligen Schrift ein und wandten sich gegen jede Form von Erstarrung. Sie wollten *gelebte* Frömmigkeit und nannten sich darum Pietisten (lateinisch: piusfromm). Hier knüpften sie an der mittelalterlichen Mystik an (Meister Eckart) und berührten sich zu Bachs Zeit mit der Modewelle der Empfindsamkeit.

In Mühlhausen ist dieser Konflikt besonders ausgeprägt, und Bach steht mittendrin. Der Superintendent seiner eigenen Kirche, Frohne, ist Pietist; doch mit Pastor Eilmar, dessen erklärtem Gegner, Pastor an St. Marien und engagiertem Verfechter der lutherischen Orthodoxie, verbindet ihn Freundschaft.

Bachs Haltung in der Sache wird von der Stellung der beiden Lager zur Kirchenmusik bestimmt. Und da gibt es für ihn nur eine Entscheidung: für die Orthodoxie, denn die betrachtete die Musik ganz im Geiste Luthers als Mittel zur Verherrlichung des Schöpfers. Das ist auch Bachs Sicht der Dinge: *Ad majorem gloriam dei* – Zur höheren Ehre Gottes, oder *Soli Deo Gloria* – Gott allein die Ehre.

Die Pietisten lehnten alles Überflüssige im Gottesdienst ab. Hinter Kirchenmusik witterten sie weltliche Ablenkung, in ihren Augen störte Musik bei der Andacht.

Für Bach ist Musik Sinnbild für die gottgewollte Weltordnung, für die gesamte Schöpfung. Diese Auffassung widerspricht der pietistischen Befürchtung, Musik würde die Seele verderben und verweichlichen. Mit Abstand betrachtet, ist die Situation widersprüchlich und sogar ein wenig grotesk. Denn Bachs stark sinnliche Musik ist in Haltung und Ausdruck völlig der pietistischen Inbrunst und nicht der rationalen, verkalkten Orthodoxie verpflichtet. In seinem Schaffen finden die beiden »Lager« sozusagen zu einer dialektischen Einheit zusammen: pietistische Inbrunst auf solidem orthodoxem Glaubensfundament.

Es gab aber auch persönliche Motive, die Bach veranlaßten, aus Mühlhausen wegzugehen. Einmal hatte sich seine Anlaufenergie schon bald gesetzt, und er war bereits an gewisse Grenzen gestoßen; in seinem Abschiedsgesuch spricht er von »widrigkeiten« und »verdrießlichkeit anderer«, die seinen Plänen auf Dauer im Wege standen. Zweitens brachte die Gründung einer Familie auch wirtschaftliche Überlegungen mit sich. Bach war erklärter Lutheraner auch in seiner Auffassung von der Familie – eine Ehe ohne Kinderreichtum wäre ihm undenkbar gewesen. Das aber war selbst mit den 85 Gulden plus Naturalien nicht möglich. Drittens mag ihm ein wenig auch der Glanz um sein Leben und Wirken gefehlt haben, den er seit Lüneburg und der Ritterakademie mochte und den eine mitteldeutsche Kleinstadt ohne Residenz nun einmal nicht bieten konnte.

Sicher werden alle drei Faktoren zusammengewirkt haben: die Sorge um die Zukunft bei Familienzuwachs, der Drang, sich weiter zu profilieren, und schließlich auch der Wunsch, kleinkarierten Querelen aus dem Weg zu gehen.

Bach macht sich also auf die Suche nach einer neuen Wirkungsstätte. Am Weimarer Hof war die Organistenstelle frei geworden; er legt das Probespiel ab und wird sofort verpflichtet.

Erst nachdem er sich so abgesichert hat, schreibt er sein Abschiedsgesuch an den Mühlhausener Rat, dem er aufrichtig dankbar ist. Er zeigt sich erstaunlich bemüht, in gutem Einvernehmen zu scheiden.

Dieses Dokument wird in der Bach-Literatur »Endzweckbrief« genannt und gehört zu den wichtigsten schriftlich überlieferten Äußerungen Bachs. Er schreibt zuerst von den Gründen für seinen Weggang: existentielle Sorgen wie die derzeitige »schlechte Lebensarth«, also finanzielle Knappheit, dann die Widrigkeiten, von denen schon die Rede war, und schließlich die Unmöglichkeit, in Mühlhausen seinen »Endzweck« zu verwirklichen. Der bestehe darin, »eine regulierte Kirchenmusik zu Gottes Ehre« einzurichten, die Kirchenmusik auf den Dörfern zu unterstützen und ein ausreichendes Repertoire aufzubauen. Mit anderen Worten: Die Kirchenmusik darf in ihrer Funktion und in ihrem hohen Stellenwert von theologischem Gezänk nicht beeinträchtigt werden, dafür bedarf es auch der konkreten Voraussetzungen (Notenmaterial), und nicht zuletzt muß der hohe Anspruch auch auf dem Lande durchgesetzt werden – ein liebenswerter Zug des aus ländlicher Sippe stammenden Künstlers.

Dennoch geht er mit aufrichtigem Dank, preist die »Milde« der Stadtväter und legt alles darauf an, einen guten Eindruck zu hinterlassen (Bach war lernfähig). Als Nachfolger empfiehlt er seinen Cousin Johann Friedrich, Sohn von Onkel Christoph aus Eisenach. Er bietet an, die Restaurationsarbeiten an der Orgel noch weiter zu beaufsichtigen, von Weimar aus. Und er erreicht sein Ziel: Man entläßt ihn, weil er »nicht auffzuhalten«, aber bedauert seinen Weggang noch nach Jahren.

4 Das Weimarer Jahrzehnt – Organist und Kammermusicus 1708–1717

Um den cantus firmus hingen vergoldete Blättergewinde und eine Seligkeit war daringegossen, daß du mir selbst gestandest: Wenn das Leben dir Hoffnung und Glauben genommen, so würde dir dieser Choral alles von neuem bringen.

Schumann zu Mendelssohn über Bachs Choralvorspiel Schmücke dich, o liebe Seele

Bei seinem kurzen ersten Weimarer Aufenthalt hatte Bach für den Prinzen Johann Ernst gespielt. Der lebt inzwischen nicht mehr; jetzt ist der vormalige Mühlhausener Organist beim regierenden Herzog in Doppelfunktion als Organist und Kammermusiker angestellt.

Wilhelm Ernst ist ein gläubiger Mann, der den Weimarer Hof zu einem Zentrum deutscher Frömmigkeit machen will. Zu diesem Zweck geht er sogar recht drastisch vor: Weltliche Vergnügungen werden eingeschränkt, es wird kein Theater gespielt, der Besuch des Gottesdienstes ist für den gesamten Hof obligatorisch. Die Kirchgänger werden vom Landesherrn mitunter direkt befragt, was sie von der Predigt behalten hätten.

Bach kann das nur recht sein: Die Kirchenmusik sollte prachtvoll werden, und darauf versteht er sich. Er bekommt das »Allerhöchste Wohlwollen« sogleich zu spüren: Obwohl die Orgel in der Schloßkapelle gerade erst restauriert worden war, kann er sie doch nach seinem Geschmack umbauen lassen. Sie erhält nun sogar ein Pedal-Glockenspiel, was er sich schon in Mühlhausen gewünscht hatte. Er bekommt jetzt 150 Gulden, darf frei reisen und hat einen Vertreter (seinen Schüler Schubart). Wenn er in der »Himmelburg« (wie die Kapelle genannt wurde) Orgel spielte, saß Bach sozusagen in den Wolken: das Werk war über der durchbrochenen Decke angebracht!

Als erstes Kind wurde dem jungen Paar Katharina Dorothea geboren, unter den Paten befand sich Pastor Eilmar. In Weimar kommt 1710 Bachs Ältester, Wilhelm Friedemann, genannt Friedel, zur Welt, dann folgt 1713 ein kurz nach der Geburt verstorbenes Zwillingspaar (1713), im Jahr darauf wird Carl Philipp Emanuel geboren und wieder ein Jahr später Gottfried Bernhard.

Wie die Anfangszeit in Mühlhausen kann der zweite Weimarer Aufenthalt in Bachs Leben als eine besonders glückliche Phase gelten. Von seinen bis 1715 geborenen Kindern sind drei hochbegabt: Friedemann, Emanuel und der weniger bekannte Gottfried Bernhard, Bachs späteres Sorgenkind. Im Haus herrscht stets reges Treiben, das mag der Hausherr, das bringt ihn in Schwung.

Zu den eigenen Kindern kommen noch die der nahen Verwandten, denn das ist eine Familientradition der Bache: Die Besten unterweisen die Kinder der anderen in Musik. Hier sind es Johann Lorenz, Enkel von Georg Christoph aus der fränkischen Linie, und Johann Bernhard, ein Sohn von Sebastians ältestem Bruder, der ihn in Ohrdruf aufgenommen hatte. Damit nicht genug: Außer den eigenen Kindern und Neffen, Großneffen und weiteren Verwandten sind noch fremde Schüler im Hause – damals Tobias Krebs, Martin Schubart (Bachs Vertreter bei Hofe) und Kaspar Vogler. Zu diesem engeren Kreis gehören auch zwei Schüler, die des Protokolls wegen nicht bei Bach logieren dürfen – die beiden Söhne des Prinzen Johann Ernst, in dessen Kapelle er einst gegeigt hatte. Besonders der jüngere, Johann Ernst, ist talentiert und ein gewandter Komponist. Erst viel später stellte sich heraus, daß von den 16 Klavierbearbeitungen, die Bach von Vivaldis Violinkonzerten angefertigt hatte, mindestens zwei von seinem fürstlichen Schüler stammen.

Sein Bruder Ernst August, ein fähiger Klavierspieler, hing sehr an Sebastian. Er sollte für dessen weiteren Lebensweg noch eine unerwartete Rolle spielen.

Im vierten Jahr seiner zweiten Weimarer Anstellung zeigt Bach Symptome für erneuten Wandertrieb; es wäre ein Wunder, wenn er aus freien Stücken an einer Stelle mehr als vier Jahre bliebe. In Halle war Händels Orgellehrer Zachow verstorben, 1713 trägt man Bach dessen Nachfolge an der Liebfrauenkirche der Saalestadt an. Bach bedankt sich und akzeptiert, tritt den Posten aber nie an. Er stellt Forderungen, die man in Halle nicht erfüllen will. Bach bleibt hart, denn er *muß* ja nicht von Weimar weggehen. Dafür aber gerät der Herzog in Besorgnis, er könnte seinen engagierten

Organisten verlieren, erhöht dessen Bezüge von 150 auf 250 Gulden und ernennt ihn zum Konzertmeister der Hofkapelle.

Man könnte diesen damals gar nicht unüblichen Verlauf der Angelegenheit mit dem heutigen Begriff »Bleibeverhandlung« belegen. Als man das in Halle andeutet, reagiert Bach entrüstet und pocht auf seine Ehrenhaftigkeit. Ganz von der Hand zu weisen wäre die Vermutung freilich nicht, daß er auf diese Art den Dienstherren zu einer Gehaltsaufstockung anzuregen versuchte. Denn angesichts der wachsenden Kinderschar könnte sich ein sorgender Familienvater schon seine Gedanken gemacht haben. Und ehrenrührig? Damals war man nicht zimperlich; Stellen wurden direkt zum Kauf angeboten, und Telemann – allseits geachtet – hat das Leipziger Thomaskantorat sogar *eindeutig* zum zweimaligen Preistreiben für sein Hamburger Engagement benutzt.

In Halle ist man dem herzoglich-sächsischen Konzertmeister nicht gram, sondern beauftragt ihn, zusammen mit dem Organisten Rolle aus Quedlinburg und dem damaligen Leipziger Thomaskantor Kuhnau, Bachs Vorgänger im Amt, mit der Abnahme eines großen Orgelwerkes und zeigt sich in diesem Zusammenhang außerordentlich großzügig. In den Quittungen findet sich noch das Menü des Abschiedsschmauses: Man reichte »Bäffallemote« (sprich »Bœuf à la mode«), Hecht, geräucherten Schinken, Erbsen, Kartoffeln, »Spinat mit Saucischen«, gesottenen Kürbis, Spritzkuchen, eingemachte Zitronenschalen, eingemachte Kirschen, warmen Spargelsalat, Kopfsalat, Radieschen, frische Butter und »Kelberbraten«. Das Essen kostete 11, getrunken wurde für 15 Taler – nach heutigem Geld 990 bzw. 1350 DM. Bach bekam vom Rat sogar eine Sänfte gestellt!

Doch zurück nach Weimar. Die Hofkapelle, die übrigens manchmal zum Ergötzen der Herrschaft in Heiduckenuniform spielen mußte, wurde von dem alten Hofkapellmeister Samuel Drese geleitet, zu dessen Stellvertreter man schon seinen Sohn Johann Wilhelm ernannt hatte. Nun wird diese Entscheidung revidiert, um für Bach Platz zu schaffen, und Drese jr. nur noch mit der Aufführung der (wenigen) neuen weltlichen Musik betraut. Der neue Vertrag sieht vor, daß Bach als Organist und Konzertmeister zur Verfügung steht und monatlich eine Kantate komponiert und aufführt. Was er immer schon tun wollte, kommt ihm nun als Auftrag ins Haus!

Die Texte für seine Weimarer Kantaten stammen vorwiegend von Salomon Franck, dem Leiter der Hofbibliothek und Münzsammlung. Seine von schlichter Frömmigkeit getragenen Lieder- und Kantatendichtungen kommen Bachs Vorstellungen entgegen.

Erstmals verfügt Bach jetzt über ein ausgezeichnetes Orchester und über professionelle Sänger. Man spürt in den Werken dieser Zeit, wie sehr ihn der neue Klangrahmen inspiriert. Endlich braucht er keine Rücksichten auf Banausen und unverständige Vorgesetzte zu nehmen, kann er ohne Einschränkungen komponieren. Er fühlt eine nie gekannte Freiheit.

Da er ungehindert reisen darf, besucht er Verwandte. In Jena Nikolaus Bach, seines Zeichens Universitätsorganist und ein interessantes Mitglied der Sippe: Er war in Italien gewesen und betätigte sich nebenbei als Instrumentenbauer. Bekannt wurde er durch die Erfindung eines Lautenklaviers und durch ein volkstümliches Quodlibet »Der Jenaische Wein- und Bierrufer«.

In Eisenach besucht er Johann Bernhard, der nach dem Tod des eigenwilligen Onkel Christoph 1703 dessen Organistenstelle an der Georgskirche versieht. Er galt als solider Komponist und war der Lehrer u. a. von Johann Gottfried Walther, der nun in Weimar Bachs neuer Freund werden soll. Hier begegnet er auch dem rührigen Telemann, dessen Stern schon damals im Aufsteigen begriffen war; seit 1708 bekleidete er das höchste musikalische Amt in Eisenach, das des Hofkapellmeisters. Als er in Leipzig Jura studierte, hatte er ein studentisches Collegium musicum gegründet und geleitet, das später eine Voraussetzung für Bachs weltliches Kantatenschaffen darstellen wird. Jetzt, in Eisenach, freunden sich die beiden Künstler so eng an, daß Georg Philipp Telemann sogar die Patenschaft für Bachs 1714 geborenen Zweitältesten übernimmt, der daraufhin seinen Taufnamen erhält: Carl Philipp Emanuel Bach, nach des Vaters Tod als *der* Bach bekannt und berühmt. Der Weg der beiden wird sich noch einmal kreuzen bei der Bewerbung um das Thomaskantorat.

Weimar selbst bringt dem aufsteigenden Hofmusicus zwei neue Freunde. Johann Gottfried Gesner ist Konrektor am Gymnasium und wird Bach später in Leipzig als Rektor der Thomasschule wiederbegegnen. Von prägender Bedeutung für Bachs musikalische Entwicklung ist der Kontakt zu dem erwähnten Gottfried Walther,

Organist an der Stadtkirche. Er ist mit Sebastian über die Erfurter Familie der Lämmerhirts verwandt. 1710–32 schreibt er ein vielbeachtetes »Musicalisches Lexicon«, das in Leipzig erscheint und wo Bach eine überraschende Darstellung finden wird. Walther ist nicht nur ein außerordentlich kluger Kopf, sondern auch ein ausgezeichneter Komponist. Seine Choralsätze hat Bach höher als die eigenen geschätzt. Was ihn an dem Freund am meisten fasziniert, ist dessen Kenntnis der italienischen Meister, die Bach bislang nur indirekt über deutsche und französische Komponisten kannte. Walther besitzt eine beachtliche Sammlung von Noten; die Freunde tauschen aus, kopieren, bearbeiten um die Wette. Bach verschlingt geradezu die Werke von Frescobaldi, Corelli, Legrenzi und Albinoni, vor allem aber Vivaldi und nochmals Vivaldi! Man wird an Celle und die französische Musik erinnert, die sich Bach dort fieberhaft angeeignet hat.

Zur französisch-modischen Melancholie, der tristesse à la mode, kommt jetzt die schlanke, sparsame, wohlproportionierte Schreibweise der Italiener, in den »Tastensatz« (für Clavier) dringen Streicherspielfiguren ein, als neue Form mit großer Zukunft taucht das dreisätzige Konzert auf.

Neigte Bach bisher mitunter zu barockem Wust an Ornamenten, zu überladener Verarbeitung eines Themas, so reduziert er jetzt seine Klangsprache auf das Wesentliche.

Aber in die harmonische Weimarer Atmosphäre wird bald eine Dissonanz einbrechen, die sich als Konflikt schon lange angebahnt hat. Es war bereits die Rede von den beiden jungen Prinzen, die Bach unterwies. Den älteren, Ernst August, wertet er als geschickten Klavierspieler, verwirft aber seine erzkonservativen Ansichten, die sogar vor dem liberalen Regierungsstil seines Onkels nicht haltmachen. (Als er 1728 allein die Regierung übernimmt, läßt er als erstes bekanntgeben, daß jedem Gefängnis drohe, der sich erlaube, »über die Regierung zu räsonnieren«.) Die Reibereien zwischen den beiden gedeihen so weit, daß der Herzog seinen Musikern untersagt, für den Neffen zu spielen. Bach setzt sich über dieses Verbot hinweg – aus Solidarität mit seinem Freund und wohl auch, weil er sich nicht vorschreiben lassen will, für wen er Musik mache. Zwar ist er klug genug, sich Musiker von Nachbarhöfen auszuleihen, aber immerhin leitet er die Aufführung einer selbstverfaßten Kantate zu

Ehren Ernst Augusts, was ihm dieser mit einem kostbaren Präsent lohnt.

Aber damit hat Bach den Bogen überspannt. Als der alte Hofkapellmeister Drese stirbt, revanchiert sich der Herzog und übergeht dessen Stellvertreter, den natürlichen Anwärter auf die Nachfolge. Er versucht sogar, Telemann (delikaterweise Bachs Freund) zu holen, versteift sich, als das fehlschlug, noch mehr und beruft Drese jr., dessen Unfähigkeit offenkundig ist.

Bach ist aufs tiefste beleidigt. Von Stund an schreibt er keine Note mehr für den Herzog, nicht einmal zum 200. Jahrestag der Reformation, der für ihn doch eine Herzenssache gewesen sein muß. Denn jetzt bricht sein Starrsinn durch, und da gibt es nichts und niemanden, der ihn von seinem einmal eingeschlagenen Kurs abbringen kann. Er strebt weg, will gehen. Wie schon in Mühlhausen, ist er klug genug, sich vorher abzusichern, und verhandelt diskret, um den Sperling in der Hand nicht wegen der Taube auf dem Dach zu riskieren.

Der Zufall greift ein: Prinz Ernst August heiratet 1716 eine Schwester des Fürsten Leopold von Anhalt-Köthen, eine kunstsinnige, umgängliche Frau, mit der sich Bach bestens versteht und der er seine schwierige Situation anvertraut. Und tatsächlich: Sie weiß Rat. Sucht nicht ihr Bruder in Köthen einen neuen Kapellmeister, der seine Hofmusik neu gestalten soll?

Die Weichen sind gestellt, Fürst Leopold ist begeistert, er bietet Bach einen sehr günstigen Vertrag – er wird 400 Gulden haben, ebensoviel wie ein Hofmarschall. Wenn das kein Aufstieg ist! Bach denkt an einen gleitenden Übergang, zumal die beiden Fürstenhäuser ja miteinander verschwägert sind. Er rechnet nicht im mindesten mit einer Weigerung seines bisherigen Dienstherren. Vorsorglich läßt er die Familie schon nach Köthen ziehen und macht noch einen Abstecher nach Dresden, um den berühmten Organisten und Komponisten Marchand zu hören, der da gerade gastiert. Er ahnt nicht, daß ihm diese Reise den größten Öffentlichkeitserfolg seines Lebens einbringen wird.

Louis Marchand, 16 Jahre älter als Bach, war lange Jahre Hoforganist des französischen Königs gewesen, fiel aber in Ungnade und versuchte gerade sein Glück bei der katholischen Majestät in Dresden. Man spricht schon von einer Anstellung bei Hofe, als der dortige Konzertmeister Volumier, der Bach kannte, auf die Idee kommt, nach damaliger Mode beide Virtuosen öffentlich miteinander zu konfrontieren. Er schreibt nach Weimar und lädt Bach ein, »ohne Verzug nach Dresden zu kommen, um mit dem hochmüthigen Marchand einen musikalischen Wettstreit zu wagen«.

Man geht klug vor, denn als Bach in der Hauptstadt eingetroffen ist, verschafft ihm Volumier Gelegenheit, »seinen Gegner erst verborgen zu hören. Bach lud hierauf Marchand durch ein höfliches Handschreiben, in welchem er sich erbot, alles was ihm Marchand Musikalisches aufgeben würde, aus dem Stegreife auszuführen, und sich von ihm wieder gleiche Bereitwilligkeit versprach, zum Wettstreite ein...« Der andere ist einverstanden, man einigt sich auf Ort und Tag. Eine illustre Gesellschaft erwartet das spannende Schauspiel. Doch Marchand läßt auf sich warten. Als man schließlich nach ihm schickt, erfährt man »zur größten Verwunderung, daß Mr. Marchand an eben demselben Tage, in aller Frühe, mit Extrapost aus Dresden abgereist sey«. Bach, »nunmehr allein Meister des Kampfplatzes«, entschädigt die Anwesenden vollauf. Der König bestimmt ihm ein Geschenk von 500 Talern. Das Geld hat Bach allerdings nie gesehen.

Aber ungleich wichtiger als das wahrscheinlich von Höflingen unterschlagene Honorar ist der Ruf, der sich von jetzt an auch in den höchsten Kreisen der Hauptstadt mit seinem Namen verbindet: Der Name Bach ist mit einem Schlage zum Begriff und zum Inbegriff für höchste Meisterschaft geworden, vielleicht sogar für die Überlegenheit der deutschen Schule in einem überfremdeten Zeitalter.

An der Episode mit (oder genauer: ohne) Marchand läßt sich ein wesentlicher Charakterzug Bachs ablesen: Er selbst sprach nie von diesem Triumph und pflegte sogar abzulenken, wenn man darauf anspielte.

Nun aber gilt es, den Abschied von Weimar zu regeln. Wie damals in Mühlhausen hat er auch schon einen Nachfolger parat, seinen fähigen Schüler und bisherigen Vertreter Johann Martin Schubart. Und er macht keinen Hehl daraus, daß ihm der Anhalter Fürst ein höheres Gehalt geboten habe, ebenso wie damals in Mühlhausen. Doch der Herzog lehnt das Gesuch ab, er will auf seinen Organisten nicht verzichten und ihn schon gar nicht zur »Konkurrenz« entlassen. Aber da kennt er seinen Bach schlecht. Der setzt auf Granit wieder Granit und wird bei der Verteidigung seiner Interessen sogar ausfällig, bis ihn der Dienstherr kurzerhand in Haft nehmen läßt. Johann Sebastian Bach sitzt vom 6. November bis 2. Dezember im Gewahrsam des Weimarer Herzogs. Bei Hofsekretär Bormann liest sich das so: Am 6. 11 sei »der bisherige Concert-Meister u. Hof-Organist, Bach, wegen seiner Halßstarrigen Bezeügung v. zu erzwingenden dimission, auf der LandRichter-Stube arrêtiret, u. endlich d. 2. Dec. darauf, mit angezeigter Ungnade, Ihme die dimission durch den Hof-Secretär angedeütet, u. zugleich des arrests befreyet worden«.

Man kann den Herzog fast verstehen, denn sein Konzertmeister war schon seit vier Monaten ernannter Hofkapellmeister in Köthen!

Die »Beugehaft« benutzt Bach in aller Seelenruhe zum Komponieren. Er korrigiert die Choräle seines *Orgelbüchleins*. Er weiß, daß er sein Recht bekommen muß, und kann warten.

Der Beziehung zum befreundeten Anhalt-Köthen wegen muß der Herzog schließlich klein beigeben. Doch Bach hat es Sympathien gekostet. Nicht nur sein Landesherr ist ihm böse, sondern auch die Weimarer Bürgerschaft nimmt ihm diesen Fahnenwechsel übel, man fühlt sich im Stich gelassen und verkauft. Gottfried Walther – Bachs Freund und Pate seines Sohnes Gottfried Bernhard – läßt sich die Empörung noch Jahre später anmerken, als er in seinem Lexikon von Bachs Werken nicht einmal die erwähnt, von denen er selbst Abschriften oder sogar Autographen besitzt.

Das *Orgelbüchlein* blieb leider ein Torso, Bach fand nie wieder die Muße, sich ihm zu widmen. Und um alle 174 Choräle neu zu schreiben, dazu hatte die Haft nicht lang genug gedauert. Ein Beweis für die Dynamik der Bachforschung: Aufgrund von Wasserzeichen im Autograph vermuten heute einige Forscher, daß das *Orgelbüchlein* bereits *vor* Weimar geschrieben oder zumindest begonnen wurde.

Mit der Weimarer Zeit endet ein wichtiger Abschnitt in Bachs Entwicklung. Hatte er in Mühlhausen noch überzeugend seine Auffassung vom »Endzweck der Musik« niedergelegt und keinen Zweifel daran gelassen, daß er sich zum Organisten und später wohl auch Kantor berufen fühlte, so brachte ihn Weimar auf neue Gedanken. Begünstigt wurde diese innere Umstellung durch den äußeren »Tapetenwechsel«: nach dem lästigen Theologengezänk nun die freie, großzügige Luft eines Hofes, statt aufreibender und fruchtloser Kleinarbeit ein gut geordnetes, professionelles Musikleben.

Bach sieht, daß der Hofkapellmeister Drese in seiner beneidenswerten Funktion überfordert ist, und hofft mehr und mehr, eines Tages an seine Stelle treten zu können. Hofkapellmeister zu werden war damals das Höchste, was ein Musiker im weltlichen Bereich anstreben konnte: Die Fürsten umwarben ihre ersten Musiker, und die waren ihrerseits Fürsten im Reich der Tonkunst. Mit der Idee, dieses hohe, ehrgeizige Ziel überhaupt anzusteuern, wandelt sich unmerklich auch Bachs Vorstellung vom »Endzweck«. Dieser Wandel bedeutet aber keineswegs, daß er der Kirche oder gar dem Glauben den Rücken kehrt. Für ihn wendet sich jede gut gemachte Musik an den Schöpfer, ob weltlich oder geistlich. Aber er spürt jetzt, daß er auch als Orchesterleiter und darüber hinaus als Orchesterkomponist eine Gabe zu verwalten und zu mehren hat; außerdem will er immer weiter lernen und neue Wege erproben.

Die ersten Berufsstationen haben den Kirchenmusiker geprägt. Das Weimarer Jahrzehnt hat erstmals seine Doppelbegabung offenkundig gemacht: Hier war er *gleichzeitig* Organist und Konzertmeister. In Köthen wird er sich als Kapellmeister und Orchesterkomponist profilieren.

5 Kapellmeister Bach – Weltliches Intermezzo Köthen 1717–1723

> Wenn alle Meisterwerke der Musik verlorengingen und *Das wohltemperierte Klavier* bliebe uns erhalten, so könnte man daraus die ganze Literatur wieder neu konstruieren. *Das wohltemperierte Klavier* ist das Alte Testament, die Beethovenschen Sonaten das Neue, an beide müssen wir glauben!
>
> *Hans von Bülow*

Noch vor Ausgang des Jahres 1717 trifft Bach in Köthen ein, die Familie erwartet ihn schon – in den großzügig geschnittenen Räumen, die der Fürst seinem neuen Hofkapellmeister im Seitenflügel des Schlosses zugewiesen hatte.

Daß der anhaltinische Hof calvinistisch, also reformiert ist, stört Bach, den erklärten Lutheraner orthodoxer Prägung, überhaupt nicht. Bei aller Festigkeit im Glauben hat sich Bach als Künstler immer offen und flexibel gezeigt. Aus dem Religionsstreit zwischen Calvinisten und Lutheranern, der auch in Köthen wogt, hält Bach sich völlig heraus und lebt mit seiner Familie unbeirrt nach dem eigenen eingewurzelten Glaubensbekenntnis, und zwar ohne jede Verhärtung. So ist es für ihn ganz logisch, daß er seine Kinder jetzt in die lutherische Schule schickt.

Der reformierte Gottesdienst – hier verwandt dem Pietismus – verzichtete bewußt auf musikalische Ausschmückung ebenso wie auf bildende Kunst. Alles, was auch von der weltlichen Sphäre geliebt und gepflegt wurde, sollte außerhalb des Gotteshauses bleiben. Der musikalische Anteil ging nicht über kahles Choralsingen hinaus.

Für Bach bedeutet dies eine überraschende Wende im kompositorischen Bereich: Statt Kirchenmusik wird er jetzt vorwiegend weltliche Instrumentalmusik schreiben. Er nutzt die neue Situation als Chance; er will ja lernen, kennenlernen, und jetzt geht es ihm in erster Linie um das Orchester.

Die Kapelle besteht aus achtzehn Mann, zu denen sich gelegentlich noch der Fürst gesellt (zwei Violinen, Gambe, Violoncello, zwei Flöten, Oboe, Trompete und Fagott als Solisten oder »Cammer-Musici«), und vier »Musici« (Tuttistreicher), zu denen noch ein Pauker, drei Sänger und Bach als Kapellmeister kommen, der entweder vom Cembalo aus oder mit der Violine dirigiert.

Von den Orchestermitgliedern sind einige farbige Details überliefert. Zwei Mann kamen aus Berlin, wo der spartanische Soldatenkönig 1713 die Hofkapelle aufgelöst hatte: der Primgeiger Josephus Spieß und der Oboist Johann Ludwig Rose, der gleichzeitig Fechtunterricht erteilt. Von Spieß war einmal ein Wechsel aufgeflogen, woraufhin Leopold verfügte, sein Gehalt nur noch der Ehefrau auszahlen zu lassen. Flötist Würdig, der den langen und dornenreichen Weg vom Stadtpfeifer bis zum Kammermusiker geschafft hatte, wurde mit 20 Talern Geldbuße belegt, weil er bei einer Neujahrsmusik fehlte. Paukist Unger war gleichzeitig fürstlich privilegierter Gastwirt, der auch Gäste des Hofes unterbringen mußte. Seinen Gambisten Abel bittet Bach 1723 zum Paten bei der Taufe seiner Tochter Christine Sophie Henriette (gestorben 1726) zusammen mit dem Köthener Bürgermeister und der Frau des fürstlichen Stallmeisters. Der Sohn dieses Kammermusicus, Carl Friedrich Abel, wird später mit Bachs jüngstem Sohn Johann Christian in London ein eigenes Konzertunternehmen gründen, die »Bach-Abel-Concerts«.

Stolz bezeichnet sich Johann Sebastian selbst als »Hochfürstlich Anhalt-Cöthnischer würcklicher Capellmeister«. Er fühlt sich rundum wohl. Obgleich von Haus eher städtischer oder kirchlicher Musiker, wäre er jetzt durchaus bereit, sein restliches Leben an diesem Hofe mit anderem Glaubensbekenntnis zu verbringen und dort weltliche Musik zu komponieren. Das geht zumindest aus seinem Brief hervor, den er 1730 an Jugendfreund Erdmann schreiben wird. Bach hat ein gesundes und ganz natürliches Aufstiegsbedürfnis. Romantische Vorstellungen von Bedürftigkeit und Einsamkeit als Voraussetzung zum künstlerischen Schaffen sind ihm völlig fremd. Und zur Frage des »Weltlichen«: Nach seiner Auffassung dient auch gute Unterhaltungsmusik oder eine Huldigungskantate für den Landesherrn dem Lob Gottes. Denn den Landesherrn hat Gott eingesetzt, und derselbe Gott hat auch die Musik zur Freude der Menschen geschaffen.

Zu den Verpflichtungen eines Hofkapellmeisters gehört die Musik bei Festtafeln, Hofbällen, Paraden, dynastischen Anlässen wie Taufe, Hochzeit oder Begräbnis sowie Kammer- und Hausmusik. Damit ist erstmals der Dirigent Bach voll gefordert.

Den Dirigenten im heutigen Sinne gab es damals noch nicht; Mitte des 19. Jahrhunderts hat Mendelssohn im Leipziger Gewandhaus erstmals dem Publikum den Rücken zugekehrt. Bis dahin war es üblich, daß der Dirigent mindestens mit dem Profil zum Hörer saß oder stand, wenn nicht gar – wie noch heute der Tambour vor Militärkapellen – en face. Dirigieren hieß damals Tempo vorgeben, Einsätze markieren und das mehrstimmige Gewebe zusammenhalten und koordinieren; natürlich wurde auch dynamisch abgestuft. Aber alles lief in einem gewissen musikantischen Gleichmaß ab; die ausdrucksbedingten Temposchwankungen (Rubati) sind eine Errungenschaft späterer Musikzeitalter. Gewöhnlich spielte der Dirigent selbst mit und bestimmte so aktiv den Fluß des Musizierens. Bach saß entweder am Cembalo oder leitete das Ensemble mit der Violine in der Hand, etwa wie heute noch der Primgeiger sein Streichquartett anführt. Bei besonders schwierigen Koordinationsaufgaben betraute man einen Musiker speziell mit dem Geben der Einsätze, was mit einer Notenrolle oder einem Stab geschah; es dirigierten dann also zwei. Auf dem bekannten Seffner-Denkmal im Hof der Leipziger Thomaskirche ist Bach in solcher Dirigierhaltung dargestellt, mit einer Notenrolle in der Hand.

Gesner hat aus seinen Leipziger Jahren überliefert, wie Bach zu dirigieren pflegte: Er hielt »diesen durch ein Kopfnicken, den nächsten durch Aufstampfen mit dem Fuß, den dritten mit drohendem Finger zu Rhythmus und Takt an«. Dagegen beklagt Mattheson im »Vollkommenen Kapellmeister« das damals weitverbreitete »unnütze Geprügel, Getöse und Gehämmer mit Stöcken, Schlüsseln und Füßen«.

Mit seinem Fürsten hat Bach Glück. Leopold von Anhalt-Köthen ist das Paradebeispiel für einen aufgeklärten Herrscher, ohne die kriegerischen Ambitionen Friedrichs des Großen – dazu fehlen ihm Ehrgeiz und Mittel. Er singt einen hübschen Bariton, spielt Violine, Gambe und Cembalo. Leopold ist das Gegenstück zum reaktionären Weimarer Prinzen Ernst August, seinem Schwager. Er regiert bewußt liberal und hat ein ausgeglichenes Naturell. Bei seiner Thronerklärung hieß es, er werte es als die »größte Glückseligkeit, wenn die Unterthanen im Lande bei ihrer Gewissensfreiheit geschützet werden«.

So gern, zwanglos und erfolgreich wie Bach werden nach ihm allenfalls Mozart, Liszt und Strawinsky in den Kreisen der Aristokratie verkehren. Beispielsweise sind alle drei Paten von Bachs siebtem Kind, Leopold Augustus (einjährig gestorben), Mitglieder des Herrscherhauses: Leopold, regierender Fürst, Augustus Ludwig, Fürst zu Anhalt, und Eleonora Wilhelmina, Herzogin zu Sachsen-Weimar, geborene Fürstin zu Anhalt, deren Vermittlung Bach seine zeitlebens ranghöchste Position verdankt. Der Täufling wird nach beiden Fürsten genannt.

Köthen mit seiner idyllischen Atmosphäre ist eine der glücklichsten und fruchtbarsten Zeiten in Bachs Biographie. Hier kann sich seine Kreativität ungehindert entfalten. Er verfügt mit der Hofkapelle über einen Klangkörper, der ihn inspiriert; der Fürst läßt ihm sogar ein besonders wertvolles Cembalo aus Berlin kommen; es gibt keinen Zwang zum Komponieren außer der Auflage, jährlich vier Kantaten zu schreiben – je eine weltliche und eine kirchliche zu Neujahr und zum Geburtstag des Fürsten.

Alles andere entsteht aus freien Stücken. Was Wunder, daß Bach unablässig schreibt – vorwiegend für seine Kapelle, etliches auch für »Clavier«, also Tasteninstrumente. Leider sind viele Manuskripte verlorengegangen. Die günstigen Bedingungen des anhaltinischen Hofes lassen auch erste großangelegte Schaffenspläne entstehen, wenn man von Bachs frühem Sammelwerk absieht, dem *Orgelbüchlein*, mit dem er sich den Weimarer Arrest verkürzt hatte. Mit ihm legte er das Fundament für die in Haltung und Konzeption verwandten Spätwerke. Er komponiert in Köthen an Hauptwerken die *Brandenburgischen Konzerte*, die *Orchesterouvertüren*, die *Sonaten* und *Suiten für ein Streichinstrument allein*, die *Englischen* und *Französischen Suiten* sowie den ersten Teil des *Wohltemperierten Klaviers*.

Deutlich wird sein Bemühen, jede künstlerische Aufgabenstellung möglichst vielfältig zu lösen, in mehreren gleichartigen Werken anzugehen – mit diesem enzyklopädischen Aspekt verfolgt Bach oft noch eine pädagogische oder Erkenntnisabsicht: Er will einer Sache auf den Grund gehen.

Mit den *Solosonaten* und dem *Wohltemperierten Klavier* deutet sich schon in Köthen sein Spätstil an, die auf Wesentlichstes reduzierte »musica pura«, die »reine Musik« mit der Betonung auf Linie und Proportion. In seinem »Tonkünstlerlexikon« von 1790 berichtet Bachs Schüler Gerber, der Meister habe *Das Wohltemperierte Klavier Teil I* an einem »abgeschiedenen Ort« geschrieben, wie etwa das *Orgelbüchlein* im Weimarer Gefängnis. Die ungeheure Konzentration, die diese Musik entstehen ließ (und die wiederum von ihr ausgeht), erklärt die Zeitlosigkeit der Werke.

Die wichtigsten Orchesterpartituren der Köthener Zeit, *Brandenburgische Konzerte* und *Orchestersuiten*, sind auch vom höfischen Ambiente – kunstvollen französischen Parks, kerzenschimmernden Sälen und seidenbespannten Gemächern – geprägt.

Die *Brandenburgischen Konzerte* entsprechen an Popularität und Bedeutung den Händelschen »Concerti grossi« und haben mit diesen den internationalen Rang der deutschen Orchestermusik begründet. Der Name bezieht sich auf den Auftraggeber und nicht, wie man vermuten könnte, auf den Ort der Entstehung (sonst müßte es *Köthenische* Konzerte heißen). Als Bach das erwähnte kostbare Cembalo 1718 in Berlin bestellte, muß er auch vor dem Markgrafen Christian Ludwig von Brandenburg gespielt haben. Dieser wohnte als jüngster Sohn des Großen Kurfürsten im königlichen Schloß und hatte eine eigene Kapelle. Bach hat sich aber in deren Leistungsfähigkeit verschätzt – sie bestand aus nur sechs Mann – und die Konzerte völlig auf die Köthener Verhältnisse abgestellt. Er hat sie auch prompt selbst dort aufgeführt – Oboe und Blockflöte waren für die »doppelhändigen« Soloflötisten obligatorisch, und Hornisten lieh man sich beim Nachbarhof.

Gewöhnlich denkt man bei dem Stichwort »Parodieverfahren« nur an Übernahmen aus weltlichen Vokal- in Kirchenkompositionen. Daß Bach häufig genug auch rein instrumentales Material »umgeleitet« hat, soll wenigstens im Fall der *Brandenburgischen Konzerte* erwähnt werden. Denn Bach hat hier die sorgfältig ausgearbeiteten Partituren vor dem Vergessen bewahren wollen und arbeitete deshalb einen Teil von ihnen in spätere Kompositionen ein; das ganze *4. Konzert* beispielsweise taucht nach 1729 als *Cembalokonzert* für das Collegium musicum wieder auf. Die Originalfassung der Konzerte schickt er in einer makellosen Reinschrift im März 1721 nach Berlin.

Sonate a-Moll für Violine solo, Autograph

Bei diesen Partituren kommt Bach als »Tastenmenschen von Haus aus« natürlich seine Beherrschung des Violinspiels zustatten – man vergesse nicht, daß er seinen Berufsweg einst als Geiger begonnen hatte. Und daß der Nachfahre einer ganzen Pyramide von Stadt- und Hofmusikern wußte, wie man Bläser einsetzt und ihre Instrumente spielt, steht außer Frage. Trotzdem verblüfft das Ergebnis: Bach steht nicht auf der Höhe der routinierten Orchesterkomponisten seiner Zeit, sondern – was Farbigkeit und Einfallsreichtum anbelangt – weit darüber.

Jedes Konzert und jede Orchestersuite hat eine eigene Formel der Instrumentation; selbst für die einzelnen Sätze gibt es ein jeweiliges »Klangfarben-Rezept«. Bach ist hier direkt enthusiastisch mit den Möglichkeiten des Orchesters umgegangen, hat unentwegt dessen Kombinationspalette erprobt und ausgelotet. Das wird ab 1723 dem Leipziger Kantaten- und Oratorienkomponisten sehr zugute kommen.

Neben der Klangfarbe, die Bach jetzt virtuos zu handhaben lernt, dominiert in den Konzerten und Suiten nicht etwa, wie man bei ihm gewöhnt ist, die Polyphonie oder Harmonik (beides von Bach unerreicht gesteigert und verfeinert), sondern der Rhythmus. Die Urgewalt, das Elementarereignis Rhythmus erhält in den *Brandenburgischen Konzerten* den Hauptakzent.

Mit den *Suiten* hat Bach eine Gattung aufgegriffen, die noch in die Leipziger Zeit hineinreichen wird. Die relativ einfachen *Französischen* und die schon anspruchsvolleren, ausgedehnteren *Englischen Suiten* werden von zwei großangelegten Sammlungen umrahmt – in Köthen hatte Bach ein Orchester und konnte so als erste Suitensammlung die vier *Orchesterouvertüren* schreiben, in Leipzig mochte er den wenig günstigen Gegebenheiten etwas Gleichartiges nicht zutrauen und schuf für Klavier die orchestral ausladenden *Partiten*, die mitunter auch »deutsche Suiten« genannt werden.

Kernstück der *Orchestersuiten* sind die ersten Sätze, die Ouvertüren, die in der Länge deutlich über die weiteren, sämtlich tänzerischen Sätze hinausgehen und nach denen man die Suiten auch als *Orchesterouvertüren* bezeichnet. Hier zeigt Bach höchste Kunstfertigkeit und entfaltet eine feierliche Klangpracht. Als Mendelssohn dem alten Goethe 1830 die Ouvertüre der *4. Suite* auf dem Klavier vorspielte, äußerte der: am Anfang gehe es »pompös und vornehm zu, man sehe ordentlich die Reihe geputzter Leute, die von einer großen Treppe heruntersteigen...« Die Tanzsätze sind eher volkstümlich gehalten, strahlen aber eine seltsam geschlossene Wirkung alten Zeremoniells aus. Für Albert Schweitzer ist hier etwas von einer »versunkenen Welt der Grazie und Eleganz in unsere Zeit hinübergerettet. Der Reiz dieser Stücke beruht in der Vollendung, mit der Kraft und Anmut sich in ihnen durchdringen«.

Auch die *Orchestersuiten* hat Bach später gelegentlich weiterverwendet. So die Ouvertüre der Vierten als Einleitung zur Weihnachtskantate *Unser Mund sei voll Lachens*, wobei er ihr ganz zwang- und nahtlos noch einen Chor einfügte. Da er hier die Musik nicht verändern wollte, griff er sogar in den Bibeltext ein und machte ihn passend! Bach war kein Frömmler und kannte keine überflüssigen Skrupel. Wenn es nötig ist, »zur höheren Ehre Gottes« (und dafür schrieb er ja seine Kantaten) Luthers Wortlaut zu verändern, dann tut er's. War Luther nicht ein Mensch wie Bach selbst? Und haben sie nicht beide denselben obersten Dienstherrn?

Im Psalter steht: »Wenn der Herr die Gefangenen Zions erlösen wird..., dann wird unser Mund voll Lachens und unsere Zunge voll Rühmens sein. Da wird man sagen unter den Heiden: Der Herr hat Großes an ihnen getan.« Das »Lachen« ist für ihn wichtig, denn so kann er die fröhlich-festliche Stimmung seiner Ouvertüre einsetzen. Und er bezieht das gleich auf sich, die Musiker und Hörer, ohne Umweg über die zitierten Heiden, damit man sozusagen »mitlachen« kann: »Unser Mund sei voll Lachen.«

Zentrales Werk für Bachs Klaviermusik überhaupt ist der in Köthen komponierte erste Teil des *Wohltemperierten Klaviers*. Im Unterschied zu dem *Notenbüchlein für Friedemann*, einem regulären Lehrwerk für den beginnenden Rundum-Musiker, wendet es sich an den Kenner, den fertigen Musiker, der die Finessen und speziell die atemberaubende Vielfalt der Stücke, die sich doch nur auf zwei Formen beschränken, zu schätzen weiß. Es geht um die verschiedenartige Gestaltung von Fugen und Präludien, um das wechselnde, immer neue Verhältnis zwischen beiden Formen, die Bach zu einem stabilen, in sich gegensätzlichen Paar zusammenschweißt: höchste Freizügigkeit gegenüber höchster Disziplinierung. Und um ein Stück »Zukunftsmusik« im wörtlichen Sinne, denn die Präludien nehmen schon das Charakterstück einer späteren Zeit vorweg.

Bach überschreibt den ersten, den Köthener Teil (dem 1744 in Leipzig ein zweiter nachfolgen wird): »Zum Nutzen und Gebrauch der Lehr-begierigen Musicalischen Jugend, als auch derer in diesem studio schon habil seyenden besonderem Zeit-Vertreib auffgesetzet und verfertiget.«

Anlaß für die Entstehung war auch eine aktuelle Problematik im akustisch-musiktheoretischen Bereich. Bach wollte erstmals alle heute gebräuchlichen (24) Dur- und Molltonarten kompositorisch verwenden, was mittlerweile durch ein neues Stimmungsverfahren für Saiten und Pfeifen möglich war (1691 durch Andreas Werckmeister vorgeschlagen).

Das Köthener Glück währt nur bis 1720, dann schlägt das Schicksal zu. Im Juni tritt der Fürst eine Reise nach Karlsbad an und nimmt seine Kapelle mit. Während dieser Reise erkrankt Maria Barbara, und ihr Zustand verschlechtert sich so schnell, daß sie stirbt und beigesetzt wird, bevor Bach heimgekehrt ist. Sie war 36 Jahre alt.

Er trägt den Schlag mit staunenswerter Fassung, ist er doch in der Annahme des Todes als von Gott gesandt seit Kindheitstagen geübt. Und in seinem Haus war der Tod auch oft genug eingekehrt. Es gibt keine Zeugnisse über Bachs innere Verfassung. Man darf annehmen, daß er sterbensmatt gewesen ist und Ruhe suchte, denn ganz plötzlich drängt es ihn wieder an die Orgelbank, er braucht jetzt diesen altbewährten Halt als Brücke zu der anderen Welt, der Maria Barbara nun angehört.

Er bewirbt sich an St. Jacobi zu Hamburg. Da das Probespiel auf die Geburtstagsfeierlichkeiten für den Fürsten fällt, muß er sich früher vorstellen, und zwar in der Katharinenkirche. Unter den Hörern ist der nun fast 100jährige Reinken; ihm zur Freude improvisiert Bach über denselben Choral wie jener damals für ihn – *An den Wasserflüssen Babylon*. Reinken, tief bewegt, schließt den 35jährigen in die Arme: »Ich dachte, diese Kunst wäre ausgestorben; ich sehe aber, daß sie in Ihnen noch lebt.«

Die Herren sind sich über seine hervorragende Eignung einig. Alles deutet darauf hin, daß Bach nach Norddeutschland gehen wird. Und da wird – an dieser Stelle sage ich als einstiger Thomaner *Gott sei Dank* (denn sonst hätte es keinen Thomaskantor namens Bach gegeben) – die Vergabepraxis der Hamburger offenbar: Unabhängig von der fachlichen Leistung wird den Anwärtern nahegelegt, dem Rat einen bestimmten Geldbetrag als »Erkäntlichkeit« zu überlassen. Diesen Wink gibt man auch Bach, aber der ist über solchen Ämterschacher empört und verzichtet auf seine Kandidatur.

Statt seiner wird ein Joachim Heitmann gewählt, der flugs 4000 Kurantmark springen läßt. Aber die Affäre spricht sich bald herum, und es setzt bissige Kommentare. Johann Mattheson, auf die Herkunft Heitmanns anspielend, schreibt von einem »wohlhabenden Handwercks-Mannes Sohn, der besser mit Thalern, als mit Fingern, praeludiren kunnte, und demselben fiel der Dienst zu, wie man leichterachten kann: unangesehen sich fast jedermann darüber ärgerte«. Und: »Das heißt: Männer mit Ämtern, nicht aber: Ämter mit Männern versehen.«

Erdmann Neumeister, Pastor an der Jacobikirche und Verfasser einiger nicht eben gelungener Kantatentexte für Bach, predigt in der Weihnachtszeit über die Engelsmusik bei der Geburt Christi und schließt mit der Anspielung: »Wenn auch einer von den Betlehemitischen Engeln vom Himmel käme, der göttlich spielte, und wollte Organist zu St. Jacobi werden, hätte aber kein Geld, so möge er nur wieder davon fliegen.«

Der Hamburger Versuch ist also fehlgeschlagen, und Bach kehrt nach Köthen zurück. Aber er sucht eine Veränderung. Die ergibt sich in doppelter Hinsicht: Im Privat- und im Berufsleben.

Der Schmerz über den Verlust Maria Barbaras hindert Bach nicht, klar zu sehen, daß seine Kinder eine Mutter brauchen, das Haus eine Wirtschafterin und er eine Gefährtin. Nach den ersten Erschütterungen werden seine Augen wieder hell, und er schaut sich um. In einer Sopranistin der Hofkapelle, Tochter des Zeitzer Hoftrompeters Wilcke, begegnet ihm die zweite Frau seines Lebens, die mit ihren 20 Jahren eine Aufgabe übernimmt, die es in sich hat. Anna Magdalena ist nur sieben Jahre älter als das größte Kind, das Johann Sebastian mit in die Ehe bringt. Am 3.12.1721 ist Hochzeit. Und dann dreht sich – wie gewohnt – das Rad im Hause Bach unablässig weiter. In den 30 Jahren ihres gemeinsamen Lebens brachte Anna Magdalena 13 Kinder zur Welt, von denen sechs vorzeitig starben. Von Fehlgeburten wissen wir nichts, aber bei der robusten und auf jede Vorsicht verzichtenden Natur Bachs dürfte Anna Magdalena meist in anderen Umständen gewesen sein.

Obendrein war sie in der Köthener Zeit selbst noch als Sängerin tätig und verdiente da übrigens fast die Hälfte von Sebastians Gehalt dazu. Und dann der Haushalt, in dem sich ständig Gäste aufhielten! Bach hatte mit dieser zweiten Frau enormes Glück: Jugend, Schönheit, Musikalität, unverwüstliche Kondition, stilles Geschick im Umgang mit Menschen – den Kindern aus erster Ehe, Verwandten, Gästen, Fremden und nicht zuletzt mit diesem manchmal direkt vulkanischen Mann.

Auch die Veränderung im beruflichen Bereich löst eine Frau aus. Ende 1721 heiratet der Fürst, und zwar die Bernburger Prinzessin Friederica Henrietta. Und von Stund an wird die »musicalische Inclination« am Hofe etwas »laulicht«, wie Bach so hübsch formuliert. Und die neue Fürstin bezeichnet er in einem Brief an Freund Erdmann als »amusa«.

Da stirbt in Leipzig Johann Kuhnau, den Bach in Halle bei der beschriebenen Orgelprüfung kennengelernt hatte und von dem er zumindest die »Biblischen Historien« für Cembalo und Sprecher kannte – anschauliche Tonmalereien um alttestamentliche Geschichten. Damit wurde einer der begehrtesten Posten im mitteldeutschen Musikleben frei: der des Kantors zu St. Thomas und des Städtischen Musikdirektors der Messestadt. Bach wird das als eine Art göttliche Fügung angesehen haben: Er bewirbt sich.

Kuhnau war nicht nur Musiker, sondern auch Volljurist gewesen und hatte etliche Übersetzungen aus dem Griechischen und Hebräischen veröffentlicht. An ihm, einem Muster der Gelehrsamkeit und einem ehrerbietigen Verhandlungspartner im Umgang mit Rat und Konsistorium, wird natürlich auch sein Nachfolger gemessen. Bei Bach zögert man. Johann Sebastian Bach ist in Leipzig rein vom »Listenplatz«, wie man heute in akademischen Berufungsverfahren sagt, *dritte Wahl.*

Ursprünglich hatte man Telemann gewollt, diesen agilen Musikunternehmer. Ihn kannten die Herren noch als Studenten. Hatte er nicht damals das Collegium musicum aus dem Boden gestampft, das aus dem Leipziger Musikleben nicht mehr wegzudenken war? Und hatte er sich nicht als Organist an der Neuen Kirche bestens eingeführt? Telemann wußte, daß man auf ihn setzte, und schraubte seine Forderungen hoch; man ging darauf ein und wollte ihm schließlich sogar noch den Lateinunterricht erlassen – eine bis dahin fest im Kantorat verankerte Verpflichtung. Dieses Spiel wiederholte sich noch einmal, bis man in Leipzig merkte, daß Telemanns Bewerbung nur ein geschicktes Manöver war, daß er längst mit Hamburg in Verhandlung stand und die jeweiligen Zugeständnisse der Leipziger dort auf den Tisch brachte, um seine Forderungen in Hamburg durchzusetzen.

Die Ratsherren waren aufs äußerste düpiert und beschlossen, in Zukunft auf der Hut zu sein, verständlicherweise. Zumal auch der zweite fähige Kandidat zugesagt hatte, aber nicht angetreten war: Christoph Graupner, Hofkapellmeister zu Darmstadt. Er wurde von seinem Dienstherrn, dem hessischen Landgrafen, nicht freigegeben. Aber Graupner empfahl immerhin Bach, mit dem er befreundet war. Und so kam der überhaupt ins Gespräch.

Er hatte schon seine Probekantate *Jesu nahm zu sich die zwölf* vorgestellt und dabei wahrscheinlich selbst den Solopart gesungen. Die Kommentare des Rates waren überwiegend positiv. Da hieß es, Bach »excellirte im Clavier... Wann Bach erwehlet würde, so könnte man Telemann, wegen seiner Conduite, vergeßen... Bachs Person wäre so gut als Graupner... Es wäre nöthig, auf einen berühmten Mann bedacht zu seyn, damit die Herren Studiosi animiret werden möchten«. Es gab aber auch einen Bedenklichen, der an die fällig werdenden Kompositionen dachte und die Warnung aussprach, er habe »solche Compositiones zu machen, die nicht theatralisch wären«. Den Vogel schoß ein Herr Platz ab (bei besonders peinlichen Fehleinschätzungen sollte man sich die Urheber merken): »Da man die Besten nicht bekommen könne, müsse man mittlere nehmen.«

Die wenig begeisterte Aufnahme hatte mehrere Gründe. Bach galt als überragender Organist, doch in Leipzig brauchte man einen Kantor. Gedruckt lag von ihm noch fast nichts vor. Und dann hatte er keinen Universitätsabschluß. Das fiel bei einem Nachfolger Kuhnaus durchaus ins Gewicht. Man ließ es Bach denn in der Folgezeit auch oft spüren, daß ihm der intellektuelle Schliff fehle. Und leider tat Bachs cholerisches Temperament das seine, um diesen Vorbehalt zu nähren.

Die theologische Prüfung, der man ihn unterzog, bestand Bach freilich mit Bravour: Hier fühlte er sich zu Hause.

Abgesehen von dem Anlaß, der ihn aus Köthen vertrieb, gab es auch Gründe, die ihm Leipzig günstig erscheinen ließen.

Da war die hochangesehene Alma Mater Lipsiensis, die Universität für seine Söhne, eine der führenden und ältesten Deutschlands, ja Europas! Dann war der Nimbus dieser weltbekannten Messestadt schon etwas anderes als der leicht verschossene Glanz des verschlafenen, provinziellen Residenzstädtchens. Und ein Städtischer Musikdirektor von Leipzig stand auf mindestens derselben Stufe wie der von Hamburg oder erst recht der von Darmstadt, den beiden Städten, wo jetzt seine Mitbewerber saßen. Außerdem glaubte Bach mit höheren Einnahmen als in Köthen rechnen zu können, wobci ihm allerdings ein Berechnungsfehler unterlaufen war, wie sich schon bald erweisen sollte: Er hatte die Nebeneinnahmen falsch eingeschätzt und übersehen, daß sein garantiertes Einkommen extrem niedrig war – 100 Gulden. Nicht abwegig ist auch die Überlegung, daß ihm als Musikdirektor einer Metropole noch ganz andere Möglichkeiten zur künstlerischen Selbstverwirklichung offenstanden als dem Hofkapellmeister eines Zwergfürstentums. Und nicht das Unwichtigste: Immer war er an Kirchen nur Organist gewesen, noch nie Kantor. Und ein Kantor stand entschieden höher im Rang, war dem Organisten gegenüber weisungsberechtigt und befand sich auf einer Ebene mit Akademikern. So rangierte Bach an der Thomasschule im achtköpfigen Direktorium an dritter Stelle, gleich nach Rektor und Konrektor.

Gegen Leipzig sprach von vornherein der mangelnde Glanz um das Amt eines Kantors – gegenüber dem pompösen, wenn auch manchmal tönernen Nimbus eines Hofkapellmeisters. (Erdmann gegenüber gestand er, anfänglich sei es ihm gar nicht »anständig« erschienen, aus einem Kapellmeister ein Kantor zu werden; das war in der allgemeinen Rangordnung durchaus ein Abstieg.) Gegen Leipzig sprach auch der Umstand, daß Anna Magdalena ihren Beruf als Sängerin aufgeben mußte, denn in Leipzigs Kirchen war sie nicht »zugelassen«.

Der Fürst dürfte seinen Freund wortlos verstanden haben, jedenfalls legt er ihm nichts in den Weg, sondern gibt ihm noch wärmste Empfehlungen mit. Aber die Leipziger hatten sich sachkundig gemacht und sind bei Bach sehr vorsichtig. Immerhin gab es seit seinem Abgang aus Mühlhausen und Weimar und seit seiner Bewerbung in Halle gewisse Gerüchte, und man will den Vogel erst in der Hand halten, bevor man ihn bezahlt. Deshalb muß Bach eine Bestätigung seines bisherigen Dienstherrn beibringen, aus der hervorgeht, daß man ihn gutwillig ziehen lasse.

Und weil Telemann und Christoph Graupner zwar zum Probespiel erschienen und sogar schon gewählt worden waren, aber dann das Amt nicht antraten, muß Bach eine Erklärung unterschreiben und versprechen, daß er »binnen dato oder höchstens vier Wochen von der by dem HochFürstlich Anhalt-Cöthischen Hoffe auf mir habenden Bestallung mich losmachen und dieserwegen wohlgedachtem Rathe den Dimißion-Schein einhändigen wolle«.

Am 22. Mai 1723 trifft er in Leipzig ein.

6 Perle des Sachsenlandes – Leipzig – Das kleine Meißner Rom

> Leipzig das prangt mit Ruhm, dieweil es schön
> gezieret.
> Mit Thürmen, Lustgebäu, auch löblich
> wird regieret,
> Und grosse Handelsschafft in gantz Europa
> führet,
> Drum ihm das gröste Glück in Sachsen-Land
> gebühret.
> Das in gantz Europa berühmte, galante
> und sehens-würdige Königliche Leipzig,
> 1725

Es war schon eine selbstbewußte Stadt, die der Chronist mit schmeichelhaften Attributen schmückt: das »Auge des Churfürstenthums, die Mutter deren Musen unsers Sachsen-Landes, der Ausbund aller Civilte und die Lehrmeisterin aller Sitten, die Perle der Kauffmannschafft, die Nahrung der gantzen Handlung (des gesamten Handels), wo nicht nur gantz Europa, sondern auch Asia, Africa und America aus der Ferne seine Kunst-Waaren en abundence zusammen schüttet, die mit den schönsten Freyheiten und uhralten Immunitaeten vor allen andern beglückte Vestung, das kleine Meißner-Rom...«

Natürlich war die Stadt in erster Linie ein Handelsplatz. Drei Messen, die nicht nur Mustermessen waren (wie die heutigen Restmessen), sondern reguläre Verkaufsmessen: zu Neujahr, Ostern und Michaelis. Leipzig als Umschlagplatz zwischen Ost und West, Nord und Süd hatte damals nicht nur wie heute eine symbolische, sondern eine konkret marktwirtschaftliche Bedeutung, ja Schlüsselbedeutung. Die Luxusindustrie florierte, der Chronist zählt auf: »Die herrlichsten Gold- Silber- und Seiden-Waaren, welche sonst von den weitentlegensten Oertern musten hervorgebracht werden, werden itzo vermittels derer wohlangelegten Fabriquen, bey uns in grosser Menge verfertiget.« Und nicht zu vergessen: Soeben war das Porzellan, das Meißner, erfunden worden – schon bald Exportschlager Nr. 1 des Sachsenlandes. In Leipzig wurde es erstmals zur Ostermesse 1710 angeboten.

Man war stolz auf die Universität mit ihren berühmten Professoren – vom Mathematiker Leipniz bis zum Dichterfürsten Gottsched; war stolz auf die Verlage und Druckereien und die Kunstfertigkeit der Setzer.

Die Bürger hielten auf Bildung. »Daß Bibliothequen, welche jedweden honetten (ehrbaren) Menschen einen freyen und ungehinderten Zutritt verstatten, auf einer Universtität, oder sonst in einer berühmten Stadt, ein grosses Beneficium seyn, wird wohl niemand mit Bestande der Wahrheit widersprechen können.« Mittwochs und Samstag nachmittags ab zwei Uhr waren die Bibliotheken der Universität öffentlich zugänglich.

Den Ruf einer reichen Bürgerstadt hat Leipzig immer wieder teuer bezahlen müssen. Schon im 30jährigen Krieg wurde die Stadt mehrmals empfindlich zur Kasse gebeten: Mit mehr als anderthalb Millionen Talern Kriegsschulden gingen die gepeinigten Messestädter aus dem Krieg hervor.

Das nächste kriegerische Ereignis hatte der sächsische Kurfürst ausgelöst, als er in seiner Eigenschaft als polnischer König mit dem Schwedenherrscher Karl XII. den sogenannten Nordischen Krieg führte: Karl XII. traf 1706 in Leipzig ein und nahm 70000 Taler Kriegskosten in Empfang.

Angesichts der folgenden Ereignisse muß man eigentlich sagen: Der Schwedenkönig *begnügte* sich mit dieser Summe. Denn in den drei Schlesischen Kriegen, mit denen Friedrich der Große Sachsen überzog, wurde alles bisherige in den Schatten gestellt. Die beiden ersten, die Bestandteil des Österreichischen Erbfolgekrieges waren, fielen noch in Bachs Lebzeiten, er selbst schrieb von der »preußischen Invasion«. 1745 brach Friedrich des Großen Generalfeldmarschall, Leopold von Dessau, in Sachsen ein und verurteilte die Leipziger zur Zahlung von zwei Millionen Talern, die mangels Barem teilweise in Schmuck geliefert werden mußten. Vom »Alten Fritzen« ist das zynische Wort im Umlauf, Leipzig gleiche einem Mehlsack, der auch leer noch Mehl gäbe, wenn man auf ihn klopfe.

Was soll diese ausführliche Leipzig-Darstellung in einem Bach-Buch? könnte der verwunderte Leser fragen. Es geht um drei wichtige, für Bachs Leben entscheidende Folgerungen.

Leipzig war fast schon beunruhigend reich. Nicht nur Friedrich von Preußen hatte das erkannt, sondern auch der jeweilige Dresdener Herrscher behielt das stets im Auge. Zweitens war die Pleißestadt damals wirtschaftlich und kulturell führend in Deutschland. Drittens erklärt das historische und ökonomische Umfeld auch das enorme Selbstbewußtsein der Leipziger Bürger und ganz besonders ihrer Ratsherren. Das waren Minister, und die Bürgermeister Fürsten! Bach hat von Anfang an die Situation falsch eingeschätzt und den Rat nicht einmal als seinesgleichen behandelt. Um diesen Rat warben die Landesherren!

Das feudale »Joch« ruhte nur formal auf den Schultern der Leipziger, die sich zwar noch in rhetorischen Floskeln als »Untertanen« bezeichneten, aber kaum mehr fühlten. Sogar August der Starke wußte, was er an seinen emsigen Messestädtern hatte, und zog bei Auseinandersetzungen gelegentlich den kürzeren.

Davon zeugt die Geschichte des Rosentals. Es geht um einen malerischen Landschaftspark, noch heute Stolz der Pleißemetropole. August – mit seinem Instinkt für Luxus – hatte ein Auge auf ihn geworfen, als er noch ungerodetes Gelände war. Er wollte hier ein Lustschloß errichten lassen. Auf sein Geheiß wurde das Gebiet 1704 ausgehauen. Aber die Aussicht, diesen Fürsten und seine Hofhaltung in engster Nachbarschaft zu haben, bereitete den Leipziger Ratsherren Unbehagen. Sie überlegten und berieten; schließlich sprachen sie August dem Starken von Sumpf, Mücken, Fieber und allen möglichen Krankheiten, die er sich im Rosental zuziehen könne, bis der seinen Plan aufgab und den Leipzigern ein Naherholungsgebiet erster Güte – kostenlos flurbereinigt – zur eigenen Nutzung beließ.

Die Dresdener Fürsten kamen gern und oft in die Messestadt, wurden sie hier doch auf das großzügigste bewirtet und mit Festlichkeiten geehrt, die gleichzeitig eine Belustigung für die Städter selbst darstellten. Gewöhnlich zahlte sich der Luxus aus, mit dem man seine Landesherren empfing und umgab. Denn der absolutistische Herrscher war Gesetzgeber und konnte den Steuersatz senken oder erhöhen.

Was den städtebaulichen Reiz der Messestadt zu Bachs Zeiten ausmachte, war das Nebeneinander stolzer Bürgerhäuser mit ihren barocken und Renaissance-Fassaden und nach französischem Vorbild angelegter Gärten, besser Parks reicher Kaufleute. Der Chronist schreibt: »Um und um siehet man die fruchtbarsten Aecker, Wiesen, Felder, Obst-Kunst-Lust- und Zier-Gärten« – sämtlich Privateigentum vermögender Bürger, die sie aber, schönes Zeichen für ein florierendes Gemeinwesen, ganz oder teilweise der Öffentlichkeit zur Verfügung hielten. »Die lustigsten Auen und Forsten mit allen Sorten roth und schwartz Wildpret häuffig angefüllet, verschiedene begrünete Hügel, fruchbare Thäler, erquickende Quellen, und die frischen Flüsse, die um und um anliegenden wohlgebauten Dörffer und Flecken, darunter Gohlis, Stötteritz, Lindenau, Eutritsch, Schönfeld usw. die bekanntesten, weiln dahin die meisten aus der Stadt zur Sommers-Zeit spatzierende sich mit grösten Contentement verfügen...«

Die Bürger konnten mit dem Erscheinungsbild ihrer Stadt zufrieden sein. Der Rat tat etwas, zumindest dort, wo es gesehen wurde. *Die* Errungenschaft des Jahres 1701 war das Aufstellen von Straßenlaternen, »vermittels welcher man anitzo des Nachts ungehindert gehen und wandeln kan, wohin man will; Und hat man von Anno 1701 den 24. Decembr. als Heil. Christ-Abende an, da sie zum ersten mahle durch die gantze Stadt angezündet, und gleichsam der Stadt als ein Christ-Geschencke... beschehret wurden, nicht so viel Unglücke erfahren, als vor dieser Zeit, da im Finstern viele Boßheit kunte ausgeübet werden.«

Ebenfalls mit Beginn des 18. Jahrhunderts ließ der Rat rings um die Stadt Linden, Weiden und Maulbeerbäume pflanzen, so daß man eine durchgehende Promenade erhielt. Und der Chronist freut sich über den Wegfall des Schlagbaumes, »... da auf allergnädigsten Königlichen Pohlnischen und Churf. Sächs. Befehl 1726 der Schlagbaum hinter der Festung Pleißenburg weggenommen worden, so daß nunmehro jedermann ungehindert Spatzieren fahren und reiten kan, ohne vorhero der daselbst befindlichen Wache etwas zu contributiren. Und die Anno 1725 ums Thor gesetzten Bäncke, worauf die Spazierengehenden nach Gelegenheit sich setzen, und unter den Schatten reichen Linden erquicken können, geben abermahls die Liebe E. Hoch-Edlen Raths gegen eine getreue Bürgerschafft sattsam zu erkennen.«

Am beliebtesten war übrigens die Promenade zwischen Thomaspförtchen und Kleinboseschem Garten – etwa der Abschnitt, den Bach von seinem Komponierstübchen aus einsehen konnte.

Zum Stolz der Stadt gehörten noch zwei Details: die besondere Art der deutschen Umgangssprache, die Bach tagtäglich vernahm und selbst benutzt haben wird, und der besondere Reiz der Leipzigerinnen. Der Chronist behauptet zum ersten, Sächsisch sei »das netteste Teutsch... inmaßen... die Erhebung der Stimme einen recht anmuthigen und liebens-würdigen Sonum in den Ohren derer Auswärtigen... verursachet«, kurz gesagt: Die Sachsen singen beim Sprechen. Man vergesse nicht, daß Luther bei seiner Bibelübersetzung auf das meißnische Kanzleideutsch zurückgegriffen hat, das der damals allgemein gesprochenen Sprache am nächsten kam. Und noch Gottsched meinte, kein andrer Laut klänge ihm so lieblich wie das Sächsisch...

Und über die Sächsinnen lesen wir in bereits zitierter Chronik: »Die Töchter dieser Lindenstadt haben wegen ihrer Annehmlichkeiten und galanten Aufführung, auch holdseligen Geberden den Ruhm in ganz Europa, daß sie unter allen Nationen den Vorzug streitig machen, weiln bey solchen die Schönheit und doch kein Stoltz, die Artigkeit und doch keine Frechheit, die Frömmigkeit und doch keine Heucheley zu finden...«

Die Stadt hatte zu Bachs Zeiten noch mehrere Tore. Die wichtigsten waren die in Richtung Grimma und Halle und nach Süden. Das Grimmaische Tor von 1688 ging nach Osten, auf die Johanniskirche zu (auf ihrem Friedhof wird Bach 1750 beigesetzt). Das Hallesche Tor nahe der Neuen Kirche folgte 1692, und ganz im Geschmack des prachtliebenden Landesherren wurde 1733 das Peterstor vollendet, neben dem die Peterskirche stand; dort ließ Bach den letzten, schlechtesten seiner vier Chöre singen.

Das Weichbild der Stadt wurde bestimmt durch die wuchtige Pleißenburg an der südwestlichen Ecke der Stadt, Anfang des 13. Jahrhunderts gebaut. Moritz von Sachsen verkaufte sie 1546 an den Rat der Stadt, damit dieser sich am Bau eines neuen Schlosses beteiligte. Dieser Bau wurde 1557 beendet; 1710 kam eine römisch-katholische Hofkapelle für höchsten Besuch aus Dresden hinzu.

Zwei führende Etablissements sind in die europäische Kulturgeschichte eingegangen. Aucherbachs Keller – verewigt hat ihn nach seinen studentischen Erinnerungen Goethe in Faust I; ferner der Kaffee-Baum, wo sich im 19. Jahrhundert die Davidsbündler um Robert Schumann scharten.

Der Grundriß des Zentrums erklärt sich aus dem Ursprung Leipzigs als Kreuzung zweier »Fernverkehrsstraßen« der alten Germanen: die »via regis« – Königs- oder Krönungsstraße, von Erfurt kommend, mündet am Brühl in die Hainstraße und schneidet auf dem Gelände des Alten Markts die Nord-Süd-Magistrale – »via imperii« (Reichsstraße, wie heute noch eine Parallele in Richtung Grimmaisches Tor heißt). Die Hainstraße hatte besonders viele Schenken, während die parallel verlaufende Katharinenstraße für Festumzüge gern genutzt wurde. Hier ist stellvertretend für all die prächtigen Bürgerhäuser das Eckhaus zum Brühl zu erwähnen, das der Günstling Augusts des Starken, der Ratsherr und Bürgermeister Romanus, 1702 hatte erbauen lassen. Eine Tochter von Romanus wird für Bach Kantatentexte schreiben.

Noch heute Stolz der Innenstadt ist das Alte Rathaus, 1567 von Hieronymus Lotter erbaut, der zugleich mehrere Jahre Bürgermeister war. Unverwechselbar der aus der Mitte nach links verschobene Turm mit der barocken Haube, die er sechs Jahre vor Bachs Tod erhielt.

Die in gleicher Richtung verlaufenden Straßen waren im alten Leipzig durch sogenannte Durchgangshöfe miteinander verbunden. Goethe nannte diese typischen Leipziger Innenhöfe »ungeheuer scheinende Gebilde, die, nach zwei Straßen ihr Gesicht wendend, in großen himmelhoch umbauten Hofräumen eine bürgerliche Welt umfassend, großen Burgen, ja Halbstädten ähnlich sind«.

Die »Alma mater Lipsiensis« war bereits 1409 gegründet worden und ist nach Prag die zweitälteste deutschsprachige Universität. Sie war eine Art Staat im Staate. Im Leipziger Musikleben stand die Universität gleichberechtigt neben Kirche und Hof. Diesen Sonderstatus der Leipziger Universität hat Bach entweder nicht erkannt oder nicht beachtet. Telemann jedoch hatte die Professoren hofiert und damit gewonnen; Bach hielt das nicht für nötig und wird das Nachsehen haben.

Schließlich ist noch von den Leipziger Kirchen zu sprechen. Als älteste gilt St. Nikolai, gewidmet dem Patron der Kaufleute, Schiffer und Schüler. Lotter fügte den beiden Basilikatürmen den aufragenden Mittelturm mit der Renaissancehaube hinzu (1555). Erst fast 50 Jahre nach Bachs Tod erhielt das Gotteshaus die klassizistische Innenausstattung. In der Paulinerkirche – ein Streitpunkt in

Bachs Wirken als Musikdirektor – hatte Luther 1544 seine letzte Leipziger Reformationspredigt gehalten; die Universität widersetzte sich lange der Reformation. 1710 erhielt die Kirche eine neue Orgel, die Bach abnahm und die erst über 100 Jahre später erneuert werden mußte.

Die Thomaskirche wurde zusammen mit dem Kloster 1213 gestiftet und 1222 vollendet. Über Jahrhunderte befand sie sich in so desolatem Zustand, daß der Turm 1412 einstürzte; erst ein reichliches Jahrhundert später wurde er massiv gebaut. Von der Thomaskanzel aus hatte Luther 1539 die Reformation in Leipzig eingeführt.

Am befremdlichsten erscheint uns heute die Geschichte der Peterskirche, die kaum jünger als das Thomaskloster sein soll; sie stand seit 1550 leer und wurde sogar zum Kalklöschen verwendet (darum auch »Kalkhütte« genannt). Erst 1710 führte man sie wieder ihrer ursprünglichen Bestimmung zu.

Die Neue Kirche stand nach der Reformation bis 1699 leer und diente als Lager für Blaufarben! Die Kaufmannschaft übernahm die Renovierung und stiftete eine Glocke; eine Orgel wurde 1704 gebaut.

Für Bachs Biographie von Belang ist die außerhalb der Stadtgrenze gelegene Johanniskirche aus dem 14. Jahrhundert. Bis 1476 war es in Leipzig üblich, die Toten auf den Friedhöfen der Hauptkirchen zu bestatten; bald reichte jedoch der Platz nicht mehr, und Herzog Georg verfügte 1536, ab sofort nur noch außerhalb der Stadtmauern zu begraben.

1836 fand man hier einen Grabstein, wo sich ein unverbesserlicher Krämer vom Heiland einen Wechsel ausstellen läßt – Seele erhalten am soundsovielten. Und dieselbe Quelle, »Leipzig und seine Umgebungen« von C. Gretschel, zählt die berühmtesten Gräber und Toten des Johannisfriedhofes auf – ein Bach findet sich da nicht. Dennoch lautet der letzte Satz dieses Abschnitts: »Leipzig weiß seine Entschlafenen zu ehren.«

Die bürgerliche Musikpflege wurde in Leipzig schon früh vom Rat organisiert. Stadtpfeifer sind nachweisbar ab 1479, und 1599 begann das tägliche Abblasen vom Rathaus. Anlässe zum Musizieren boten Zunftfeste, Bootsfahrten auf Pleiße und Elster und Volksbräuche wie das Fischerstechen in der Pleiße (Lortzing hat es zu einem Singspiel gestaltet) und das Vogelschießen.

Reichlich Gelegenheit zu angewandter Musik bot auch das Universitätsleben. Es gab das Turmblasen des Nikolai-Türmers, wenn ein Student seine Prüfung bestanden hatte, und Festmusiken bei abgelegter Promotion. Die Wahl eines neuen Rektors wurde mit einem Stadtfest begangen. Da zogen abends bei Fackelschein zwei Instrumentalgruppen auf getrennten Wegen durch die Stadt und trafen sich nach drei Stunden wieder. Groß war auch der Bedarf an geistreichen, lockeren Studentenliedern, die beim Wein und sonstiger Geselligkeit gesungen wurden. Adam Krieger brachte 1667 eine hochpopuläre Sammlung heraus.

1693 erhielt Leipzig sein Opernhaus am Brühl – Hamburg hatte das seine am Gänsemarkt schon seit 15 Jahren. Eröffnet wurde die Leipziger Oper mit »Alceste« (natürlich auf deutsch) von Nikolaus Adam Strungk, der von dem Hamburger »Schwesternhaus« gekommen war. Welche Bedeutung man diesem Ereignis beimaß, geht aus der Anwesenheit des Kurfürsten bei der Einweihungszeremonie hervor. Das Haus tat seinen Dienst ganze 27 Jahre; die 104 Opern, die gespielt worden waren, sind alle verschollen.

Auftrieb erhielt das Musikleben der Messestadt durch Georg Philipp Telemann, der als Jurastudent nach Leipzig gekommen war. Als die Thomaner eine Komposition von ihm mit großer Resonanz im Gottesdienst gesungen hatten, war der damalige Bürgermeister Romanus so angetan, daß er bei Telemann alle 14 Tage etwas Neues bestellte. Aber der Rat hatte gerade erst den bisherigen Thomasorganisten Kuhnau zum neuen Kantor berufen, und Kompositionen gehörten nun einmal in dessen Kompetenzbereich. Wie es Kuhnau erging, so wird es später Bach ergehen. Der gelehrte, anspruchsvolle Stil des ernsthaften, bescheidenen Handwerkers wird von der Publikumsgunst gegen Neues, Einfaches, Modisches eingetauscht.

Telemann spürte, daß ihm die musikalische Jugend folgen würden und gründete ein studentisches Collegium musicum; gleichzeitig ließ er sich als Musikdirektor und Organist an die eben renovierte Neukirche berufen. Außerdem sang er häufig in der Oper, wo die Studenten allem Anschein nach unentgeltlich im Orchester spielten. Für die Leipziger Oper komponierte Telemann im Laufe der Jahre und noch nach seinem Weggang.

Warum das Haus 1721 schloß, weiß man heute nicht. 1727 kam

Caroline Neuber, genannt die »Neuberin«, nach Leipzig und brachte den Messestädtern das Schauspiel nahe. Mit dem Musiktheater haben sie erst 1744 wieder Berührung, als eine italienische Truppe hier Station macht. Dafür aber blühen jetzt Konzertleben und Kirchenmusik auf. So wurde 1743 das »Große Konzert« als Vorläufer der »Gewandhauskonzerte« gegründet.

Vor dem Hintergrund dieser recht intensiven, wenn auch kurzzeitigen Leipziger Operngeschichte wird begreiflich, weshalb der damalige Thomaskantor Kuhnau, Bachs Vorgänger, mit seiner konservativen Anti-Opern-Haltung die studentische Jugend verlieren mußte und weshalb Bachs Theatralik in seinen Kantaten und Oratorien in Leipzig weder auf Verwunderung noch gar auf Protest stießen.

7 Start in Leipzig – Das Jahr 1723

Überhaupt ist Obersachsen das Land, in welchem verhältnismäßig gegen die übrigen Provinzen Deutschlands das wenigste Schlechte in der Music herauskömmt...

C. F. Cramer, 1783

Beginnen wir Bachs längsten Lebensabschnitt, den er an einem Ort verbrachte und der noch dazu mehr als die Hälfte seiner Schaffensjahre überspannt, mit dem Wichtigsten für Berufs- und Privatsphäre: mit seiner jungen, tapferen Frau.

Es ist schwierig, im Illustrierten- und Televisionszeitalter eine Liebe zu beschreiben, ohne die Geliebte abbilden zu können. Es gibt kaum Anhaltspunkte, man muß sie sorgfältig suchen – und im Fall der Anna Magdalena Bachin, wie man damals sagte, wird man fündig im Schaffen ihres Mannes. Für seine zweite Frau hat Bach zwei *Notenbüchlein* geschrieben, eines noch in Köthen 1722, das andere drei Jahre später schon in Leipzig.

Manchmal tut es einem richtig leid, wenn Forscher herausfinden, daß bestimmte Werke, die wir nur zu gern mit ihren Schöpfern identifizieren, dann vielleicht gar nicht von ihnen stammen. So ging es mir mit dem Liebeslied, das ich früher ganz selbstverständlich für einen echten Bach hielt: *Willst du dein Herz mir schenken.* Auch wenn Bach die Melodie dieser *Aria di Giovannini* nicht komponiert hat – das Lied war damals schon verbreitet, und das junge Paar wird es oft zusammen gesungen haben.

»Willst du dein Herz mir schenken,
So fang es heimlich an,
Daß unser beider Denken
Niemand erraten kann.
Die Liebe muß bei beiden
Allzeit verschwiegen sein,
Drum schließ die größten Freuden
In deinem Herzen ein.«

Zurückhaltung, Verschwiegenheit in persönlichen Dingen waren Grundzüge von Johann Sebastians Wesen. Er gewährt keine Einblicke in sein Innerstes. Weder haben wir Zeugnisse, wie er den Verlust Maria Barbaras verwunden hat, noch gibt es verbale Äußerungen seiner Liebe zu Anna Magdalena. Dafür wiegen die kleinen Winke in den beiden *Notenbüchlein* doppelt.

Anna Magdalena war sicher eine sehr gute Sängerin. Der Umzug nach Leipzig wird ihr nicht leichtgefallen sein, bedeutet es doch, von Podium und Konzert Abschied zu nehmen. Mit Tasten und Notenschrift kam Frau Bach nicht so leicht zurecht. Aber der Stolz gebot ihr doch, wenigstens ein Stück selbst in das erste ihr zugeeignete Büchlein von 1722 einzuschreiben: das abschließende Menuett.

Aufschlußreicher für uns ist das zweite von 1725, denn es enthält mehr Text und darüber hinaus noch reine Dichtungen. Wieder erscheint, gleichsam als Programm für die junge Ehe, der zuversichtliche Choral *Wer nur den lieben Gott läßt walten*, den Bach schon seinem Friedemann in dessen *Notenbüchlein* mit auf den Weg gegeben hatte. Hier hat Anna Magdalena mehrere Stücke selbst notiert. So das geistliche Lied, wo Sebastian auf die für ihn typische Weise inniges Gefühl mit der Unausbleiblichkeit des Todes verquickt: *Bist du bei mir, geh ich mit Freuden*. Dort heißt es im Mittelteil:

»Ach, wie vergnügt wär so mein Ende,
es drückten deine schönen Hände
mir die getreuen Augen zu.«

Als Anna Magdalena diese Zeilen abschrieb, muß sie von dem Inhalt zutiefst verwirrt gewesen sein, denn sie überblätterte in der Eile zwei Seiten!

An anderer Stelle hat die verliebte junge Frau sogar den Text in deutlicher Anspielung verändert. Das auf ihre Stimme geschriebene Lied *Wie wohl ist mir, o Freund der Seelen* scheint weniger auf Christus gemünzt zu sein als auf den Geliebten, für den sie es singt. Original hieß es: »Die Liebe strahlt aus *deiner* Brust« und: »der in dir *suchet* Ruh und Lust«. Sie schreibt:

»Da muß die Nacht des Trauerns scheiden,
wenn mit so angenehmen Freuden
die Liebe strahlt aus meiner Brust.

Hier ist mein Himmel schon auf Erden:
Wer wollte nicht vergnüget werden,
der in dir findet Ruh und Lust!«

Das zweite *Notenbüchlein* enthält auch ein regelrechtes Chanson – *Erbauliche Gedanken eines Tabakrauchers* – mit einer typisch barocken Wortspielerei, einer Doppeldeutung des Wortes »Asche«.

»Sooft ich meine Tabakspfeife,
mit gutem Knaster angefüllt,
zu Lust und Zeitvertreib ergreife,
so gibt sie mir ein Trauerbild
und füget diese Lehre bei,
daß ich derselben ähnlich sei.«

Dann heißt es von der Meerschaumpfeife, deren Kopf aus weißem Mineral sich beim Rauchen verfärbt:

»Im Grabe wird der Körper auch
So schwarz, wie sie nach langem Brauch.
Wenn man die Pfeife angezündet,
So sieht man, wie im Augenblick
Der Rauch in freier Luft verschwindet,
Nichts als die Asche bleibt zurück.
So wird des Menschen Ruhm verzehrt
Und dessen Leib in Staub verkehrt.«

Und abschließend wird die höllische Glut mit den glühenden Tabakpartikeln verglichen:

»Wie oft geschieht's nicht bei dem Rauchen,
Daß, wenn der Stopfer nicht zur Hand,
Man pflegt den Finger zu gebrauchen.
Dann denk ich, wenn ich mich verbrannt:
O, macht die Kohle solche Pein,
Wie heiß mag erst die Hölle sein?«

Ein farbigeres Bild für die unverklemmte, fröhlich-gelassene Frömmigkeit Bachs läßt sich schwerlich finden. Was seinen orthodoxen Zeitgenossen einen Schauder verursacht haben mag, ist ihm gerade recht genug, eine besinnlich-heitere Musik darauf zu schreiben.

Die Zusammenstellung der letzten Nummern des zweiten *Notenbüchleins* für Anna Magdalena zeigen Bach, wie er leibt und lebt: »...einige höchst nötige Regeln vom Generalbasso di J. S. B. und dann unvermittelt ein Brautlied auf Anna Magdalena:

»Wer sie in ihrem Kränzchen schaut
Und schönen Hochzeitskleide,
Dem lacht das Herz vor lauter Lust
Bei ihrem Wohlergehen.«

Den pädagogischen Mini-Traktat hatte Sebastian eingetragen, das Brautlied Magdalena. So endet das *Notenbüchlein* in klarer Symbolik für beider Gemeinsamkeit und für das, woran Bach mit Leib und Seele hängt – an seiner Musik und an seiner Frau.

Allmählich ist Anna Magdalena dann zu einer unermüdlichen Notenschreiberin geworden, ganz selbstverständlich wurde mit den größeren Söhnen auch sie herangezogen, wenn Aufführungsmaterial rasch hergestellt oder Noten kopiert werden mußten. Ein Musterbeispiel für diese Gemeinschaftsarbeit geben die Stimmen für das *Kyrie* der *h-Moll-Messe*: Hier kann man deutlich die einzelnen Handschriften unterscheiden.

Der Dienstvertrag, den Bach am 5. Mai unterzeichnete, enthielt seine Zusicherung, er wolle »denen Knaben, in einem erbarn eingezogenen (zurückgezogenen) Leben und Wandel, mit gutem Exempel vorleuchten, der Schulen fleißig abwarten und die Knaben getreulich informieren... Einem Hochweisen Rathe allen schuldigen respect und Gehorsam erweisen und deßen Ehre und reputation aller Orthen bester maßen beobachten und befördern... Zu Beybehaltung guter Ordnung in denen Kirchen die Music dergestalt einrichten, daß sie nicht zulang währet, auch also beschaffen seyn möge, damit sie nicht opernhafftig herauskommen, sondern die Zuhörer vielmehr zur Andacht aufmuntere... Die Knaben freundlich und mit Behutsamkeit tractiren, daferne sie aber nicht folgen wollen, solche moderat züchtigen, oder gehörigen Orts melden...«

Bach hatte aber auch zu versprechen, sich ohne Erlaubnis des Bürgermeisters nicht aus der Stadt zu entfernen und den Inspectores Folge zu leisten. Diesen Passus scheint er überhaupt nicht zur Kenntnis genommen zu haben; befolgt hat er ihn jedenfalls nie.

Ansonsten lese man den Revers mit Bedacht. Bach hatte sich hier zu Leistungen verpflichtet, die ihm sauer werden *mußten*: Schulstunden für Kinder geben, sich von absoluten Laien vorschreiben lassen, wie er komponiert – das konnte mit einem Hofkapellmeister von Haus aus, einem selbständigen Kopf wie Bach, auf Dauer nicht gutgehen.

Der bestallte, aber noch nicht eingeführte Thomaskantor ist voller Schwung. Am 30. Mai erklingt seine Antrittskantate in der Thomaskirche: *Die Elenden sollen essen*. An ihr ist bemerkenswert, daß sie wie einst die allererste, die Mühlhausener Antrittskantate, die ungewöhnliche Anzahl von 14 Sätzen aufweist. Diese Zahl steht monogrammatisch für B-A-C-H. Auch findet sich hier der Lieblingschoral Bachs: *Was Gott tut, das ist wohlgetan*.

Am 1. Juni 1723 ist es dann soweit: die festliche Einführung findet statt. Bach gelobt in seiner Rede, dem Rat stets »seine devoteste Bezeigung spüren« zu lassen. Doch schon bei dieser Feierlichkeit gibt es wegen des Protokolls eine Differenz zwischen Rat und Konsistorium; die geistlichen Herren hatten einen Pastor mit der Festansprache beauftragt, während der Rat dieses Recht für sich beanspruchte. Die Reibereien der kommenden Jahre deuten sich hier an: Ohne wirklich guten Willen aller drei Partner – Stadt, Kirche und Kantor – mußten sich bei erstbester Gelegenheit Kompetenzstreitigkeiten, mindestens aber Verstimmungen ergeben. Die zu vermeiden, hätte es eines diplomatischen Mitarbeiters bedurft. Und der ist Bach nicht, genauer: will er in Leipzig nicht sein. Den Respekt, den er kunstsinnigen Fürsten entgegenbrachte, verweigert er banausischen Ratsherren – so schien er es jedenfalls zu sehen.

Im Grunde genommen war Leipzig eine Fehlentscheidung. Die lag nicht bei den biederen Bürgern, sondern bei dem Bewerber um ein Amt, für das er weniger geeignet war als für seine früheren Posten. Er war eher Kapellmeister als Lehrer und eher Organist als Kantor – jedenfalls, solange von ihm eine systematische Erziehungs- oder gar Unterrichtsarbeit erwartet wurde. Diese Fehleinschätzung hat Bach unsäglich viel Kraft gekostet; aber wie sich in seiner Biographie so vieles aus der Rückschau klärt und rechtfertigt, so wäre vielleicht sein einzigartiges Spätschaffen ohne widrige Außenumstände nicht denkbar.

Nachdem sich die romantische Verklärung des Komponisten mit Beginn unseres Jahrhunderts allmählich verflüchtigt hatte, begann

1 Hans Bach, Spielmann und Handwerker, Radierung

2 Johann Ambrosius Bach als Hausmann in Eisenach um 1671

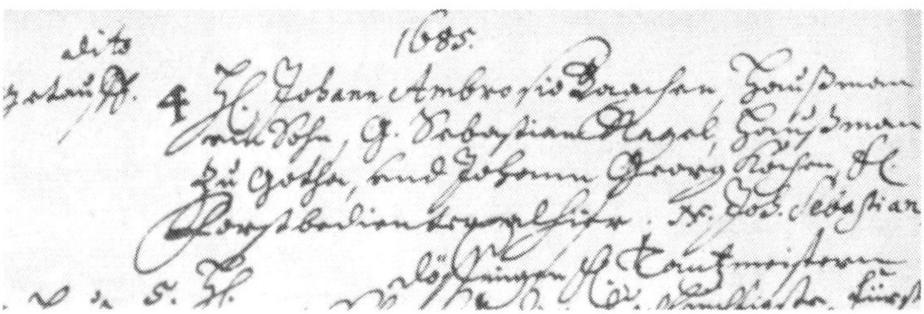

3 Taufeintrag 23. 3. 1685

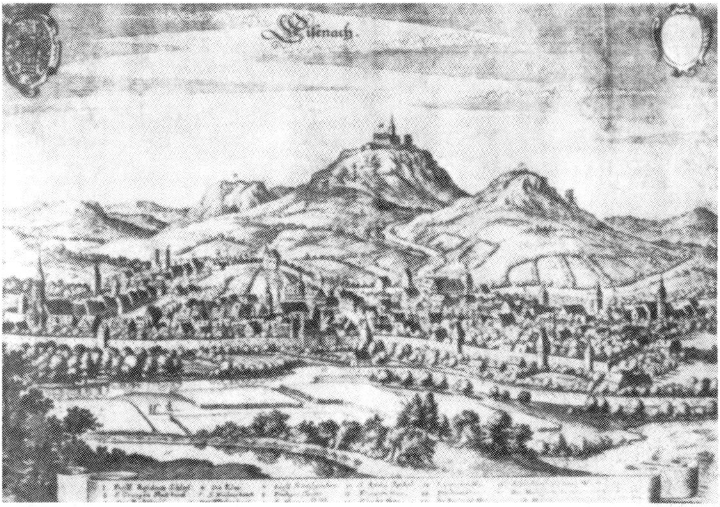

4 Eisenach, Merian 1650

5 Instrumente im Bachhaus zu Eisenach

6 Dornheim, Dorfkirche, in der Maria Barbara und Johann Sebastian Bach am 17. Oktober 1707 getraut wurden

7 Christian,
Herzog von Sachsen-Weißenfels,
Ölbild

8 Mühlhausen,
St. Blasius-Kirche

9 Johann Ernst, Prinz und Mitregent von Sachsen-Weimar, Ölbild

10 Weimar, Schloßturm und Gelbes Schloß

11 Georg Philipp Telemann,
Stich

12 Georg Friedrich Händel,
Stich von
Joh. Georg Wollgang

13 Leopold, Fürst von Anhalt-Köthen, Stich von Martin Bernigeroth

14 Köthen, Schloßanlage, Merian 1650

15 Leipzig, Thomaskirche vor der Umgestaltung von 1885, Lithographie um 1860

16 Leipzig, Thomaspförtchen, Aquarell

17 Leipzig, Kleinbosischer Garten, zeitgenössischer Stich

18 Übergabe der Stadt Leipzig an die preußische Truppen 1745, zeitgenössischer Stich

19 Leipzig, Gosenschänke in Eutritzsch

20 Leipzig, Zimmermannsches Kaffeehaus, zeitgenössischer Stich

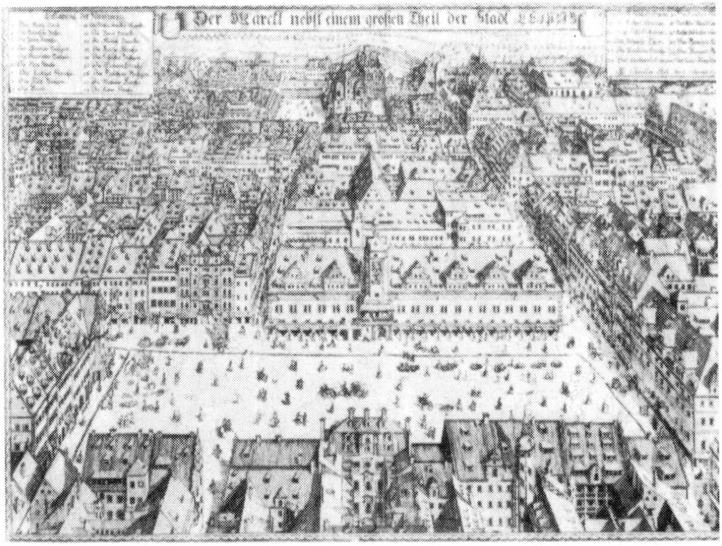

21 Leipzig, Markt und Innenstadt, Stich 1712

22 Leipzig, Johanniskirche mit Friedhof, Stich

23 Johann Sebastian Bach im Jahre 1746, Ölbild von Elias Haußmann

24 Johann Christoph Friedrich Bach,
Zeichnung von Friedrich Rehberg

25 Carl Phillipp Emanuel Bach, Pastor Sturm und der Künstler,
Federzeichnung von A. Stöttrup, 1784

26 Wilhelm Friedemann Bach,
Gemälde vermutlich von W. Weitsch, um 1760

man seine diesseitigen Lebensgewohnheiten nach und nach abzuklopfen, und bald schon wurde über Geld gesprochen. 1972 erschien ein Aufsatz mit der Fragestellung: »War Bach ein Großverdiener?« Natürlich ändern sich die Zeiten, und wir uns mit ihnen... Aber dank währungsgeschichtlicher Recherchen gibt es mindestens zwei gemeinsame Bezugsgrößen zwischen Bachs und unserem Geld.

Als erste bietet sich das – Bier an. Eine Kanne einfaches Bier kostete 1691 neun Pfennige. »Kanne« dürfen wir heute am ehesten mit einer »Maß« im gut bayerischen Sinne, also einem Liter, gleichsetzen, und, da seinerzeit Dünnbier, mit dem halben Preis bewerten. Wenn wir diesen Liter Dünnbier oder halben Liter heutiges Bier mit 3,– DM ansetzen, liegen wir etwa zwischen Supermarkt und Kurfürstendamm.

Aber was das teure Pflaster betrifft, von dem Bach bald schon ein Lied zu singen weiß, so werden sich das damalige Leipzig und das heutige Berlin nicht viel genommen haben. Damit der Leser sofort mitrechnen kann, vereinfachen wir die Beträge und lassen die »Kanne« zehn alte Pfennige kosten, so daß sich als Faktor zu unseren Pfennigen rund 30 ergibt. Aus gleichem Grund runden wir die in einem Gulden (fl) enthaltenen 252 Pfennige auf 250 ab und die in einem Taler enthaltenen 288 auf 300 auf. Damit entsprechen einem Taler heute etwa 90,– DM. Bach erhielt 100 Taler Festgehalt, zusätzlich nahm er etwa 700 Taler ein; das ergibt mit 90 malgenommen als Jahreseinkommen den beachtlichen Betrag von 81 000,– DM.

Wem Bier als Berechnungsgrundlage nicht seriös genug ist, kann die Gegenprobe mit einem Paar langer Stiefel machen. Das kostete zum selben Zeitpunkt 1 fl 15 gr (1 Groschen hatte 12 Pf), also rund 360 Pfennige – nach unserem »Kurs« exakt 108,– DM. Hier liegen die Verhältnisse für Bachs Jahresbudget sogar noch günstiger. Auch wenn diese Zahlenakrobatik von manchen Unwägbarkeiten abhängt, wird doch deutlich, daß der Thomaskantor kein armer Mann war.

Bach hatte freilich ein großes und gastfreies Haus zu führen und war Alleinverdiener. Doch gewinnt der an und für sich schon stattliche Betrag an Gewicht, wenn man das sozialökonomische Umfeld betrachtet. Damals verdiente ein Spitalarzt 50 fl oder 60 Taler (Bach in seinen mittleren Zeiten das Zehnfache), ein Pfarrer hatte 175 Taler, bekam allerdings noch Begräbnisgeld, erreichte aber nie Bachs Einkommen. Vollends deutlich wird dem heutigen Betrachter der relative Wohlstand, den sich Bach durch zähen Fleiß und ebenso zähes Verhandeln sichern konnte, wenn man das Einkommen seines Bruders Christoph in Ohrdruf zum Vergleich nimmt: der hatte – ebenfalls mit Familie und nach jahrzehntelangem Dienst – zeitlebens nicht einmal Bachs erstes Gehalt erreicht.

Wie setzen sich Bachs Leipziger Bezüge zusammen? Das Fixum von 100 Talern enthielt u. a. Holz- und Lichtgeld. Als Akzidentien (Gelegenheitsdienste) fielen Beerdigungen, Hochzeiten und Geburtstage wohlhabender oder hochgestellter Persönlichkeiten an. Dafür gab es feste Preise. Hinzu kamen 16 Scheffel Getreide und je zwei Kannen Wein zu den drei hohen kirchlichen Festen Ostern, Pfingsten und Weihnachten.

Bei den Akzidentien waren es besonders die Begräbnisse, die zu Buche schlugen. Die folgenden Passagen lesen sich etwas beklemmend, aber Dienst ist Dienst, und Bach konnte bei seiner Haushaltsführung jeden Groschen gebrauchen. Außerdem hatte er zum Tod ein unverkrampftes Verhältnis.

»Wenn es etwas mehrere, als ordinairement, Leichen gibt, so steigen auch nach proportion die accidentia; ist aber eine gesunde Lufft, so fallen hingegen auch solche, wie denn voriges Jahr an ordinairen Leichen accidentien über 100 rthl (Reichstaler) Einbuße gehabt.«

In der Bestattungsordnung der Stadt Leipzig vom Jahre 1740 unterschied man »große ganze Leichen«, »große halbe«, »kleine halbe« und »Viertelleichen«. Bei den »großen ganzen« fuhren mindestens vier bis acht Kutschen, im Trauerzug gingen alle Schüler und Lehrer von St. Thomas, es wurde im Haus und am Grab gesungen, der Kantor erhielt 1 Taler und 12 Groschen.

Bei »großen halben« Leichen gab es nur drei Kutschen und die Hälfte der Schüler, zwar wurde auch zweimal gesungen, aber der Kantor verdiente nur 1 Taler, 1 Groschen und 6 Pfennige. Interessanter waren die »kleinen halben« und die »Viertelleichen«, denn da brauchte Bach nicht anwesend zu sein und bekam trotzdem etwas von den Gebühren: 4 Groschen und 6 Pfennige bzw. nur 6 Pfennige.

Das Begräbnisgeld wurde auch erfolgreich als Erziehungsinstrument eingesetzt, wie der neugefaßten Thomas-Schulordnung von 1734 zu entnehmen ist: »Es soll endlich ein jeder mit in die Gottes-

Acker-Kirche gehen, und den ganzen Gottesdienst auswarten. Wer hierinnen etwas versiehet, der soll an dem Leichen-Gelde bestraft werden.«

Wie sieht nun Bachs Berufsalltag aus? Lesen wir zuerst, wie er sich in Leipzig selbst sieht und darstellt. Ein Empfehlungsschreiben, das er 1729 für seinen Schüler Christoph Gottlob Wecker ausstellt, unterschreibt er mit allen verfügbaren Titeln, und zwar in vielsagender Reihenfolge:

Joh. Sebast. Bach.
Hochf. Sachsen Weißenfels, wie nicht weniger
Hochf. Anhalt Cöthenisch. Capellmeister;
Director Chori Musices Lipsiensis u.
Cantor zu S. Thomae hieselbst

Der Kantor steht zuletzt.

Als Musikdirektor der Messestadt hat er die Aufsicht über die Kirchenmusik an den drei Hauptkirchen – Thomas, Nikolai und Neue Kirche – sowie St. Peter. Die Paulinerkirche gehörte zur Universität und lag damit außerhalb seiner Kompetenz; sie wird eine Art Zankapfel für die nächsten Jahre werden. Doch auch bei den drei Hauptkirchen gab es Einschränkungen. Von Anfang an lag hier Sprengstoff, denn Bach empfand jede Schmälerung seines Autoritätsbereiches als persönlichen Angriff und reagierte entsprechend.

Das Hauptgewicht seiner schöpferischen Arbeit liegt in den ersten Leipziger Jahren bei den Kantaten. Diese Gattung ist für Bach zentral und wird heute fest mit seinem Namen verknüpft.

Mit einer Kantate hatte er sich dem Rat vorgestellt und seine Wahl erreicht, mit einer Kantate trat er seinen Dienst an; innerhalb der ersten Leipziger Jahre komponierte er *fünf* komplette Jahrgänge, wobei einer rund 60 Kantaten umfaßt, die wiederum bis zu 14 Einzelsätze enthalten. Man halte sich vor Augen, was es bedeutet, allein schon dieses Pensum einzustudieren und aufzuführen. Dann noch das Notenmaterial herzustellen, die Stimmen zu schreiben. Und vor allem das Ganze zu erschaffen, sich einfallen zu lassen. Und zwar pünktlich, denn das Kirchenjahr hat seine feststehenden Termine: Jeden Sonntag mußte eine neue Kantate her.

Bach schreibt fieberhaft – neben allen sonstigen Aufgaben und Belastungen: Proben, Arbeit an größeren Partituren wie den Passionen, Unterricht an der Schule, Privatstunden und Unterweisung der

Kinder, Auseinandersetzung mit den Behörden, Dienstreisen zu Konzerten oder Orgelprüfungen, Akzidentien (»Leichen« etc.), Privatleben in einem mehr als turbulenten Haus und dann noch der Termindruck, den sich Bach im Elan der ersten Leipziger Jahre selbst geschaffen hatte.

Seine Konzeption, komplette Jahrgänge von Kantaten zu komponieren, wird in Leipzig staunend verfolgt. Ohne Ansehen zu verlieren, hätte er nicht in Verzug geraten oder seinen Plan gar aufgeben können. Offenbar will Bach die Leipziger mit allem Nachdruck von seinem Arbeitswillen überzeugen. Erst später hat er auch aus Zeitmangel zum Parodieverfahren gegriffen, hier eindeutig als Rationalisierungsverfahren; doch jetzt drängt ihn der Ehrgeiz, Neues und immer wieder Neues zu schaffen. Auch scheint ihn der wiedergewonnene kirchliche Rahmen nach dem weltlichen Intermezzo Köthen zu beflügeln, ist er doch hier mehr zu Hause als an einem Fürstenhof.

Um Bachs Arbeit an der Leipziger Kirchenmusik zu veranschaulichen, sind am besten die Aufführungsbedingungen seiner Kantaten geeignet.

Im Rahmen des evangelischen Hauptgottesdienstes hatte die Kantate ihren Platz zwischen der Evangelienlesung und dem Glaubenslied (dem einstigen Credo); bei einer zweiteiligen Kantate konnte der zweite Teil nach der Predigt oder während der Spendung des Heiligen Abendmahles aufgeführt werden. Außerdem waren Kantaten angesagt bei allen möglichen Feierlichkeiten, die in der Kirche begangen wurden – Ratswechsel (jedes Jahr), Hochzeiten, Begräbnisse oder Kirchweih.

Der Hauptgottesdienst, das »Amt« genannt, war an der Thomaskirche eingebettet zwischen Mette und Mittagspredigt (11 Uhr 30) und begann bereits um sieben Uhr. Im Unterschied zu heute dauerte eine Predigt bis zu einer Stunde, und da fast alle Kirchgänger am Abendmahl teilnahmen, brauchte auch dies eine gehörige Zeit; für die Kantate blieben ca. 30 Minuten.

Für die Musik an den drei Hauptkirchen sowie St. Peter konnte Bach auf vier Kantoreien zurückgreifen, die sich aus den rund 50 Thomasschülern zusammensetzten. Wie es um das Verhältnis von guten und schlechten Sängern bestellt war, ist in Bachs verzweifeltem Memorandum an den Rat der Stadt von 1730 nachzulesen:

»Summa 17 (Singer) zu gebrauchende, 20 noch nicht zu gebrauchende, und 17 untüchtige«. Einzig die erste Kantorei war imstande, regelmäßig Kantaten an der Thomaskirche aufzuführen; da jede Stimme nur dreifach besetzt war, handelte es sich um ganze zwölf Schüler; jede Stimme hatte einen »Concertisten« (Solisten), der übrigens auch die Noten hielt, in die die beiden anderen – die »Ripienisten« (quasi das Tutti) – mit hineinschauten. Der zweiten Kantorei konnte Bach nur leichtere Kantaten an hohen Festtagen zumuten. Beide wechselten sich im Dienst an St. Nikolai und St. Thomas ab; die dritte Kantorei besorgte die Musik in der Neuen Kirche, wo keine Instrumentalbegleitung gebraucht wurde, also nur Motetten gesungen wurden; die vierte Truppe war auch die vierte Garnitur, sie konnte Bach nur mit einstimmigem Choralsingen betrauen – für St. Peter.

Mit dem Orchester sah es etwas besser aus: vier Stadtpfeifer, drei Kunstgeiger, ein Geselle, dazu der obligatorische Organist; für größere Besetzungen holt sich Bach Studenten, weshalb er auch von Anfang an so großen Wert auf gute Beziehungen zur Paulinerkirche legt.

Die Zustände, unter denen die Thomaner damals »hausen« müssen, sind erbärmlich. Bach wohnt mit seinen Schülern unter einem Dach. Das alte Gebäude der Thomasschule war kurz nach seiner Ankunft in Leipzig durch einen großzügigen Neubau ersetzt worden, dessen Bezug der Rat sogar mit einer Festkantate würdigen ließ. Aber innerhalb der Wände ging es wenig glanzvoll zu.

Ursprünglich war die Thomasschule als Ausbildungsstätte für arme, aber begabte Kinder gedacht – wie der Mettenchor in Lüneburg, in dem Bach einst gesungen hatte. Für Ernährung, Kleidung und Erziehung der Schüler stellte der Rat Geld zur Verfügung; für das »Umsingen« der Thomaner nahm der Rat wiederum feste Gebühren, von denen nur ein Bruchteil an die Sänger weitergegeben wurde. Allmählich hatten die Stadtväter die Thomasschule ihrem eigentlichen Zweck entfremdet. Es ging ihnen weniger darum, mittellosen Knaben eine kostenlose Ausbildung zu geben, als auf billigste Weise möglichst viel Kirchenmusik zu bekommen.

Wie die Kinder damals vernachlässigt wurden, zeigt ein erschütternder Bericht von 1728: »...in heißen Tagen hatten die Knaben schrecklichen Durst, der unerträglich war, sich auch viele arme Kinder darunter befanden, welche keinen Zugang von Hause hatten, so musten solche offtmahls über den in denen Kammern stehenden Wasser-Krug gehen, und mit denen Ratten (welches Ungeziefer damahls in entsetzlicher Menge da anzutreffen war) einerley Tranck trincken; woher es denn kam, daß offt viel und grosse Kranckheiten dadurch causiret wurden, und die armen Knaben viel ausstehen mußten«.

Daraufhin sorgte der Inspektor Leonhard Baudiß dafür, daß »54 Krüge nach der Zahl der damahligen Alumnorum, auf die Schule« gebracht wurden und schenkte jedem Knaben einen Krug, »machte auch die Verordnung, daß jedweden von dato an, bey Tisch des Sonn- und Fest-Tages ein Nösel Leipziger Bier, in der Woche aber soviel Kofend gereichet werden solte«.

In der Schulordnung von 1723 – Bachs Antrittsjahr – heißt es: »Sobald im Sommer früh um fünf, im Winter um sechs Uhr die Glocke läutet, muß jeder Schüler aufstehen, sich waschen, sich kämmen und binnen einer Viertelstunde fertig sein, zum Gebet herunterzugehen; er hat dazu die Bibel mitzubringen. Kleider, Schuhe, Strümpfe und Wäsche müssen sauber gehalten werden... Vor dem Schlafengehen muß der Lehrstoff des Tages wiederholt und dem Höchsten für das Gelernte gedankt werden... Niemand darf ohne ausdrückliche Erlaubnis eine Nacht außerhalb der Schule zubringen. Wer zwei oder drei Tage fortbleibt, soll bei seiner Widerkehr acht Tages des Tisches mangeln... Vor und nach der Mittags- und Abendmahlzeit sagt der Knabe, der an der Reihe ist, das Tischgebet, und die anderen sprechen es ihm nach.«

250 Jahre später geht die Glocke elektrisch, statt der Bibel haben die Thomaner das Gesangbuch unterm Arm, bei unerlaubtem Fernbleiben gibt es ein Consilium abeundi – die letzte Verwarnung vor der Exmatrikulation. Alles andere ist genau noch so. Und es läuft.

Der Thomaskantor hatte auch Lateinunterricht zu geben. Dieser lästigen Pflicht weiß Bach sich jedoch bald zu entledigen. Er läßt sich von einem (allerdings recht mäßigen) Präfekten vertreten, was ihm 50 Taler im Jahr wert ist. Nicht gedrückt hat sich Bach hingegen vor der menschlichen Verantwortung für seine Schüler. In dem erwähnten Mahnschreiben an den Rat der Stadt, der von den wahren Zuständen an der Thomasschule nichts wußte oder vielleicht nichts wissen wollte, beschwert er sich, man überließe die Schüler »ihrer eigenen Sorge, da denn mancher vor Sorgen der Nahrung nicht dahin dencken kan, üm sich zu perfectioniren, noch weniger zu distinguiren«. Und die »etwanigen wenigen beneficia, so ehedem an den Chorum musicum verwendet worden, (seien) succeßive gar entzogen worden«.

Bachs Antrittsjahr in Leipzig legt bereits den Grund für einen fast lebenslangen schwelenden Konflikt in seiner nächsten Berufsumgebung. In Görner, dem Organisten der Nikolaikirche, hat er seinen ebenso getreuen wie mittelmäßigen Rivalen gefunden.

Streitpunkt ist die Paulinerkirche. Noch zu Kuhnaus Zeiten hatten die Professoren dort einen zusätzlichen »neuen Gottesdienst« eingeführt. Kuhnau, dem Telemann durch seine moderne Musik schon die studentische Jugend und speziell auch die Neue Kirche, wo er Organist war, entfremdet hatte, mußte befürchten, daß ihm auch die Universitätskirche entglitt. Deshalb erklärte er sich bereit, neben dem »alten Gottesdienst« (dem akademischen mit nur sieben Ämtern im Jahr), der ohnehin zu seinen Obliegenheiten gehörte, den neuen kostenlos mit zu übernehmen. Vor Bachs Eintreffen in Leipzig hatte sich der ehrgeizige Görner den alten und den neuen Gottesdienst an St. Pauli »angeeignet«.

Als Bach die Zusammenhänge begreift, ist er empört, denn Telemann hatten die Professoren ihre Kirche angeboten. Er übersieht, daß dieser klugerweise eine gesonderte Bewerbung an die Universität gerichtet und den Herren damit geschmeichelt hatte, während Bach die Paulinerkirche als Bestandteil seines Vertragsbereiches ansah. Außerdem fühlte er sich in seinen Rechten als Musikdirektor beschnitten und ist empfindlich getroffen, weil er als Grund der Ablehnung seine fehlende akademische Ausbildung vermutet.

Innerhalb von drei Jahren liefert er elf Festmusiken für die Universitätskirche und erhält dafür nur die Hälfte des üblichen Honorars. Die andere Hälfte bekommt der eigentlich zuständige Görner. Bach appelliert an den Rat, macht Eingaben, zuletzt zweimal an August den Starken, der schließlich entscheidet, die Universität solle selbst befinden, wen sie für befähigt hielte. Daraufhin erhält Bach sein Geld, aber nie wieder einen offiziellen Auftrag. Er revanchiert sich, indem er den Gottesdienst in der Universitätskirche nicht mehr selbst versieht, sondern seinem Präfekten überträgt – ein unübersehbarer Akt der Geringschätzung.

Die Universität zieht es vor, ihn völlig zu ignorieren. Statt seiner produzierte sich an St. Pauli jener Görner, den ein Zeitgenosse als »elenden Komponisten« beschrieb. Ihm hatte Bach einmal im Zorn die Perücke an den Kopf geworfen mit der Empfehlung, er hätte besser Schuster werden sollen.

Wenigstens sehen die Studenten klar: sie halten zu Bach, kommen zu ihm, singen und helfen auch als Instrumentalisten aus. Ohne sie wären Bachs Passionen unaufführbar geblieben.

In einem anderen Streitpunkt erreicht Bach sein Ziel. Im September 1727 stirbt die Gemahlin August II. Für die akademische Trauerfeier erhält Bach von einem Privatmann den Kompositionsauftrag, während der Dichterfürst Gottsched die Verse schreiben soll. Görner will kraft seines Amtes beteiligt werden, gibt sich aber mit einer Geldabfindung zufrieden. Jedoch verlangt er von Bach eine schriftliche Versicherung, nie wieder in seine, Görners, Befugnisse einzugreifen. Bach gerät in Wut und wirft den Universitätsschreiber, der ihm die Forderung überbringen sollte, kurzerhand aus dem Zimmer. Daraufhin wagt sich niemand mehr in dieser Sache an ihn heran, und er hat sich behauptet.

Um den Punkt Görner abzuschließen, sei ein Vorgriff erlaubt. 1730 muß ein neuer Thomasorganist eingestellt werden. Zum Probespiel melden sich u. a. Görner und der junge Scheibe. Dessen Vater hatte vor Jahren die Orgel der Paulinerkirche gebaut. Bach, damals gerade erst Hofkapellmeister in Köthen, kam nach Leipzig, um das Werk zu prüfen. Sein Urteil machte Scheibe senior mit einem Schlag angesehen. Nun hoffte der Sohn auf bevorzugte Behandlung. Doch Bach ließ sich nicht beirren und zog Görner vor, seinen Rivalen, der sich ihm wieder in den Weg gestellt und von dem er sicher noch viele Scherereien zu erwarten hatte. Görner war zwar ein schlechter Komponist, aber der bessere Spieler. Scheibe hat das Bach nie verziehen. In seiner Zeitschrift »Der critische Musicus« wird er Jahre später eine spektakuläre Polemik gegen Bach starten.

Bachs erstes Leipziger Jahr geht mit einer außergewöhnlichen Schöpfung zu Ende, dem *Magnificat*. In den Kirchen der Messestadt war damals noch die mittelalterliche Sitte des weihnachtlichen »Kindelwiegens«, einer Art Krippenspiel, lebendig. Die Erstfassung des Werkes wird von Gemeindegesang unterbrochen, der das »Wiegen« begleiten soll. Die Handschrift der Endfassung enthält dann nur noch den lateinischen Text des »Lobgesangs Mariae«. Das *Magnificat* war für die Christvesper bestimmt, denn wie auch heute, hatten es die Kirchgänger Heiligabend schon damals sehr eilig. So hat Bach diesen ehrwürdigen liturgischen Text knapp, aber um so leuchtkräftiger vertont.

8 Das Kantatenwerk – Die Motetten

> Soll ich's kürzlich aussprechen, so siehet eine Cantate nicht anders aus als ein Stück aus einer Opera, vom Stylo Rezitativo und Arien zusammengesetzt.
>
> *E. Neumeister, 1704*

Mit den Kantaten betreten wir die Kompositionswerkstatt Bachs. Nicht nur quantitativ sind sie in seinem Schaffen die meistvertretene Gattung. Auch in ihrer wechselnden Gestaltung verkörpern sie ein einzigartiges Phänomen innerhalb der gesamten Musikgeschichte – die Entwicklung einer einzigen Form über vier Jahrzehnte hinweg, die Entwicklung einer persönlichen Handschrift von äußerster Vielfalt und Ausdruckskraft.

Bach als bewußter Lutheraner war für das Kantatenschaffen doppelt vorbereitet: als Komponist, seit Kindheit mit dem Kirchengesang vertraut, und als sachkundiger »Freizeittheologe«, der sein musikalisches Schaffen bewußt in den Dienst der Verkündigung des Gotteswortes stellte.

Zur Bachzeit war die Kantate die zweite Säule des evangelischen Gottesdienstes neben der Predigt als verbaler Verkündigung. Und häufig bezogen sich beide aufeinander, wenn sie etwa von der gleichen Bibellesung oder vom gleichen Gemeindelied ausgingen. Text und Form der Kantate stehen in engem Zusammenhang. Da ist einmal das Gotteswort aus dem Alten bzw. Neuen Testament, das ja seit Einführung der Lutherbibel in den Ohren und Herzen der evangelischen Gemeinden noch eine ganz andere Strahlkraft als für uns heute hatte. Dann gibt es die protestantischen Gemeindelieder – Choräle, die ihrerseits schon zum großen Teil »kanonisiert«, also bereits klassisches, unveränderbares Gut geworden waren (die markantesten hatte noch Luther gedichtet und mit meist schon vorhandenen weltlichen Melodien gekoppelt – etwa *Christ ist erstanden*). Die dritte, allerdings sehr zeitgebundene Textgruppe bildet die Barockdichtung. Die musikalischen Formen entstammen zwei gegensätzlichen Bereichen: dem Opern- und dem Gotteshaus. Es sind einmal das (wiederum in sich gegensätzliche) Formenpaar Rezitativ und Arie, zum andern die Chöre und Choräle. Rezitativ und Arie waren Produkte der frühen italienischen Oper, die die Musik der antiken Tragödie wiederbeleben wollte – ursprünglich eine Art Sprechgesang mit einfacher Akkordbegleitung durch das Continuo (Tasteninstrument – Cembalo / Orgel – und Violoncello, vergleichbar etwa der Rhythmusgruppe in der heutigen Tanzmusik). Das ganz typische Rezitativ ist das »secco«, das trockene: Es ist zwar streng rhythmisch notiert, wird aber metrisch frei ausgeführt – Vorrang hat eben die Textverständlichkeit. Während das Continuo in der Oper generell mit Cembalo besetzt war und durch dessen Spielweise die Akkorde nur kurz arpeggiert – gebrochen gespielt – wurden und sehr rasch verklangen, ging man in der Kirche allmählich dazu über, das Cembalo durch eine Kleinorgel (Positiv) zu ersetzen; so auch die heutige Aufführungs- und Einspielpraxis bei Bachs Kantaten. Dadurch bleiben die Akkorde liegen und bestimmen mehr das harmonische Geschehen.

Neben dem »secco« gibt es noch das »accompagnato« (begleitetes Rezitativ), wo das Continuo durch zusätzliche Instrumente angereichert ist, etwa einen Streicher- oder Bläserchor, der die Akkorde aushält oder auch teilweise ausziert.

Da das Rezitativ unter dramaturgischen Gesichtspunkten dramatisch angelegt ist (typische Rolle bei Bach: der Evangelist), bezieht sich die Musik hier bewußt auf den Text, man spricht von »syllabischer« oder deklamativer Vertonung. Demgegenüber ist die Arie melodisch geprägt, reich verziert und im Grundzug lyrischer Natur. Sie lotet die jeweiligen Stimmungen aus und verweilt an den vom Rezitativ eingeführten wichtigen Handlungspunkten. Hier werden die Stimmungen und Gemütszustände, die sich aus den im Rezitativ geschilderten Situationen ergeben, ausführlich umgesetzt. Das Hören wird durch einen symmetrischen Aufbau begünstigt: eine dreiteilige Form mit eigenständigem Mittel- und wiederholtem Anfangsteil (Dacapo). Die Reprise einer solchen »Dacapo-Arie« wurde zu Bachs Zeiten und noch lange danach zusätzlich vom Solisten verziert.

Wie der Name sagt, war die Arie ursprünglich eine liedhafte Form. Vor allem die Italiener entwickelten sie allmählich zu einer kunstvollen Paradestrecke für Gesangsvirtuosen; gleichzeitig erhielt sie ihre obligatorische Dreiteiligkeit. Während die Dacapo-Arie in der Oper mitunter ermüdend schematisch gehandhabt wird, findet Bach immer wieder interessante Abweichungen für seine Dacapi oder Reprisen – Wiederholungen –, die er mal verkürzt, mal ausweitet.

In einer Arie gibt es zwei oder mehr gleichberechtigte Melodieträger: den Sänger und ein oder zwei konzertierende Instrumentalsolisten, die mit dem Sänger wetteifern. Sie haben die Aufgabe, durch Ritornelle (wiederkehrende Zwischenspiele gleicher »Bauart«) die Vokalpartie vor- und nachzubereiten, zu unterbrechen, aufzulockern oder überhaupt zu gliedern. Damit wachsen Bachs Arien über bloße lyrische Betrachtungen hinaus.

Die Chöre sind von vornherein die am unterschiedlichsten gestalteten Formteile der Bachkantaten. Je nach Anregung, die Bach aus dem Text bezieht, begegnen uns schon in der vorleipziger Zeit Fuge und Kanon, Passacaglia, Konzert, Motette und Französische Ouvertüre. Das nahezu obligatorische Merkmal einer Bachkantate ist der lutherische Choral, entweder als einfaches, lediglich kunstvoll ausgesetztes Gemeindelied oder in Verbindung mit Arioso und Chor, manchmal abschnittsweise einer Arie eingefügt oder von Rezitativen unterbrochen. Das Arioso steht vermittelnd zwischen Rezitativ und Arie. Im Unterschied zum Sprechgesang des Rezitativs ist es rhythmisch festgelegt und reich verziert, also keineswegs »secco«, und hat oft eine sorgfältig ausgefeilte und farbig besetzte Instrumentalbegleitung. Im Unterschied zur Arie fehlt dem Arioso ein regelrechtes Thema und seine weiträumige Verarbeitung; ebenso wird man vergeblich eine klare Formgliederung oder gar Symmetrie suchen. Insgesamt ist das Arioso kürzer als eine Arie. Für die Musikgeschichte ist es wichtig als Keimzelle des romantischen Klavierliedes von Schubert und Schumann bis Brahms.

Bachs früheste Kantaten entstammen seiner Mühlhausener Zeit und gehen auf die Jahre 1707/08 zurück. Erhalten und zweifelsfrei von ihm komponiert sind fünf Werke, darunter die Osterkantate *Christ lag in Todesbanden*. Sie ist ein Sonderfall dieser frühen sogenannten Choralkantaten – sie behält die Melodie des Lutherchorals als cantus firmus für alle Nummern durchgehend bei.

Was Bach in seiner zweiten Weimarzeit auf dem Gebiet der Kantate erfindet, wird später, in Köthen und Leipzig, nur noch verfeinert und vertieft. Weimar ist der Ausgangspunkt seiner Kantatenkunst. Statt der Bibelworte und Choralstrophen treten nun freie Dichtungen der Barockzeit in den Vordergrund. Der Formablauf orientiert sich jetzt deutlich an der Oper, Bach folgt hierin den Empfehlungen des Hamburger Pfarrers Erdmann Neumeister.

Neumeister hatte seit 1700 ganze zehn Jahrgänge Kantatentexte veröffentlicht. Er galt als tonangebend in der Kantaten- und Oratoriendichtung seiner Zeit. Als Theologe ist er orthodoxer Lutheraner, zieht gegen die Pietisten los, wo er nur kann, und schreibt selbst einen nüchtern moralisierenden, aber bildhaften Stil, der sich gut vertonen läßt.

Erhalten sind aus der Weimarer Zeit 20 Werke. Stellvertretend genannt seien *Weinen, Klagen* auf einen Text von Salomon Franck, Bachs gelehrtem Freund am Weimarer Hof, der sich in seinen Dichtungen etwa ab 1715 stark an Neumeister anlehnte. Weiterhin *Nun komm, der Heiden Heiland* – Adventskantate nach Neumeister – und *Widerstehe doch der Sünde* nach Georg Christian Lehms. Von ihm hat Bach in Weimar zwei und später in Leipzig noch acht Texte vertont. Lehms hatte ebenfalls in Leipzig studiert und wirkte ab 1710 in Darmstadt als Hofpoet. Von ihm gibt es Romane, Opernlibretti und eine Anthologie »Deutschlands galante Poetinnen« (Frankfurt 1715). Für die Kirchenmusik wichtig sind seine Kantatenjahrgänge, die er für den Darmstädter Hof schuf. Bachs Vorlagen entstammen dem ersten Jahrgang »Gottgefälliges KirchenOpffer« von 1711.

Wem Bach von diesen drei Textdichtern den Vorzug gibt, belegen die Zahlen: Favorit mit 27 (möglicherweise 32) Vorlagen ist Franck, der mehr Phantasie und stärkere Empfindungen als der eher pedantische Neumeister aufweist. Zu ihm und Lehms griff Bach nur, wenn er bei Franck nichts Passendes fand.

Als Kuriosum der Weimarer Zeit sei die Kantate *Herz und Mund und Tat und Leben* erwähnt. Als der Weimarer Herzog seinen Konzertmeister bei der Nachfolge des verstorbenen Hofkapellmeisters überging, ließ der die Feder aus der Hand fallen, die gerade den Eingangschor zur genannten Kantate nach Franck schrieb, und hat an ihr wie an anderen Weimarer Kantaten keinen Strich mehr gemacht, bis er seine Entlassung nach Köthen durchsetzen konnte. *Herz und Mund* kam erst in Leipzig 1723 zum Abschluß.

Seit der Weimarer Zeit hat der Kantatenkomponist nun Arie und Rezitativ endgültig in seinen Formenvorrat einbezogen. Da er in Köthen nur selten geistliche Kantaten zu schreiben hatte, werden die Weimarer »Studien« erst in Leipzig voll umgesetzt. Dort wird Bach zum klassischen Kantatenkomponisten, dessen in Umfang und Gehalt einfach erstaunliches Schaffen inzwischen internationales Kulturgut geworden und aus den sonntäglichen Hörfunkprogrammen nicht mehr wegzudenken ist.

Da sich die drei (von insgesamt fünf komponierten) Jahrgänge Leipziger Kantaten gleichzeitig auf das evangelische Kirchenjahr beziehen, möchte ich den Leser zuvor mit dem heute nicht mehr allgemein voraussetzbaren Kirchenkalender vertraut machen. Die christliche Kirche zählt das Jahr vom ersten Advent bis zum Sonntag vor ihm, dem Ewigkeitssonntag. Die vier Adventssonntage gelten als »kleine Fasten- und Bußzeit«, dann naht mit Weihnachten das erste der drei hohen Feste, die zu Bachs Zeiten je drei Feiertage hatten. Weihnachten kam dann noch die Christvesper am Heiligabend hinzu. Silvester, Neujahr und Epiphanias (Erscheinung Christi oder Dreikönigstag) waren fest datiert – 31. Dezember, 1. und 6. Januar. Im Vorfeld der Fastenzeit folgen dann die (je nach Lage von Ostern) zwei bis sechs Sonntage nach Epiphanias und die drei schon lateinisch benannten Sonntage Septuagesimae (der 70., weil ungefähr 70 Tage vor Ostern), Sexagesimae (der 60.) und Estomihi (Psalm 71,3), mit denen in den älteren Kirchen schon die Passionszeit begann. Estomihi ist der erste Name, der sich vom Anfang der alten lateinischen Kirchengesänge zu den betreffenden Sonntagen herleitet, aus dem Psalter (Ps.), den Propheten (Jesaia), den Episteln (Briefen des Apostels Petrus) und den Evangelien (Matthäus). Die sechs Fastensonntage heißen Invokavit (Ps. 91,15), Reminiscere (Ps. 25,6), Okuli (Ps. 25,15), Lätare (Jes. 66,10), Judika (Ps. 43,1) und Palmarum (nach dem Einzug Jesu in Jerusalem genannt, wo man ihm mit Palmzweigen zuwinkte). Dieser Palmsonntag leitete die heilige, die Karwoche ein mit Gründonnerstag als Gedächtnisfeier für das letzte Abendmahl Jesu mit seinen Jüngern und Karfreitag. Ostersonntag beginnt das hohe Auferstehungsfest. Es folgen die sechs Sonntage nach Ostern: Quasimodogeniti (»Wie die neugeborenen Kinder«, 1. Petrusbrief 2,2), Misericordias Domini (Ps. 23,6 oder 89,2), Jubilate (Ps. 66,1), Kantate (Ps. 96,1 – »Singet dem Herrn ein neues Lied«), Rogate (Matth. 7,7) und Exaudi (Ps. 27,7). Zuvor schiebt sich, stets am 40. Tag nach Ostern, als »kleineres Fest« Himmelfahrt ein (von Friedrich dem Großen übrigens zeitweilig abgeschafft). Auf Exaudi kommt Pfingsten, das dritte hohe Fest, das Fest der »Ausgießung des Heiligen Geistes« – wieder mit drei Feiertagen. Der nächste Sonntag ist schon das Fest der Dreifaltigkeit, Trinitatis. Jetzt folgt die schier endlose Reihe der Sonntage nach Trinitatis. Sie reichen heran bis an die Adventszeit des nächsten Kirchenjahres und enden mit dem (nur im Volksmund so benannten) Ewigkeits- oder Totensonntag. Für Bach als Kantatenkomponisten kamen dann noch die drei Marienfeste hinzu, die heute in der evangelischen Kirche nicht mehr begangen werden (Mariae Reinigung 2. Februar, Mariae Verkündigung 25. März, Mariae Heimsuchung 2. Juli) sowie die zwei Heiligenfeste Johannis 24. Juni und Michaelis 29. September. Ein zentrales Ereignis für die lutherische Kirche war natürlich das Reformationsfest am 31. Oktober.

So kam Bach auf die Durchschnittszahl von 60 Kantaten pro Kirchenjahr. Da er am ersten Sonntag nach Trinitatis 1723 in sein Amt eingeführt wurde, beginnen seine einzelnen Jahrgänge mit eben diesem Sonntag und reichen exakt bis Trinitatis; deshalb ist sein »Kantatenkalender« gegenüber dem Kirchenkalender um sechs Monate verschoben.

Über den ersten Leipziger Kantaten liegt ähnliches Dunkel wie über den frühen Weimarer. Etwa 18 Partituren hatte Bach mitgebracht oder aus älterem Material fertiggestellt, etwa fünf sind Parodien auf einstige Kantaten weltlicher Bestimmung. Von den restlichen ist nur in einem Fall der Textdichter bekannt – Neumeister für *Ein ungefärbt Gemüte*. Alfred Dürr findet für den Jahrgang I drei Grundtypen heraus. Zwei davon sind symmetrisch angelegt. In jedem Fall bilden die »ehernen« kanonisierten Textteile (Bibelwort und Gemeindelied) den äußeren Rahmen bzw. das Gerüst. Dazwischen legt Bach die »Opernformen« Rezitativ und Arie in doppelter Paarfolge (Typ A), durch ein drittes »ehernes« Wort voneinander abgesetzt (Typ C) oder im ersten Paar unterbrochen (Typ B).

A: Bibeltext – Rezitativ – Arie – Rezitativ – Arie – Choral. Dieser Typ ist etwa durch *Ich glaube, lieber Herr, hilf meinem Unglauben* vertreten.

B: Bibeltext – Rezitativ – Choral – Arie – Rezitativ – Arie – Choral. Hierher gehören beispielsweise *Sie werden aus Saba alle kommen* und *Halt im Gedächtnis Jesum Christ*.

C: Bibeltext – Rezitativ – Arie – Choral – Rezitativ – Arie – Choral. Diese symmetrische Form muß dem proportional denkenden Komponisten besonders gelegen haben. Wir finden sie etwa in den Kantaten *Nimm, was dein ist, und gehe hin* und *Wahrlich, wahrlich, ich sage euch*.

Die Bibelworte sind fast immer dem Evangelium des jeweiligen Sonntags entnommen; die Arie sinnt über diesen Text nach, das Rezitativ hebt den »Zeigefinger« und moralisiert im Stil der Orthodoxie, und die zweite Arie zeigt sich wie von dieser Moralpredigt »in Zucht genommen« und wird ebenfalls erbaulich. Wiederholt zitiert Bach jetzt auch die Worte Christi oder Worte Gottes aus dem Neuen bzw. Alten Testament; ein solches »dictum« (lat.: das Gesagte) erhält gewöhnlich der Baß; später wird dieses Verfahren für die sogenannten Dialogkantaten zwischen Gott und der Seele wichtig. Während diese »vox Christi« in der Weimarer Zeit meist in Rezitativen zu hören war, sind es jetzt Ariosi oder kürzere Arien. (So mit Orchesterbegleitung in *Wahrlich, wahrlich, ich sage euch*). Die Chöre sind breiter angelegt als früher; Bach nutzt häufig den Kontrast zwischen Soli und Tutti, etwa in der Antrittskantate *Die Elenden sollen essen*. Manche Kantaten haben zwei selbständig aufführbare Teile. Und bei Aufbereitung älteren Materials entfaltet der Komponist eine geradezu üppige Orchestersprache (etwa Posaunen in *Ich hatte viel Bekümmernis*).

Mit seinen zweiten Jahrgang setzt sich Bach ein zyklisches Ziel: Etwa in der Art seines Frühwerkes *Christ lag in Todesbanden* will er jetzt Choralkantaten auf die Gemeindelieder schaffen, die mit den einzelnen Sonn- und Festtagen des Kirchenjahres in fester Verbindung stehen. Dieses Verfahren hatte an St. Thomas schon eine Tradition.

Hierzu muß man etwas ausholen. Die orthodoxe Kirchenleitung sah streng darauf, daß die Predigten immer auf die Perikope, den festgelegten Auszug aus Evangelium und Epistel, gehalten wurden, was natürlich die Gefahr der Eintönigkeit mit sich brachte – man stelle sich vor, jeden 2. Advent denselben Predigttext! Da kamen die Geistlichen selbst auf verschiedenste Ideen. So gab es beispielsweise die »emblematische« Predigt – wo das ganze Kirchenjahr hindurch Christus als Vorbild und Maßstab des gewissenhaften Handwerkers beleuchtet wurde und dieser Bezug immer wiederkehrte. Oder der Thomaspfarrer Carpzov, der 1690 einen Jahreszyklus »Liederpredigten« hielt, wo er neben dem Evangelium immer noch einen Choral aus dem gottesdienstlichen Gebrauch ins Zentrum des Sermons stellte. Und genau da knüpfte Bach an. Warum er das tat, ob in Kooperation mit einem Prediger, weiß man heute nicht. Damals jedenfalls hatte der Thomaskantor Schelle die jeweiligen Choräle vertont und ausgesetzt, so daß der Verkündigungseffekt ein doppelter war.

In den Binnensätzen dieser Choralkantaten wurde dann der Liedertext frei umschrieben (Verfasser sind nicht bekannt) und zu Arien oder Rezitativen umgeformt, wodurch sich Versmaß und Metrum änderten. Die letzte Strophe wurde immer original textiert.

Charakteristisch ist bei Bachs Choralkantaten der Kontrast zwischen den Außensätzen. Am Schluß steht meistens ein schlichter Chorsatz mit instrumentaler Verstärkung der Vokalstimmen – das innige, andachtsvolle Resümee des Chorals nach seiner vielfältigen Ausleuchtung. Beim Eingangssatz scheint Bach den cantus firmus nur deshalb unangetastet zu lassen, damit sich die originellen Linien der Instrumente um so farbiger von ihm und seiner vierstimmigen Harmoniefolge abheben und die sinfonischen Vor- und Zwischenspiele um so strahlender wirken. Dieser Einfallsreichtum des Eingangssatzes wird von den Mittelstrophen noch übertroffen. Hier reicht die Palette von der klassischen Choralbearbeitung bis zur thematisch völlig freien Arie. Also gibt Bach stellenweise sogar den cantus firmus auf!

Zu Beginn des 2. Jahrganges hat er etwas Besonderes versucht. Zugrunde lag offenbar der Plan, jeweils vier Kantaten zusammenzufassen, in denen der cantus firmus durch die Stimmen des Chores vom Sopran bis hinunter zum Baß »wandert«, und um die betreffenden Eingangssätze noch mehr voneinander abzuheben, sollten sie wohl auch formal unterschiedlich angelegt sein. So präsentieren die Kantaten zum 1. und 2. Sonntag nach Trinitatis, zu Johannis und zum 3. Sonntag nach Trinitatis ihre Eingangssätze als Französische Ouvertüre, cantus-firmus-Motette, Violinkonzert und Choralfantasie, und die Choralmelodie erscheint in ihnen tatsächlich jeweils im Sopran Alt, Tenor und Baß.

Nach dem Osterfest 1725 wendet sich Bach wieder dem dritten, jenem total symmetrischen Typus C des ersten Jahrgangs zu. Dort gab es einen zusätzlichen Choral direkt in der Mitte der Kantate. Jetzt hat Bach eine neuen Textdichter gefunden – eine Frau! Mariane von Ziegler (geb. 1695) war die Tochter des späteren Bürgermeisters Romanus.

Sie war in zweiter Ehe mit einem Hauptmann von Ziegler verheiratet, nach dessen Tod sie für fast zwanzig Jahre wieder in das Vaterhaus zurückkehrte. Das »Romanushaus« zählt noch heute zu den schönsten Bürgerbauten der Messestadt. Dort eröffnete sie einen Salon, wo Literaten und Musiker ein und aus gingen. Gottsched traf 1724, ein Jahr nach Bach, in Leipzig ein. Er ermunterte sie, ihren »Versuch in Gebundener Schreib-Arth« herauszugeben und später sogar eine Briefsammlung. Von der Wittenberger Universität wurde Mariane von Ziegler zur »Poeta laureata« gekrönt.

Ihre lebendige, anschauliche Sprache hat es Bach angetan. Er vertont den gesamten »Versuch...« der Mariane von Ziegler, 9 Kantaten, darunter *Also hat Gott die Welt geliebt* (hier steht als 2. Satz das jedem Bachfreund vertraute »Mein gläubiges Herze«) und *Auf Christi Himmelfahrt allein.*

Alle nicht choralgebundenen Kantaten des zweiten Jahrganges zeigen virtuose Handhabung der Instrumente. Unüberboten bleiben zwar die einfallsreichen Klangfarbenkombinationen der Weimarer Zeit, dafür erscheinen jetzt ganz neue Instrumente. Um 1724 kommt die Querflöte in Gebrauch, und in zwei Kantaten, darunter *Herr Christ, der ein'ge Gottessohn*, schreibt Bach eine »flato piccolo« vor – eine Blockflöte in hoher Lage. Genannt werden muß vor allem aber auch Bachs eigene Erfindung, die Viola pomposa, die er von seinem Leipziger Instrumentenmacher Johann Christian Hoffmann hatte bauen lassen – sie erklingt erstmals 1724 in der Kantate *Schmücke dich, o liebe Seele*. Dieses auch Violoncello piccolo genannte Instrument ist eine Art übergroße Bratsche, wird wie sie im Arm gehalten und ist bestens dazu geeignet, eine instrumentale Mittelstimme tragfähig zu machen. Überhaupt widmet Bach jetzt den Mittelstimmen größte Aufmerksamkeit und versucht, seinem Klanggewebe soviel Tiefen- und Raumwirkung wie möglich zu geben. Dazu dient ihm auch die Oboe da caccia. Ausgefallene Besetzungen mit offenbar koloristischen Absichten weisen die Ziegler-Kantaten *Sie werden euch in den Bann tun* (je zwei Oboen und Oboen da caccia) und *Er rufet seinen Schafen mit Namen* (drei Blockflöten) auf.

Gegen Ende des 2. Jahrgangs gerät Bach in Termindruck. Er greift zur Parodie. Im Falle der Pfingstkantate *Also hat Gott die Welt geliebt* auf einen Text von Frau Ziegler geht er auf zwei Nummern seiner *Jagdkantate* für den Weißenfelser Herzog zurück. Das Besondere bei diesem Vorgang ist, daß die Ziegler-Zeilen keineswegs deckungsgleich mit der Vorlage sind. Bach mußte seine Musik kräftig umarbeiten. Die Arie des Pan »Ein Fürst ist seines Landes Pan!« wird zur Baßarie: »Du bist geboren mir zugute.«

Ein Fürst ist seines Landes Pan.	Du bist geboren mir zugute,
Gleich wie der Körper ohne Seele	Das glaub' ich, mir ist wohl zumute.
Nicht leben noch sich regen kann,	Weil du für mich genug getan.
So ist das Land die Totenhöhle,	Das Rund der Erde mag gleich brechen,
Das sonder Haupt und Fürsten ist	Will mir der Satan widersprechen,
Und so das beste Teil vermißt.	So bet' ich dich, mein Heiland, an.

Noch tiefergreifende Veränderungen erfährt die Arie der Hirtengöttin Pales; wer würde in ihr die Urform jener Sopranarie vermuten, die bald schon zu den populärsten Bach-Musiken gehören sollte?

Weil die wollenreichen Herden	Mein gläubiges Herze,
Durch dies weitgepries'ne Feld	Frohlocke, sing, scherze,
Lustig ausgetrieben werden,	Dein Jesus ist da!
Lebe dieser Sachsenheld.	Weg Jammer, weg Klagen,
	Ich will euch nur sagen:
	Mein Jesus ist nah.

Der 3. Jahrgang setzt sich aus zweien zusammen. Bach führt jetzt auch Fremdkompositionen auf (von Cousin Ludwig aus Meiningen). Er selbst schreibt nicht mehr im Zyklus, sondern nur noch sporadisch neue Werke, darunter acht auf Texte von Christian Lehms, je eine nach Neumeister und Franck, während man die anderen Verfasser nicht ausfindig machen konnte. Außerdem erweitern sie die symmetrische Form (Typus C) des ersten Jahrgangs,

indem sie Bibelworte aus dem Alten *und* Neuen Testament an Anfang und Mitte stellen. Nicht zufällig steht im zentralen Bezugspunkt das Neue Testament, dem ja laut Luther die weitaus tiefere Bedeutung für den evangelischen Christen zukommt. Diese total symmetrische Form haben u. a. die Kantaten *Brich dem Hungrigen dein Brot* und *Es ist dir gesagt, Mensch, was gut ist*. Besonderheit des 3. Jahrganges sind die vier sogenannten Dialogkantaten, wo die schon angedeutete Praxis der Rollenverteilung zwischen Jesus (vox Christi, Baß) und Christenseele (Sopran) ausgeweitet wird: so in *Liebster Jesu, mein Verlangen* nach Lehms.

Als musikalische Neuerung fällt auf, daß Bach ältere Instrumentalsätze als Einleitungsmusik verwendet oder durch Zufügung von Gesangspartien zu Chören oder Arien umformt. Ein durchgehender Orgelpart könnte darauf hindeuten, daß er allmählich seine Söhne mit in die Aufführungen einbeziehen wollte.

Die Jahrgänge 4 und 5 vom Zeitraum 1728/29 sind mit Sicherheit komponiert und aufgeführt worden, doch sämtliche Partituren sind verschollen. Greifbar sind einzig die Texte, und die stammen von Christian Friedrich Henrici, genannt Picander. Das Vorwort zu dessen »Cantaten Auf die Sonn- und Fest-Tage durch das gantze Jahr« von 1728 enthält den klaren Hinweis auf ihre Vertonung durch den Thomaskantor: »Ich habe solches Vorhaben desto lieber unternommen, weil ich mir schmeicheln darf, daß vielleicht der Mangel der poetischen Anmuth durch die Lieblichkeit des unvergleichlichen Herrn Capell-Meisters, Bach, dürfte ersetzet, und diese Lieder in den Haupt-Kirchen des andächtigen Leipzigs angestimmet werden.«

Mit 28 gesicherten und 18 fraglichen Textlieferungen ist Picander der wichtigste von Bachs literarischen Mitarbeitern. Gebürtiger Sachse (aus Stolpen bei Dresden), 15 Jahre jünger als Bach, hatte er in Wittenberg studiert und kam 1720 als Hauslehrer nach Leipzig, wo er bald eine Beamtenlaufbahn ergreift (anfangs bei der Post, dann bei der Getränkesteuer). Ab 1730 spielte er wahrscheinlich in Bachs Collegium musicum mit, 1740 wurde er Weininspektor.

1725 ließ er eine »Sammlung Erbaulicher Gedancken, Bey und über die gewöhnlichen Sonn- und Festtags-Evangelien« erscheinen – Reflexionen mit nachfolgendem Gedicht auf eine bekannte Choralmelodie. Im selben Jahr stieß er auf Bach und hat sogleich für ihn die Glückwunschkantate *Entfliehet, verschwindet, entweichet, ihr Sorgen* (für den Weißenfelser Hof) getextet. Bach wird sofort erkannt haben, daß der ansonsten durchschnittliche Reimer (ein Bachforscher nannte ihn sogar einen »Schmieranten«) ein Anpassungsgenie ist. Er kann fabelhaft zurechtbiegen, von Musik versteht er genug, um Bachs Vorstellungen umzusetzen, ja er kommt ihm auf halbem Wege entgegen. Das beweist er vor allem bei Parodien. Noch heute haben Fachleute Schwierigkeiten festzustellen, was bei Picander Original und was Parodie ist – ein Filou der flinken Feder!

Nach diesem verschollenen Doppeljahrgang schrieb Bach nur noch äußerst unregelmäßig Kirchen-Kantaten. Schließlich hatte er genügend vorgearbeitet, um sich jetzt mit größeren Werken zu beschäftigen oder sich dem Collegium musicum zuzuwenden. Drei Gründe nötigten ihn aber doch hin und wieder, zur Feder zu greifen.

Erstens – wenn Kantaten für »zu kurze« Jahrgänge nachgeschrieben werden mußten, für Jahrgänge also, wo Fest- und Sonntage zusammenfielen, was ja schon im nächsten Jahr anders sein mußte.

Zweitens – wenn das bewegliche Osterfest dazu geführt hatte, daß solche »zu kurzen« Jahrgänge weniger Sonntage nach Epiphanias oder nach Trinitatis aufwiesen, die in späteren Jahren wieder hinzukommen konnten.

Drittens – die Einmaligkeit der weltlichen oder Gelegenheitskantaten, die nach ihrer Aufführung zu dem betreffenden Ereignis (Trauerfall, Hochzeit, Geburt, Gratulation, Dynastisches usf.) gegenstandslos waren. Oft tat es Bach um die teilweise sehr sorgfältig gearbeiteten Partituren leid. Deshalb suchte er Gelegenheiten, diese Kantaten vor dem Vergessen zu bewahren. Aus der Trauerkantate *Ich lasse dich nicht, du segnest mich denn* für den Kammerherrn von Ponickau, die 1727 zu Pomßen erklang, wurde unter Beibehaltung des Textes die gleichnamige Kantate zu Mariae Reinigung. Aus dem Glückwunsch *Steigt freudig in die Luft* für den Köthener Hof wird der 1. Advent *Schwingt freudig Euch empor*, die Musik der Hochzeitskantate *O Ewiges Feuer, O Ursprung der Liebe* kehrt wieder in der gleichnamigen Kantate zum 1. Pfingstfeiertag, und das *Angenehme Wiederau* leiht seine Klänge der Kantate zum Johannisfest *Freue Dich, erlöste Schar*.

Als später Nachtrag zu den Choralkantaten des 2. Jahrganges, wo die Mittelstrophen der Textvorlage zu Rezitativen und Arien gestaltet wurden, folgen zwischen 1728 und 1735 noch vier Kantaten mit beibehaltenem Choraltext: *Sei Lob und Ehr dem höchsten Gut, Nun danket alle Gott, In allen meinen Taten* sowie *Was Gott tut, das ist wohlgetan.*

Motetten

Zu den populärsten Chorwerken Bachs zählen die Motetten, sind sie doch immer im Repertoire des Thomanerchores lebendig gewesen (auch während des anfänglichen Tiefschlafes der Bachpflege) und noch heute eiserner Bestand eines jeden Kirchenchores, der etwas auf sich hält. Es gibt von ihm verbürgt sieben Beiträge zu dieser Form, die im 16. Jahrhundert für die Kirchenmusik noch führend war, diese Rolle dann aber allmählich an die Kantate abtrat. Motetten sind ein- oder mehrsätzige Chorwerke auf Bibel- oder Liedtexte, seltener auf freie Worte. Man unterscheidet deshalb zwischen Choral- und Spruchmotetten.

Sie waren gewöhnlich für Chor allein angelegt, sind aber zu Bachs Zeiten und erst recht später aus Gründen der Klangfülle (und auch der Stimmsauberkeit wegen) von Orgel und Continuoinstrumenten »mitgespielt« worden. Die Besetzung schwankt zwischen vier und acht Stimmen. Motetten hatten die Thomaner zweimal am Sonntag zu singen. Unter Bachs Kantorat muß es sich überwiegend um bereits vorhandenes Repertoire gehandelt haben, denn seine sieben Beiträge sind alle zu besonderen Anlässen entstanden.

Die Motette *Sei Lob und Preis mit Ehren* wird heute überwiegend als eine Komposition von Telemann angesehen. Statt ihrer macht die von der Gesamtausgabe irrtümlich als Kantate eingereihte Motette *O Jesu Christ, meins Lebens Licht* (BMV 118) die Siebenzahl voll. Als frühest entstandene nimmt man *Singet dem Herrn ein neues Lied* an, eine doppelchörige Motette, die wahrscheinlich schon 1722 beim Geburtstag Augusts des Starken gesungen worden war; sie erklang auch zum Neujahrstag 1746 nach dem Dresdener Friedensschluß. Den Text dieser großartigen Chorschöpfung entnahm Bach dem Psalter (149 und 150) und dem Choral »Nun lob, mein Seel, den Herren«. Von ihr wurde Mozart gepackt!

Die wohl bekannteste Chorpartitur Bachs ist die Choralmotette *Jesu meine Freude*, die als Trauermusik für das Begräbnis der Oberpostmeisterin Kees in seinem ersten Dienstjahr 1723 erklungen war. Den Text bezog Bach aus dem Neuen Testament (Römer 8) und aus sechs Strophen des Chorales »Jesu, meine Freude« von Johann Franck (1653).

Mancherorts bestritten wird aus stilistischen Gründen noch immer die Echtheit von *Lobet den Herrn, alle Heiden*, die Worte aus Psalm 117 verwendet und ebenfalls um 1723 entstanden sein muß. Zwischen 1723 und 1734 wird *Komm, Jesu! Komm* angesetzt – offenbar auch eine doppelchörige Trauermusik auf einen Text von Paul Thymich, den Bach aus dem Wagnerschen Gesangbuch von 1697 bezogen hatte.

Fürchte dich nicht, ich bin bei dir ist eine Trauermusik für Frau Stadthauptmann Winkler mit Worten aus Jesaja 41 und 43 und zwei Strophen aus Paul Gerhardts Choral »Warum sollt ich mich denn grämen«. Zu den ergreifendsten Stellen in Bachs Vokalmusik gehört der Schlußsatz dieser Doppelchor-Motette, wo Bach mit untrüglichem Gespür das Motto »Fürchte dich nicht. Denn ich habe dich erlöset; ich habe dich bei deinem Namen gerufen; du bist mein!« mit dem Liedtext verbindet: »Herr mein Hirt, Brunn aller Freuden! Du bist mein, ich bin dein, niemand soll uns scheiden.«

Ebenfalls doppelchörig angelegt ist *Der Geist hilft unsrer Schwachheit auf*, gesungen 1729 zur Beerdigung des Rektors Ernesti d. Ä.; hier kombiniert Bach Worte aus den Episteln (Römer 8) und die dritte Strophe des Pfingstchorals »Komm, Heiliger Geist«.

9 Anlaufzeit – Leipzig bis 1730

> Da aber nun 1) finde, daß diesser Dienst bei weitem nicht so erklecklich, als man mir ihn beschrieben, 2) viele accidentia dieser Station entgangen, 3) ein sehr theurer Orth u. 4) eine wunderliche und der Music wenig ergebene Obrigkeit ist, mithin fast in stetem Verdruß, Neid und Verfolgung leben muß, als werde genöthiget werden mit des Höchsten Beystand meine Fortun anderweitig zu suchen.
>
> *Bach an Jugendfreund Erdmann*

Nachweisbar hat Johann Sebastian Bach mit führenden Familien der Messestadt lebhaften gesellschaftlichen Kontakt gepflegt. Stellvertretend für viele sei die Familie Bose genannt, die man eigentlich als Dynastie bezeichnen müßte. Mit ihr waren die Bachs schon aufgrund enger Nachbarschaft zusammengetroffen. Das Bosehaus, Thomaskirchhof 16, steht heute noch und beherbergt seit 1973 eine Bach-Gedenkstätte.

Stammvater der weitverzweigten und ungewöhnlich töchterreichen Familie war der Gold- und Silberwarenfabrikant Georg Heinrich Bose (gest. 1731), dessen imposantes Bildnis ebenso angelegt und mit einem Huldigungsgedicht versehen ist wie bei einem hochgestellten Höfling. Es gab zwei Brüder Bose, und beide besaßen weithin bewunderte und gern aufgesuchte Parkanlagen – Georg den abgebildeten »Kleinbosischen« und Caspar den »Großbosischen Garten« vor dem Ranstätter bzw. Grimmaischen Tor.

Zwischen 1731 und 1742 haben fünf Töchter des Hauses Bose bei Bach-Kindern Pate gestanden, so Christiana Sibylla zweimal, darunter bei Johann Christian Bach (dem jüngsten und selbständigsten der berühmten vier Söhne), und gleich zwei Schwestern bei Bachs letztem Kind Regina Susanna (1742). Eine dieser Bosetöchter, Anna Regina, heiratete den Advokaten Graff, der später Rechtsbeistand der Bach-Witwe sein wird. Bei dieser Trauung erklang die beim Thomaskantor bestellte Kantate *O holder Tag, erwünschte Zeit.* – Christiana Sibylla Bose wurde 1744 die Frau des Kaufmannes Johann Zacharias Richter, der auf diese Weise in den Besitz des Bosehauses gelangte. Dort brachte er bald darauf sein berühmtes »Malerey-Cabinett« unter, das später Oesers Zeichenschüler, der Jurastudent Johann Wolfgang Goethe, häufig aufsucht. Dieser Johann Zacharias Richter hatte einen Bruder, Johann Christoph, der ebenfalls Kaufmann war; beide waren sie Eigentümer einer renommierten »Naturalien- und Kunstsammlung«.

Wenn von Parks reicher Kaufleute die Rede ist, muß auch der berühmteste erwähnt werden. Er gehörte Andreas Dietrich Apel (gest. 1718). Er hatte 1700 ein stattliches Gartengelände vor dem Thomaspförtchen erworben und es zu einem typisch französischen Park ausgebaut, der wie die Boseschen Gärten öffentlich aufgesucht werden konnte. In diesen »Apelschen Garten« blickte Bach, wenn er komponierte. 1705 ließ der erfolgreiche Handelsmann dann an der Südfront des Marktes ein mehrstöckiges Haus mit prächtiger Fassade errichten, das schon bald zum Quartier für die königlichen Gäste aus Dresden wurde. Vom Balkon dieses Gebäudes nahmen die Majestäten die Huldigungen der Leipziger und die Festmusiken Bachs entgegen.

Die Umstellungen des Antrittsjahres sind bewältigt, die Familie Bach hat sich eingelebt. Und es gibt Zuwachs. Als ersten Sohn bringt Anna Magdalena 1724 Gottfried Heinrich zur Welt, in dessen Begabung der Vater höchste Hoffnungen setzt. Doch dieser Sohn wird schwachsinnig. Als Pflegefall lebt er bis 1763. Zwei Jahre nach ihm wird Elisabeth Juliana Friederica geboren, Bachs Lieblingstochter »Liesgen«, die noch zu seinen Lebzeiten Schüler Altnickol heiraten wird. Zwei Söhne und drei Töchter erreichen nicht das fünfte Lebensjahr.

Eine Orgelprüfung führt Bach in seine thüringische Heimat, nach Gera, eine zweite findet in Störmthal statt, einem Dorf südöstlich der Messestadt. Der Bau einer Orgel war damals ein gesellschaftliches Ereignis, das festlich begangen wurde. So wundert es nicht, daß Bach für die Einweihung des Werkes eigens eine Kantate schreibt – *Höchsterwünschtes Freudenfest*. Man hat die Orgel mit größter Behutsamkeit restauriert, so daß sie heute noch in ihrer damaligen Anlage gespielt werden kann.

Wenn wir jetzt einen neuerlichen Konflikt um Bachs Person beschreiben, dann mit gutem Grund: Zumindest bis 1737 löst eine

Auseinandersetzung die andere ab, kommt es immer wieder zu Verstimmungen und Streitereien.

Wie zuvor mit der Universität, legt sich Bach jetzt mit dem Konsistorium an, der geistlichen Oberbehörde der Thomaskirche. Und in diesem Fall ist das Recht nicht auf seiner Seite.

Der Anlaß war wieder einmal geringfügig. Es gehörte zu den Aufgaben des Kantors, die Gemeindelieder für den Gottesdienst auszuwählen. Viel Spielraum hatte er ohnehin nicht, denn die Choräle waren zum Teil fest den jeweiligen Bibellesungen zugeordnet und auf das allgemein verwendete »Dresdener Gesangbuch« begrenzt. Aus unbekanntem Grund bat der Subdiakon an St. Nikolai, ein Magister Gaudlitz, um Erlaubnis, seine Lieder selbst aussuchen zu dürfen, was ihm Kantor und Konsistorium auch zugestanden. Ohne sich mit dem Subdiakon abzusprechen, macht Bach nach einem Jahr plötzlich wieder Gebrauch von seinem alten Recht und setzt die Lieder selbst an, worauf sich Gaudlitz beim Konsistorium beschwert.

Statt einzulenken oder sich wenigstens zu erklären, ruft Bach den Rat der Stadt gegen Gaudlitz und das ihn unterstützende Konsistorium an und stiftet damit genug Unruhe, um seinen Ruf als schwieriger Mitarbeiter endgültig zu festigen.

Ironie des Schicksals: Der Hauptanlaß, aus Köthen wegzugehen, die »Amusa« an der Seite des Fürsten Leopold, war gestorben, kurz nachdem der Rat die Wahl Bachs zum Thomaskantor bestätigt hatte. Jetzt wäre es ohne weiteres möglich gewesen, wieder nach Köthen zurückzugehen, zumal der Fürst noch nicht einmal seine Entlassungsurkunde diktiert hatte. Und es kommt noch besser: In zweiter Ehe heiratet der Fürst eine leidenschaftliche Musikliebhaberin! Aber Bach hat schon in Leipzig zuviel investiert. Jedoch hält er mit Köthen und seinem verehrten Freund beste Kontakte, fährt häufig hinüber und leitet die Aufführung etlicher Festmusiken und Kantaten.

Leopolds zweite Frau, die sehr kunstsinnige Prinzessin Charlotta Friderika Amalia von Nassau, bringt im September 1726 einen Stammhalter zur Welt. Diesem Erbprinzen Emanuel Ludwig widmet Bach im Gedenken an seine harmonische Köthener Zeit die 1. seiner *6 Partiten*. Gleichzeitig ist dies sein erstes Werk, das er drucken läßt (wenn man von zwei *Ratswahlkantaten* für Mühlhausen absieht). Mit ihm beginnt die Serie der vier Teile seiner *Clavierübung*. Und stolz setzt er auf das Titelblatt: »*Opus 1*«.

Die *Partita Nr. 1* wird durch ein Huldigungsgedicht eingeleitet. Falls Bach der Verfasser ist, würde der humorige Grundton gut zu seinem unverwüstlichen Optimismus passen, der ihn auch während der schwierigen Leipziger Anlaufzeit nicht verlassen haben wird: »Durchlauchtigst zarter Prinz, den zwar die Windeln decken...«

Gegen Jahresende hat die junge Mutter ihren 24. Geburtstag. Bach ist mit der Kantate *Steigt freudig in die Luft* zur Stelle, und es spricht alles dafür, daß er auf diese Reise in das vertraute Köthen, wo sich beide kennengelernt hatten, auch Anna Magdalena mitnahm. Vielleicht hat sie sogar die Sopranpartie gesungen. Bach lag diese Partitur besonders am Herzen; in mehreren geistlichen Kantaten hat er sie wiederverwendet, vor allem in der Adventskantate *Schwingt freudig euch empor* (1731). Wie mühelos für ihn der Übergang von weltlicher zu geistlicher Musik war, zeigt sich, wenn man die Eingangsstrophen des Chores vergleicht:

Steigt freudig in die Luft Zu den erhabnen Höhen, Ihr Wünsche, die ihr jetzt In unsren Herzen wallt.	Schwingt freudig euch empor Zu den erhabnen Sternen, Ihr Zungen, die ihr jetzt In Zion fröhlich seid.

Im März 1729 ruft ihn ein trauriger Anlaß erneut nach Köthen. Fürst Leopold ist gestorben. Das einzige Mal in seinem Schaffen benutzt Bach geistliche Musik für den klingenden Nachruf auf seinen geliebten Fürsten: Er greift auf die *Matthäuspassion* zurück, die fast schon vollständig vorlag und am 15. April in Leipzig uraufgeführt werden wird. Was auf den ersten Blick schockieren könnte – denn *diese* Richtung war der Parodie untersagt –, findet seine Rechtfertigung im tiefen Gefühl der Trauer, im Bild des Todes.

Mit Leopold hat Bach nicht nur einen Freund und Gönner verloren, sondern auch einen Titel, der ihm als Rückenstärkung bei bisherigen und künftigen Querelen mit den Leipziger Bürgern lebensnotwendig erscheint. Als Nachfolge für Köthen bietet sich Weißenfels an, wo er zwischen 1713 und 1729 zwei- oder dreimal zum Geburtstag des Herzogs Christian mit entsprechenden Musiken zu Gast gewesen war. Der Herzog von Sachsen-Weißenfels ist das blanke Gegenteil von Fürst Leopold: despotisch und verschwenderisch. Seine Finanzwirtschaft ist so zerrüttet, daß der Kaiser eine Kommission zu ihrer Ordnung einberufen mußte! Aber Christian liebt die Jagd, und dieser Leidenschaft verdanken wir die Entstehung von Bachs Kantate *Was mir behagt*.

Wie Bach sich den Titel eines »Hochfürstlich Sachsen-Weißenfelsischen Capellmeisters« beschafft hat, wissen wir nicht, es existieren keine Dokumente. Nur aus Bachs Unterschriften geht hervor, daß er diesen Titel spätestens ab 1729 und mindestens bis 1735 führen durfte. Man muß bewundern, mit welcher Umsicht und Zielstrebigkeit er sich gegen äußere Bedrängnis absicherte. Nahtlos wird sich nach dem Tod des Weißenfelser Herzogs der Titel eines königlich-polnischen und ursächsischen Hofkomponisten anschließen.

Aber noch sind wir im Jahre 1729. Auch unter den Leipziger Musikern hat sich herumgesprochen, daß Händel in Halle eingetroffen ist, um seine alte Mutter zu besuchen. Bach bedauert, daß er gerade – was bei seiner robusten Gesundheit höchst selten vorkam – das Bett hüten muß. So schickt er Friedemann und läßt Händel aufs höflichste nach Leipzig einladen.

Bach will lernen. Das ist seit der Kindheit ein Grundzug seines Wesens. Er kennt keinen falschen Stolz; kann einer was, dann geht er auf ihn zu und bittet, profitieren zu dürfen. Ebenso bereitwillig gibt auch er anderen Rat und Hilfestellung. Er mißt mit zweierlei Maßstäben: Gegen sich und seine Söhne ist er streng, fremden Komponisten gegenüber jedoch von staunenswerter Nachsicht. Zu Studienzwecken kopiert er sogar Drittrangiges; so galt lange Zeit die schwache *Lukaspassion* als ein Bachsches Frühwerk, denn wie konnte man annehmen, daß er viel schwächere Musik abschreibt, als er selbst komponiert?

Händel schätzt er hoch, Abschriften besitzt er u. a. von dessen Passion nach Brockes und einem Concerto grosso. Ein Händelsches Thema verwendet er in der späten Leipziger Zeit sogar gleich zweimal: in den *Goldbergvariationen* und in dem berühmten *Rätselkanon* auf dem Bildnis für die Mizler-Gesellschaft drei Jahre vor seinem Tod.

Es ist begreiflich, daß Bach diesen großen Kollegen, der im selben Jahr wie er selbst geboren wurde und ebenfalls Sachse war, endlich persönlich kennenlernen und vor allem *hören* will. Schon vor zehn

Jahren, noch von Köthen aus, hatte er versucht, Händel in Halle zu treffen. Aber der Gesuchte war gerade abgereist.

Bach ist nicht der einzige, der ein Treffen wünscht. Allgemein verspricht man sich in der Musikwelt eine unerhörte Sensation von einem musikalischen Wettstreit zwischen diesen beiden Giganten. Händel bedauert jedoch, nicht nach Leipzig kommen zu können. Eine dritte Möglichkeit gibt es nicht mehr. Als der Hofkapellmeister des englischen Königs ein weiteres Mal in die Saalestadt kommt, ist Bach schon tot.

Es bleibe dahingestellt, ob Händel dieser Begegnung ausgewichen ist, weil er einen Vergleich entweder mit Bachs atemberaubender Virtuosität als Orgelspieler oder mit der dichten kontrapunktischen Arbeit des Komponisten scheute. Oder ob er einem solchen Treffen keine Bedeutung beigemessen hat, da er von Bachs Werken fast oder überhaupt nichts gekannt haben wird.

Gelegentlich begegnet man der Auffassung, es seien beider Lebenswege durchaus vertauschbar gewesen, und zwar ab Hamburg, wo beide ja in ihrer Jugend gewesen waren, beide in den Kirchen und an der Deutschen Oper die neuen Klänge aufgenommen hatten. Wäre Händel zurück in die Enge mitteldeutscher Verhältnisse gegangen und Bach hinaus in die Fremde – nach Italien und nach England –, so hätte eben Händel zur weiteren Verdichtung seiner Schreibweise tendiert und der andere hätte Luft, Licht und Weite in seine Musik hereingeholt.

Das Jahr 1730 ist ein Krisenjahr. Bach hat in den ersten Leipziger Jahren Ungeheures geleistet. Fünf Jahrgänge Kantaten, die beiden *Passionen*, mehrere großangelegte weltliche Kantaten. Im Vorjahr übernahm er die Leitung des von Telemann gegründeten Collegium musicum. Und er hat sich viel gestritten, was Zeit und Nerven kostet. Wen wundert es, wenn er sich um die Randverpflichtungen seines Dienstvertrages nicht oder nur lässig kümmert? Den Lateinunterricht hatte er von Anfang an gegen Bezahlung abgegeben. *Wie* er gehalten wurde, wußte er nicht. Auch die stundenlangen Proben mit den nur mittelmäßigen Sängern *mußte* er ganz einfach einem Präfekten überlassen, damit er überhaupt noch in sein Komponierstübchen kam.

Beides wird jetzt im Rat erörtert, als man einen Nachfolger für den verstorbenen Rektor der Thomasschule, Ernesti, sucht. Es fällt die bezeichnende Bemerkung, man möge mit dieser Wahl besser verfahren als seinerzeit bei dem Kantor. Und es werden plötzlich Beschwerden laut über den unbequemen, stolzen Mann mit den Allüren eines Kapellmeisters: »Es thue der Cantor nicht allein nichts, sondern wolle sich auch diesfals nicht erklären, halte die Singstunden nicht, es kämen auch andere Beschwerden dazu, Änderung würde nöthig seyn, es müßte doch einmahl brechen«, und »er bezeige schlechte Lust zur Arbeit«. Und überhaupt sei er »incorigibel«.

Bach weiß von diesen Äußerungen nichts, auch nichts von dem miserablen Lateinunterricht seines Stellvertreters, den der Rat inzwischen durch einen Geeigneteren ersetzt hatte. Was Bach aber zu spüren bekommt, ist die Verknappung seiner Zuwendungen aus den verschiedenen, nicht fest geregelten Legaten und Stiftungen. Und die konnten beträchtlich sein. Auch den Studenten seines Collegiums bewilligt man nicht mehr die früher gezahlten Vergütungen.

Bach entschließt sich zu einer geharnischten Denkschrift: »Kurtzer, jedoch höchstnöthiger Entwurff einer wohlbestallten Kirchen Music; nebst einigen unvorgreiflichen Bedencken von dem Verfall derselben.«

Daß die ehrerbietige Schlußfloskel total fehlte, zeigt, wie geharnischt es zuging. Bach beschreibt die gegenwärtigen Zustände im Thomanerchor und geizt nicht mit bissigen Anspielungen.

Die Gesamtzahl der Thomaner sei 55, davon sollten wenigstens 36 etwas von Musik verstehen, denn »in denen 3 Kirchen, als zu S. Thomae, S. Nicolai und der Neuen Kirche müßten die Schüler alle musikalisch seyn. In die Peters-Kirche kömmt der Ausschuß, nemlich die, so keine Musik verstehen, sondern nur nothdürfftig einen Choral (einstimmig!) singen können«. Für seine Instrumentalmusik fordert er 18 statt der vorhandenen 8 Spieler, die ohnehin »theils emeriti, theils auch in keinem solchen exercitio sind, wie es wohl seyn sollte«. Es sei »etwas Wunderliches«, von solchen Sängern und Musikern unter den gegebenen dürftigen Umständen dieselbe künstlerische Leistung zu erwarten wie von Virtuosen, »welche es lange vorhero studiret, ja fast auswendig können, überdem auch... in schwerem Solde stehen, deren Müh und Fleiß mithin reichlich belohnet wird«. Wenn der Rat noch Fragen habe, könne er »nach Dreßden gehen, und sehen, wie daselbst von Königlicher Majestät die Musici salairret werden«; und er überläßt es den Herren, »ob bey so bewandten Umbständen die Music könne fernerhin bestehen, oder ob deren mehrerer Verfall zu besorgen sey...«

Das reicht. Der Rat fühlt sich verhöhnt durch den Verweis auf Dresden und herausgefordert durch den Hinweis auf den König. Die erbetenen oder besser: geforderten Unterstützungen bleiben auch weiterhin aus, dafür erhöht man das Gehalt für den einstigen Präfekten Gerlach, den Bach an die Neue Kirche empfohlen hatte.

Nun ist es endgültig genug für den seit sieben Jahren sich abmühenden Musikdirektor und Thomaskantor. Er will wieder weg, weiterziehen. Aber er weiß selbst, daß er nicht wieder auf eine sächsische Minimetropole ausweichen kann. Er tut etwas völlig Unerwartetes und für seine Bodenständigkeit Überraschendes: Er wendet sich nach Danzig, wo sein Jugendfreund aus Ohrdruf und Lüneburg inzwischen Karriere gemacht hat und zum kaiserlich-russischen Hofrat in diplomatischer Mission aufgestiegen ist. Das erklärt den zwischen Freunden ungewöhnlich steifen Ton des Schreibens. Dieser sogenannte »Erdmann-Brief« gehört zu den wenigen Dokumenten, in denen Bach auch Privates mitteilt. Indirekt gesteht er ein, Leipzig sei eine Fehlentscheidung gewesen. Denn inzwischen finde er, »daß dieser Dienst bey weitem nicht so erklecklich als man mir Ihn beschrieben, (2) viele accidentia dieser station entgangen, (3) ein sehr theürer Orth u. (4) eine wunderliche und der Music wenig ergebene Obrigkeit ist«. Er müsse deshalb »fast in stetem Verdruß, Neid und Verfolgung leben« und »werde genöthiget werden, mit des Höchsten Beystand meine Fortun anderweitig zu suchen«. Und er geht ganz konkret auf sein Ziel los: »Solten Eu: Hochwohlgebohren vor einen alten treüen Diener dasigen Orthes eine convenable station wißen oder finden, so ersuche gantz gehorsamst vor mich eine hochgeneigte recommendation einzulegen; an mir soll es nicht manquiren...«

Johann Sebastian Bach wäre also auf dem Höhepunkt seines Schaffens, mit 45 Jahren, bereit gewesen, alle Brücken abzubrechen und fern seiner Heimat neu anzufangen. Ein Glück, daß Erdmann nichts anzubieten wußte. Er hat nicht einmal geantwortet.

Ganz so hoffnungslos ist die Situation für Bach eigentlich gar nicht. Schon im September hatte der Rat den neuen Rektor der Thomasschule berufen, und der ist kein anderer als Bachs Bewunderer und Freund aus Weimar, Johann Matthias Gesner. Der Altphilologe hat zwar Höheres im Sinn als die Leitung einer Schule: Er erstrebt einen Lehrstuhl an der Universität. Dennoch kümmert er sich tatkräftig um seine Verpflichtungen. Als erstes verbessert er Bachs Arbeitsbedingungen. Ihm werden Lateinunterricht und Aufsicht erlassen, dafür wird die Stundenzahl für Musik erhöht. Der Kantor erhält seine Anteile für Gelegenheitsmusiken wieder ungekürzt.

Auch die erbärmlichen Wohn- und Arbeitsbedingungen in der Schule nimmt Gesner sich vor. Er läßt das ganze Gebäude von Grund auf sanieren und um zwei Stockwerke erweitern. Vorübergehend muß die Bachfamilie ausziehen und findet in der Hainstraße bei Freunden ein »Exil« für zehn Monate.

Die Einweihung der neuen Schule 1732 wird ein Ereignis für ganz Leipzig, für das der Rat bei Bach einer Festkantate bestellt.

Die Passionsmusiken

Bach hat vier Passionsmusiken geschrieben, zwei von ihnen sind erhalten. In gewissem Zusammenhang mit ihnen steht die *Trauerode, BWV 198*, für die Gemahlin Augusts des Starken. An Gottscheds Text, der formal untadelig, aber ohne Engagement ausfiel, überrascht auf den ersten Blick, daß von einem trauernden Gatten keine Rede ist. Doch das ganze Land wußte Bescheid – der Übertritt des Fürsten zum Katholizismus war keineswegs die einzige oder schmerzlichste Kränkung, die er seiner Frau zu Lebzeiten zugefügt hatte. Die Musik wäre – wie bei Kantaten für dynastische Anlässe zwangsläufig – mit dem Anlaß zugleich in Vergessenheit geraten, gäbe es nicht das Parodieverfahren. Bach konnte gleich zwei weitere Werke mit ihr ausstatten: die *Trauermusik* für Fürst Leopold und die *Markuspassion*. Bei der *Trauermusik* bat er Picander auf bereits abgeschlossene Nummern der Passion neue Texte zu schreiben, stellte so acht Arien zusammen und gab ihnen zwei Chöre als Rahmen bei – den Eingangschor der *Trauerode* und den Schlußchor der *Matthäuspassion*. Fünf Sätze verwendete er bei der Komposition einer *Markuspassion* (Text ebenfalls Picander), die aber ansonsten verlorengegangen ist. Ende des 19. Jahrhunderts legte dann der Thomaskantor Wilhelm Rust der kompletten *Trauerode* einen neuen Text für Allerseelen unter und machte sie so für den allgemeinen Gebrauch nutzbar.

Die Texte zur *Matthäuspassion* stammen von Brockes und Picander (Arien, die teilweise noch auf Ideen von Salomon Franck aus Weimar zurückgreifen), das übrige sind Bibelworte und Choralstrophen aus dem Gemeindegebrauch. Die größte Leistung am Textbuch der *Matthäuspassion* ist die Auswahl der passenden Choralstrophen. Hier zeigt Bach ein regelrechtes literarisches Fingerspitzengefühl. Da er selbst tatkräftig mitschrieb, hatte er auch einen positiven Einfluß auf Picander und konnte ihn so zum Besten anregen, was dieser je für ihn geschrieben hat.

Die Uraufführung fand Karfreitag, 15. April 1729, in der Thomaskirche statt. Es scheint, als habe dieses gewaltige Werk die Leipziger damals kaum beeindruckt; jedenfalls war nirgends die Rede davon, wohl aber von der gleichzeitig in der Neukirche aufgeführten Passionsmusik eines Bewerbers um das dortige Kantorat, nachdem »der brave Schott« nach Gotha gegangen war.

Lange Zeit hatte man geglaubt, von Bach gebe es eine *Lukaspassion*, denn es existiert ein entsprechendes Autograph. Doch heute weiß man, daß es sich um Bachs Abschrift eines Fremdwerkes handelt. Seine erste Passionsmusik ist die nach *Johannes*.

Die jüngste Bachforschung verlegt die Entstehung erster Teile noch in die Weimarer Zeit, als Bach durch Händels gleichnamige Passion nach Brockes angeregt wurde. Ein weiterer Teil folgte dann in Köthen, so daß der eben berufene Thomaskantor kurz vor der Uraufführung am 7. April 1724 nur noch einen Rest zu komponieren brauchte. Die *Johannespassion* erlebte ihre Uraufführung übrigens in der Nikolaikirche, da diese 1724 mit Passionsmusik an der Reihe war. Bach hat an der Partitur ständig weitergearbeitet und -gebessert (schon das wäre ein Anzeichen für ihre gestaffelte, noch in die Frühzeit zurückreichende Entstehung). So tauschte er den ursprünglichen Eingangschor »O Mensch, bewein dein Sünde groß« gegen den neu komponierten, großartigen »Herr! Herr! Herr!...« aus und übernahm jenen in die *Matthäuspassion*.

Die Texte sind bis auf kurze Einblenden aus dem Matthäusevangelium dem Bericht des Johannes entnommen, hinzu kommen Choräle und freie Texte, deren Verfasser nicht bekannt ist. Am Aufbau der *Johannespassion* verwundert die Wiederkehr bestimmter

Chöre – drei Chöre tauchen je zweimal mit neuem Text auf, einer sogar dreimal! Diese Wiederholungen vermitteln den Eindruck einer beschwörenden Einheit, einer Front von Feindseligkeit bei den Massenchören, die mitunter eine dämonische Wirkung haben. Im Gegensatz zu dem menschlich gezeichneten Christus der *Matthäuspassion* ist diese Partie bei Johannes entrückt, hoheitsvoll.

Bachs Passionen haben sogar Atheisten erreicht. Bekannt sind die Äußerungen von Karl Liebknecht und Friedrich Nietzsche. Liebknecht schrieb 1917 aus dem Zuchthaus Luckau: »Ihr sollt die *Matthäuspassion* hören – in klassischer Aufführung! Das wundervollste Werk auf dem Gebiet des Oratoriums ... Durchblickt man das Zaubergewebe, ist man ganz berauscht von Seligkeit.«

Und Nietzsche bekannte 1870: »In dieser Woche habe ich dreimal die *Matthäuspassion* des göttlichen Bach gehört, jedesmal mit demselben Gefühl der unermeßlichen Verwunderung. Wer das Christentum völlig verlernt hat, der hört es hier wirklich wie ein Evangelium.«

10 Leipzig 1731–1736

Ein angenehmer Bach kann zwar das Ohr
ergötzen,
Wenn er in Sträuchern hin, durch hohe Felsen
läuft,
Allein *den* Bach muß man gewiß viel höher
schätzen,
Der mit so hurtger Hand gantz wunderbarlich
greifft.
Man sagt, daß wenn Orpheus die Laute sanft
geschlagen,
Hab' alle Thiere er in Wäldern zu sich bracht,
Gewiß, man muß dies mehr von unserm Bache
sagen,
Weil er, sobald er spielt, ja alles staunen macht.
*(Micrander nach Bachs Orgelkonzert in Dresden
am 14. Sept. 1731)*

Die Familie vergrößert sich: 1732 kommt Johann Christoph Friedrich zur Welt, der als »Bückeburger« Bach berühmt wird, und 1735 Johann Christian, der spätere »Mailänder« oder »Londoner« Bach. Wieder sterben drei weitere Kinder im frühen Alter.

Seine beiden ältesten Söhne aus erster Ehe läßt Bach Jura studieren, wie er das übrigens auch von Händel wußte. Und wie dieser sollten auch seine Söhne durch dieses Studium nur besser ihren Mann als tüchtige Musiker stehen können. Bach hätte dieses Rüstzeug selbst oft genug gut gebraucht.

Friedemann wird der Prototyp des genialischen Künstlers, der im Konflikt mit seiner Zeit und seiner Umgebung schafft und an ihm zerbricht. Nach dreijährigem Studium und Vermittlung durch den Vater bewirbt er sich 1733 um die Organistenstelle an der Sophienkirche zu Dresden und geht aus dem Probespiel als einsamer Sieger hervor. In dieser Zeit sind sein unsteter Charakter und sein Drang zu Spontaneität, ja chaotischer Unabhängigkeit und Verantwortungslosigkeit noch nicht ausgeprägt. Er bleibt 13 Jahre in Dresden, wechselt dann aber aus ungeklärten Gründen nach Halle über, wo er an der Marienkirche als Organist wirkt (hier war einer seiner Vorgänger Händels Lehrer Zachow gewesen).

Über Friedemann Bach sind mehr Gerüchte in Umlauf gesetzt worden, als überhaupt nötig wären, um sich die oben geschilderten Charakterzüge vorstellen zu können. Die Tatsachen sind hart genug. Friedemann gibt Werke seines Vaters für die eigenen aus, um sich Arbeit zu ersparen (an Talent fehlte es keineswegs). Dabei verstößt er sogar gegen das ungeschriebene Gesetz des Parodieverfahrens und stiehlt in der verbotenen Richtung: Er nimmt Teile der Passionsmusiken seines Vaters, legt einen weltlichen Text unter und bietet das Machwerk der Hallenser Universität als Abendmusik an. Ein Leipziger Kantor ist bei der Aufführung dabei und erkennt die Musik wieder. Es gibt einen Skandal, und Friedemann bekommt das vereinbarte Honorar nicht ausgezahlt.

14 Jahre nach dem Tod des Vaters kündigt er seine Stelle – wieder ohne erkennbaren Grund –, trennt sich von Frau und Tochter und taucht unter, wie man heute sagen würde. In der ersten Hälfte der 70er Jahre ist er in Braunschweig gesehen worden; später geht er nach Berlin, wo er Privatstunden gibt, unter anderem der Großmutter von Felix Mendelssohn Bartholdy. Ein Zeitgenosse schrieb über seine verwilderten Sitten: »Freunde der Kunst und des Bachschen Namens haben ihn mehr als einmal im eigentlichen Verstande vom Mist genommen, anständig untergebracht und mit den Notwendigkeiten des Lebens versorgt. Nie aber gelang es ihnen, ihn in einem dauernden Zustand von Ordnung zu erhalten. Sein Eigensinn, sein Hochmut von der gemeinsten Art und sein großer Hang zum Trunke ließen ihn immer wieder ins Elend zurückfallen.«

Friedemann starb mit 74 Jahren.

Emanuel war zwar nicht der Lieblingssohn Bachs (das blieb Friedemann), aber der erfolgreichste und dabei noch ein stetiger Handwerker. Bei ihm war die Sparsamkeit oder besser: die haushälterische Ader des Vaters zum Geiz umgeschlagen, ebenso wie bei Friedemann der Freiheitsdrang des Vaters zur Zügellosigkeit verkam. Emanuel studiert in Leipzig ab 1731 und ab 1734 in Frankfurt/Oder, wo er vier Jahre bleibt und ein Collegium musicum ins Leben ruft. 1738 holt ihn der damalige Kronprinz von Preußen als Kammercembalist nach Schloß Rheinsberg und behält ihn bei Hofe, als er seinem Vater auf den Thron folgt. Stolz vermerkt Emanuel, er habe die Ehre gehabt, »das erste Flötensolo, was Friedrich als König gespielt, in Charlottenburg mit dem Flügel ganz allein zu begleiten«.

In Berlin lernt er die Tochter eines vermögenden Weinhändlers kennen und hat bald zwei Stammhalter. »Mein Sohn in Berlin hat nun schon zwei männliche Erben; der erste ist ohngefehr um die Zeit geboren, da wir leider! die Preußische Invasion hatten; der andere ist etwa vierzehn Tage alt«, lesen wir in einem Brief, den Bach 1748 an Vetter Elias, seinen einstigen Sekretär, schrieb. Diese Enkel haben dem alten Bach noch zuletzt viel Freude bereitet.

Bei Friedrich II. bleibt Emanuel 27 Jahre. Als Künstler ist er freilich zu eigenwillig, um mit dem König zu einem ähnlich herzlichen Verhältnis zu gelangen wie dessen Flötenlehrer Quantz. 1767 stirbt Georg Philipp Telemann, langjähriger hamburgischer Musikdirektor. Nachfolger wird sein Patenkind Carl Philipp Emanuel Bach, der hiermit wie einst der Vater von einem absolutistischen Hof an ein führendes bürgerliches Musikzentrum Deutschlands wechselt.

Für die Musikgeschichte ist Emanuel Bach in dreifacher Hinsicht wichtig: als Träger des modischen »empfindsamen Stils«, als Schöpfer der Klaviersonate und als Verfasser eines für lange Zeit gültigen Lehrbuches: »Versuch über die wahre Art, das Clavier zu spielen« (1753 und 1762), in seiner Bedeutung vergleichbar den Werken von Joachim Quantz (Flötenschule 1752) und Leopold Mozart (Violinschule 1756).

Sein Hamburger Haus wurde von allen durchreisenden Künstlern aufgesucht, so von dem Musikschriftsteller und Musikreisenden Charles Burney. Befreundet war Emanuel mit Klopstock, der dann auch für sein Grabmal in der Michaeliskirche die Inschrift dichtete. Wenn man damals den Namen Bach aussprach, meinte man gewöhnlich nicht Johann Sebastian, sondern Carl Philipp Emanuel.

Sein jüngster Sohn, Johann Sebastian d. J., schlägt zur Überraschung der Familie eine andere Richtung ein. Er studiert bei Goethes Zeichenlehrer Oeser, wird Maler und stirbt noch nicht 26jährig in Rom.

Der dritte begabte Sohn aus erster Ehe, Gottfried Bernhard, ist ein dunkler Punkt in der Familiengeschichte des Thomaskantors. Während der Vater den beiden älteren Brüdern das Universitätsstudium nahelegt, bestimmt er ihn von vornherein für die musikalische Berufslaufbahn. 1735 bewirbt sich Gottfried Bernhard erfolgreich um den Organistenposten an St. Marien zu Mühlhausen. Sein überragendes Orgelspiel macht dem Namen Bach alle Ehre. Doch er wird den Mühlhausenern als Kirchenmusiker genauso viele Probleme machen wie einst sein Vater den Arnstädtern. Es zeigt sich bald, daß Bernhard weder sich einzufügen noch zu wirtschaften versteht. Schon nach zwei Jahren erreicht Sebastian die Nachricht, daß der Sohn unter Hinterlassung erheblicher Schulden verschwunden sei.

Der Vater begleicht die Wechsel und verschafft dem »leider mißrathenen« Sohn eine neue Anstellung, denn immerhin ist der ein ausgezeichneter Organist. Er bringt ihn in Sangerhausen unter, wo er sich selbst für seine allererste Anstellung beworben hatte. Er glaubt, Bernhard würde nach dem Vorgefallenen seine Lebensweise ändern. Doch er muß »mit äußerster Bestürtzung abermahligst vernehmen, daß er wieder hie und da aufgeborget, seine LebensArth nicht im geringsten geändert, sondern sich gar absentiret und mir nicht den geringsten part seines Aufenthalts biß dato wißend gemacht. Was soll ich mehr sagen oder thun?«

Bernhards Verschwinden aus Sangerhausen ist besonders peinlich, weil Bach für Familienanschluß gesorgt hatte, um den offenbar haltlosen jungen Mann in geregelte Bahnen zu bringen. Nun muß er an den Quartiervater den sicher schwersten Brief seines Lebens schreiben: »Da keine Vermahnung, ja gar keine liebreiche Vorsorge und assistence mehr zureichen will, so muß mein Creütz in Gedult tragen, meinen ungerathenen Sohn aber lediglich Göttlicher Barmherzigkeit überlaßen, nicht zweifelnd, Dieselbe werde mein wehmütiges Flehen erhören, und endlich nach seinem heiligen Willen an selbigem arbeiten, daß er lerne erkennen, wie die Bekehrung einig und allein Göttlicher Güte zuzuschreiben.«

Dafür bleibt Bernhard keine Zeit mehr. Er taucht wenig später als Student an der Universität Jena auf, stirbt aber noch 1739. Es wird kein Zufall gewesen sein, daß sich Bernhard seinen Weg an die Universität erzwungen hatte. Ob der Vater diesen Zusammenhang gesehen hat?

Doch wir schreiben das Jahr 1731. Das Wirken Gesners an der Thomasschule leitet eine erfreuliche Phase in Bachs Leben ein. Endlich dringt sein Ruhm als Komponist auch über die Grenzen der Messestadt hinaus. Denn 1731 erscheint »In Verlegung des Autors« seine erste Sammlung populärer Clavierstücke – die *6 Partiten*, deren erste schon 1726 als Huldigung an den Köthener Prinzen gestochen worden war. Mit ihnen beginnt auch die Veröffentlichung von Bachs ungewöhnlichem »Vierteiler«, der *Clavierübung*, die erst Ende der 40er Jahre abgeschlossen sein wird. Der Titel gibt Auskunft über die Art der Stücke und ihre Zielgruppe und vermerkt stolz, daß es sich um einen Erstling handelt: »*Clavir Übung* bestehend in Praeludien, Alemanden, Couranten, Sarabanden, Giguen, Menuetten und andern Galanterien. Denen Liebhabern zur Gemüths-Ergoetzung verfertiget. *Opus 1.*« Die tanzgeprägten, virtuosen Stücke verbreiten sich sehr schnell und sind bald schon auch in Dresden bekannt. Die Anregung kam Bach wohl von Händel, der etwa zehn Jahre früher seine Klaviermusik ebenfalls in Sammlungen herausgegeben hatte.

1732 erhält Bach wieder einen Auftrag als Orgelprüfer. Es handelt sich um das Werk in der Martinskirche zu Kassel. Diesmal nimmt er seine Frau mit, man wohnt im Hotel »Stadt Stockholm«. Nach der Ankunft am 21. September untersucht Bach das Werk, und schon am nächsten Abend gibt er vor einem ausgewählten Publikum das Einweihungskonzert, bei dem er auch seine heute bekannteste Orgelschöpfung gespielt haben soll, die *Toccata und Fuge d-Moll*.

Unter den Zuhörern befindet sich der 12jährige Erbprinz Friedrich von Kassel, der von Bachs Spiel so überwältigt ist, daß er ihm seinen edelsteinbesetzten Ring schenkt.

Danach haben Johann Sebastian und Anna Magdalena endlich einmal eine Woche für sich ganz allein.

In diesen Zeitraum gehören zwei weltliche Kantaten von Rang. Der »Coffé« (so bei Bach) war seit etwa 1700 ein europäisches Ereignis. Ihm wurde – wohl wegen der ausgelassenen Stimmung in den Caféhäusern – demoralisierende Wirkung nachgesagt, zumal auf das weibliche Geschlecht. (Picander, Bachs Parodiespezialist, hatte diesen Zusammenhang schon 1727 in einer Novelle dargestellt: Der Franzosenkönig habe seinen Hauptstädtern den Kaffee verboten, woraufhin die Frauenzimmer der Hysterie anheim- und anschließend der Pest zum Opfer fielen. Bis der Monarch das Verbot zurückzog und ihnen den schwarzen Trunk wieder bewilligte.)

In Bachs *Schweiget stille, plaudert nicht* versucht ein besorgter Vater, beziehungsvoll Schlendrian genannt, seiner kaffeesüchtigen Tochter das neumodische Getränk zu untersagen. Aber was er ihr auch androht – sie will vom duftenden Türkentrank nicht lassen. Erst um den Preis eines Bräutigams ist sie zum Verzicht bereit. Den Mann will sie aber auch sofort haben! Kaum ist der zufriedene Vater abgegangen, läßt sie in der Stadt verbreiten:

»Kein Freier komm mir in das Haus,
er hab es mir denn selbst versprochen
und rück es auch der Ehestiftung ein,
daß mir erlaubet möge sein,
den Coffee, wenn ich will, zu kochen.«

Albert Schweitzer als Bachforscher bestaunt den leichten Zuschnitt der Musik dermaßen, daß er als Verfasser »eher Offenbach als den alten Thomaskantor« vermuten würde, und empfiehlt die szenische Aufführung der *Kaffeekantate* als Einakter.

Die zweite weltliche Kantate schreibt Bach für den Jahrestag der Wahl des sächsischen Kurfürsten zum polnischen König, den August III. am 5. Oktober 1734 in Leipzig mit einem Festakt begeht. Dafür hatte Bach die Musik zu liefern. Was er bereitwillig tat, denn die Aufführung einer solchen mit dem Dresdener Hof verknüpften Kantate war stets ein öffentliches Ereignis und brachte dem städtischen Musikdirektor weit mehr Ruhm (und Honorar) ein als sein Kirchendienst. Für *Preise dein Glücke, gesegnetes Sachsen* erhält er das stattliche Honorar von 40 Talern – nach unserem Bier- oder Stiefelkurs entspricht das 3600 DM. Und man bedenke, daß Bach in manchen Zeiten mehrere Kantaten pro Woche komponierte und außerdem von der Königswahl-Kantate gleich zwei Sätze an anderer, wichtiger Stelle (in der *Missa* und im *Weihnachtsoratorium*) weiterverwenden konnte. (Bei dem Titel ... *gesegnetes Sachsen* muß der jagdfreudige Weißenfelser Herzog erwähnt werden. Der hatte sich einmal beklagt, er bekäme in seinen Tafelmusiken zu oft das sich auf »Sonne« reimende Wort »Wonne« zu hören sowie die »Reime, so sich auf Sachsen, Wachsen, Achsen endigen«.)

Die Chronik schildert, wie es am 5. Oktober zu Leipzig zuging: »Gegen 9 Uhr Abends brachten Ihro Majestät die allhiesigen Studirenden ein allerunterthänigte Abend Music mit Trompeten und

Paucken, so Hr. Capell-Meister Joh. Sebastian Bach Cant. zu St. Thom., componiret. Wobey 600. Studenten lauter Wachs Fakkeln trugen und 4. Grafen als Marschälle die Music aufführeten.« Man zog durch die Ritterstraße, den Brühl, die Katharinenstraße (wo Bachs Collegium musicum seinen Saal hatte), über den Alten Markt bis zum Apelschen Haus, wo die Majestäten gewöhnlich logierten. Dabei berührte der Zug die Alte Waage und das Alte Rathaus. »Als die Music an der Waage angelanget, gingen auf derselben Trompeten und Paucken, wie den auch solches vom Rath Hause, durch ein Chor geschahe. Bey Übergabe des Carmens wurden die 4. Grafen zum HandKuß gelaßen, nachgehends sind Ihro Königliche Majestät, nebst Dero Königlichen Frau Gemahlin u. Königlichen Printzen, so lange die Music gedauret, nicht von Fenster weggegangen, sondern haben solche gnädigst angehöret, und Ihr. Majestät hertzlich wohlgefallen.«

Das für Bach Wichtigste steht zuletzt: das Wohlgefallen des Königs. Denn er wartete dringlich auf den Titel eines Hofcompositeurs. Mit dieser Aufführung war er seinem Ziel zumindest ein großes Stück nähergekommen.

Die spektakuläre Aufführung hatte einen Wermutstropfen: Laut der bereits zitierten Chronik wurde tags darauf der »Wohlerfahrene und Kunstreiche Musicus u. StadtPfeiffer Herr Gottfried Reiche... Senior der Mus: Stadt Compagnie alhier« auf dem Heimweg in dem Stadtpfeifergäßchen vom Schlag gerührt und konnte nur noch tot in sein Haus getragen werden. »Und dieses soll daher kommen seyn, weil er Tages vorhero bey der Königlichen Musique wegen des Blasens große strapazzen gehabt und auch der Fackel Rauch ihm sehr beschwerlich gewesen.« Bach hatte viel von Reiche gehalten und ihm etliche Trompetensoli »auf den Leib« geschrieben.

Mit seinen Stadtmusikern hätte Bach nur die bescheidensten Instrumentalparts seiner Kantaten realisieren können; unverzichtbar sind für repräsentative Aufführungen, für größer angelegte Kantaten, für Oratorien und Passionen die musizierfreudigen Studenten der Universität.

Als er um 1728 seine Kantatenproduktion einstellt – er hat beachtlich vorgearbeitet und nun die Hände für anderes frei –, beginnt ein Zeitraum, den er für seine Oratorien und Passionen sowie für die Herausgabe seiner *Clavierübung* nutzt, aber auch durch die intensive Arbeit mit dem Collegium musicum ausfüllt. Es war zuletzt von Bachs Schüler Schott geleitet worden, der, wie einst Telemann, zugleich Organist an der Neuen Kirche war. 1729 hat dann, so Bach, »der liebe Gott auch nunmehro vor den ehrlichen H. Schotten gesorget, u. Ihme das Gothaische Cantorat bescheret hat; derowegen Er kommende Woche valediciren, da ich sein Collegium zu übernehmen willens«. Also wird Bach der Nachfolger, obwohl von Rechts wegen der neue Kantor an der Neuen Kirche auch die Leitung des Collegiums übernehmen müßte. Als Nachfolger für den Organistenposten empfiehlt Bach seinen ehemaligen Schüler Gerlach, der ihn schon gelegentlich an St. Nikolai und Thomas vertreten hatte. Die Tatsache, daß Bach schon *vor* Gerlachs Berufung davon schreibt, daß er selbst die Leitung übernehmen werde, läßt sich nur so erklären, daß Bach mit Gerlach zuvor ein Abkommen getroffen hat – Bachs Empfehlung (die einer Berufung gleichkommt) gegen Gerlachs Verzicht auf das Collegium. Wäre sich Bach zu »fein« für diesen Schachzug gewesen, wäre manches seiner Großwerke unaufgeführt oder vielleicht ungeschrieben geblieben. Wenn es um den »Endzweck« ging, der nun in Leipzig wieder eine ordnungsgemäße Kirchenmusik war, wollte Bach nicht zimperlich sein.

Das Collegium tagte freitags von 20–22 Uhr in den Räumen des Caféhausbesitzers Gottfried Zimmermann. Sommers im Cafégarten auf dem Grimmaischen Steinweg und in der kalten Jahreszeit im Caféhaus auf der Katharinenstraße. Wahrscheinlich verfügte das Caféhaus über einen geräumigen Saalanbau, denn auch im Winter wurden relativ groß besetzte Musiken aufgeführt.

Anzunehmen ist, daß Bachs Texter Picander auch mitgespielt hat. Denn von ihm gibt es ein Gedicht, das beziehungsvoll den geselligen Aspekt der Zusammenkünfte andeutet.

Wer sich will auf das Freyen legen,
der hält, wie wir zuweilen pflegen,
ein musicalsch Collegium.
Wenn wir uns an das Pult verfügen
und sehen eine Stimme liegen,
So kehren wir sie fleißig rum,
wir sehen nach, ob schwer zu spielen;

so muß man auch erst insgemein
Dem Mädgen auf die Zähne fühlen,
wie sie gesetzt im Hertzen seyn.

Freilich hatte das nichts mit regulärem Caféhausbetrieb zu tun. Schon die späte Stunde stand dem entgegen. Noch bevor 1743 in Leipzig nach Pariser Vorbild das »Große Konzert« begründet wird, gab es mit den beiden Collegia musici schon Frühformen des bürgerlichen Konzertlebens. Und bei Mitwirkung auswärtiger Solisten wurde nachweislich Eintritt genommen. Lorenz Mizler, dessen gelehrter Gesellschaft der alte Bach 1747 beitreten wird, veröffentlichte 1739 in seiner »Neu eröffneten Musikalischen Bibliothek« die folgende Annonce:

»Die beyden öffentlichen Musikalischen Concerte, oder Zusammenkünfte, so hier wöchentlich gehalten werden, sind noch in beständigem Flor. Eines dirigirt der Hochfürstlich Weissenfelsische Capell-Meister und Musik-Direktor in der Thomas und Nikels-Kirchen allhier, Herr Johann Sebastian Bach, und wird ausser der Messe alle Wochen einmahl, auf dem Zimmermannischen Caffe-Hauß in der Cather-Strasse Freytags Abends von 8 biß 10 Uhr, in der Messe aber die Woche zweymahl, Dienstags und Freytags zu eben der Zeit gehalten. Das andere dirigirt Herr Johann Gottlieb Görner, Musik-Direcktor in der Pauliner Kirche, und Organist in der Thomas Kirche... Die Glieder, so diese Musikalischen Concerten ausmachen, bestehen mehrentheils aus den allhier Herrn Studirenden, und sind immer gute Musici unter ihnen, so daß öffters, wie bekandt, nach der Zeit berühmte Virtuosen aus ihnen erwachsen. Es ist jedem Musico vergönnet, sich in diesen Musikalischen Concerten öffentlich hören zu lassen, und sind auch mehrentheils solche Zuhörer vorhanden, die den Werth eines geschickten Musici zu beurtheilen wissen.«

Damit finden wir Görner in einer weiteren Parallelfunktion zu Bach. Ersichtlich wird aber auch, daß das musikalische Niveau der Studenten sehr hoch gewesen sein muß und daß auch ein kunstverständiges Publikum vorhanden war.

Bachs Arbeit mit dem Collegium musicum darf somit durchaus als Bestandteil seines Leipziger Berufsalltags gesehen werden und nicht als gelegentliche Randbeschäftigung, zumal er es insgesamt 12 oder sogar 15 Jahre mit Unterbrechungen geleitet hat. In den Pausen springt Gerlach ein.

Der Rektor der Thomasschule, Gesner, Bachs Helfer in der Not, ist enttäuscht: Seine Hoffnungen auf eine Professur an der Leipziger Universität haben sich nicht erfüllt. Als ein Ruf aus Göttingen kommt, zögert er nicht und nimmt an.

Für Bach ist das ein Schlag. Zwar sieht es anfangs so aus, als hätte er auch mit dem Nachfolger Glück. Johann August Ernesti (mit dem Vorgänger Gesners nicht verwandt) ist ein hochgebildeter Wissenschaftler und aufgeklärter Pädagoge. Zur Familie Bach stand er schon vor seinem Amtsantritt in freundschaftlicher Beziehung und war bei zwei Kindern sogar Pate, zuletzt 1735 bei Bachs Jüngstem Johann Christian. Das Problem lag darin, daß die beiden eine konträre Auffassung von Rang und Funktion der Musik hatten. Bach bezog sich noch auf die mittelalterliche Ästhetik, Ernesti war ein humanistischer Denker neuen Stils. Er hielt alles von den exakten Naturwissenschaften, aber nichts von der Musik, die er als reine Zeitverschwendung ansah. Das ließ er – ganz gegen seine sonstigen pädagogischen Prinzipien – auch die Schüler wissen. »Wollt Ihr auch Bierfiedler werden?« fragte er die künftigen Choristen.

Bach ist empört, denn in seinen Augen ist Musik das klingende Symbol für die göttliche Weltordnung und die Beschäftigung mit ihr eine den Wissenschaften gleichwertige Disziplin. Es bedarf nur eines Funkens, um den Konflikt offen ausbrechen zu lassen. Und der findet sich, wie immer in Leipzig, sehr bald.

Bachs Leitungsstil würde man heute als autoritär bezeichnen. Gegenüber Dummheit oder mangelndem Einsatz verliert er schnell die Fassung. So verwundert nicht, daß auch seine Präfekten drastisch mit den teilweise völlig ungeeigneten Sängern umspringen. Als es einmal Schläge setzt, kommt Ernesti hinzu, entläßt den betreffenden Präfekten sofort und gibt das Amt einem anderen, ohne vorher mit Bach zu sprechen. Der ist natürlich tief gekränkt, erstens wegen der Einmischung in seine Kompetenzen, zweitens, weil der Neue völlig ungeeignet ist. Während eines Gottesdienstes unterbricht Bach den Neuen und jagt ihn schimpfend von der Empore. Es gibt einen Aufruhr in ganz Leipzig. Ernesti glaubt es seiner Autorität schuldig zu sein, daß er jetzt hart bleibt. Er befiehlt den Thomanern, nur noch unter dem von ihm ernannten Präfekten zu singen. Ein peinliches Tauziehen beginnt. Der Rektor vergreift sich in den Mitteln und wirft Bach Bestechlichkeit vor: »... daß man sich auf seine testimonia (Zeugnisse) hierinne nicht alezeit verlaßen kann, und wohl eher ein alter Species Thaler einen Discantisten gemacht, der so wenig einer gewesen, als ich bin.«

Erstaunlicherweise halten sich Konsistorium und Rat in diesem Fall zurück. Man hofft, die beiden Streithähne würden sich abkühlen. Bach aber gibt nicht auf, sondern wendet sich an den Landesherrn, offenbar mit Erfolg, denn der Streit verstummt mit einem Male. Aber die Feindseligkeit bleibt und vergiftet nachhaltig die Atmosphäre.

Wie damals in Arnstadt, verrichtet Bach seine Aufgaben nunmehr »nach Vorschrift« und zieht sich in den Bereich der Instrumentalmusik zurück. Die zweite Schaffenshälfte der Leipziger Jahre ist sozusagen nach innen gerichtet.

In den 30er Jahren festigen sich Bachs Beziehungen zum sächsischen Hofe. Dort gibt es eine vorzüglich geleitete und zusammengesetzte Kapelle. Für einige Virtuosen hatte Bach sogar komponiert. So kennt und schätzt er den Lautenspieler Silvius Leopold Weiß und Johann Georg Pisendel, für den möglicherweise seine Werke für Violine solo bestimmt sind.

1731 hört er mit Friedemann im Hoftheater eine Oper seines Freundes Johann Adolf Hasse. Darauf spielt er später noch gelegentlich an und fragt seinen Ältesten: »Nu Friedel, wolln wir wieder mal nach Dresden fahren und die netten Liederchen hören?« Damals nutzte er den Besuch und gab auf der Silbermannorgel in der Sophienkirche ein vielbeachtetes Konzert. Der Kreis schließt sich zwei Jahre später, als es ihm gelingt, Friedemann an dieser Kirche als Organisten unterzubringen.

1733 gibt ihm der Rat der Stadt Leipzig anläßlich eines Besuches des noch nicht zum König gekrönten Nachfolgers Augusts des Starken den Auftrag, eine *Missa brevis* – eine evangelische Kurzmesse – mit den Sätzen *Kyrie* und *Gloria* zu schreiben. Allerdings hat sie der Kurfürst damals gar nicht hören können, denn die Messe wurde im Rahmen eines evangelischen Gottesdienstes aufgeführt. Dem blieb Seine katholische Majestät natürlich fern.

Aus Dresden rät man Bach, die Partitur weiterzuschreiben und in absehbarer Zeit als komplette Messe vorzulegen – vielleicht könnte man sie bei der Krönung des Kurfürsten zum König von Polen einsetzen.

Bach ist es recht, denn erstens kennt er keine konfessionellen Schranken und hätte am liebsten wieder die Una Sancta Ecclesia – die »eine, heilige Kirche« – gesehen, und zweitens hatte er noch immer nicht seine Ernennung zum »Hofcompositeur«. Aber vorerst schickt er nur die beiden Sätze *Kyrie* und *Gloria* zusammen mit einer Bittschrift an den sächsischen Hof, wobei er gegen Schikanen der Stadtverwaltung loszieht, die doch längst beigelegt sind. In der Widmung bittet er, der Landesherr möge seine »geringe Arbeit« annehmen und »dieselbe nicht nach der schlechten Composition sondern nach Dero Welt berühmten Clemenz mit gnädigsten Augen« ansehen...

Hätte er seinen Ratsherren nur einen Bruchteil dieser Unterwürfigkeit oder wenigstens Respekt entgegengebracht, wäre ihm mit Sicherheit vieles erspart geblieben.

1736 trifft das ersehnte Dekret ein – unterzeichnet vom Grafen Brühl. Mit der Ernennung zum Königlichen Hofkomponisten hat Bach den Höhepunkt seiner weltlichen Laufbahn erreicht und zugleich den Schlußstrich unter eine ermüdende Zeit voller Querelen gezogen. Die Leipziger Kleingeister haben endlich sein Format begriffen, aber Bach ist ihnen schon entschwunden – in die Bezirke einer Musik, die an keine konkreten Aufführungsbedingungen mehr gebunden ist.

h-Moll-Messe und Oratorien

Die *h-Moll-Messe* gehört zu den meistdiskutierten Werken Bachs: geschrieben für den katholischen Dresdener Hof von einem Mann, den Theologen als fünften Evangelisten bezeichnen und der verdient, der Luther der Musik genannt zu werden.

Doch ganz so unvereinbar, wie es scheint, ist der Sachverhalt nicht. Auch die lutherische Kirche jener Zeit kannte eine Messe (Luther selbst trug noch Meßgewänder). Die evangelische Messe hat nur zwei Sätze »Kyrie« und »Gloria« und wird darum als »Missa brevis« bezeichnet. Von diesen hat Bach insgsamt vier komponiert, davon die eine, die wichtigste, 1733 anläßlich der Abnahme des

Treue-Eides der Leipziger durch den sächsischen Kurfürsten. Doch jetzt wird die Sachlage unübersichtlich. 1724 war ohne erfindlichen Grund schon ein einzelnes »Sanctus« entstanden. Warum Bach dann kurz vor Lebensende die restlichen liturgischen Sätze schrieb, die für eine *Missa tota*, die »Große katholische Messe«, noch fehlten, ist nicht klar. Für den katholischen Gottesdienst konnte sie jedenfalls nicht verwendet werden, weil sie erstens vom Text des »Missale romanum« abwich und zweitens nicht die obligatorischen fünf Sätze einhielt. Außerdem fehlt jeder Auftrag für das Gesamtwerk. Und das erstaunlichste: Es existieren von der späten Fassung auch der früher komponierten Sätze keinerlei Orchester- oder Chorstimmen, sondern es gibt nur die sehr sauber geschriebene Originalpartitur. Bach kann also an eine Aufführung überhaupt nicht gedacht haben. Erst aus dem Kontext zu den anderen Spätwerken kommt eine mögliche Klärung: Ebenso wie bei der *Kunst der Fuge* und dem *Musikalischen Opfer*, die nicht im Hinblick auf eine konkrete Aufführung entstanden sind, sondern als eine Art Vermächtnis an die Nachwelt, dürfte es auch bei der *Messe* sein. Besonders gilt das wohl für das »Symbolum nicaenum«, das *Credo* – zugleich Bachs Glaubensbekenntnis und damit persönlichste Aussage.

Erklungen ist zu Bachs Lebzeiten mit Gewißheit nur das *Sanctus*.

Das Oratorium hat eine durchgehende biblische Handlung, die stilistisch einheitlich vertont wird. In den Jahren bis 1735 hat Bach für drei Werke die Bezeichnung »Oratorium« gewählt. Zum erstenmal war dieser Begriff bei ihm 1725 aufgetaucht, für seinen Beitrag zum Osterfest. Den erhaltenen Stimmen nach zu urteilen, hat es sich damals tatsächlich um ein Oratorium gehandelt. Da gab es vier Personen in den vier Stimmlagen: Maria (Schwester des Jakobus), Maria Magdalena, Petrus und Johannes. Wiederaufführungen sind mindestens zwei belegt: die eine zwischen 1732 und 1735, die andere nach 1735. Jetzt läßt Bach die Personennamen weg und verzichtet auf die ohnehin recht bescheidene Handlung. Dennoch hat sich der Name *Osteroratorium* eingebürgert.

Der jetzige Anfangschor war ursprünglich ein Duett zwischen den beiden Jüngern, die aufgeregt zum leeren Grab Jesu liefen, was man noch deutlich im Orchester hören kann. Die Musik der zehn (oder nach anderer Zählung zwölf) Sätze geht auf eine Schäferkantate *Entfliehet, verschwindet, entweichet, ihr Sorgen* (Text von Picander) zurück, die Bach 1725 für den Weißenfelser Herzog Christian geschrieben hatte. Die einmalige Aufführung fand am 23. Februar unter Bachs Leitung statt. Schon am 1. April konnte man in der Thomanerkirche dieselbe Musik mit einem geistlichen Text (unbekannter Herkunft) hören.

Im Mai des Jahres 1735 wartete Bach mit einem *Oratorium auf Himmelfahrt* auf. Doch den elf Sätzen fehlt eine durchgehende Handlung, so daß man das Werk eher als Kantate bezeichnen müßte: *Lobet Gott in seinen Reichen* (Nr. 11). Wegen einiger sehr unglücklicher Silbenverteilungen wird vermutet, daß es sich, ähnlich wie bei dem *Osteroratorium*, um eine Parodie handelt.

Um die Jahreswende 1734/35 erlebte Bachs weltbekanntes *Weihnachtsoratorium* seine Leipziger Uraufführung. Auch hier kann keine Rede von einem Oratorium im Sinne etwa der Passionen oder der Händelschen Oratorien sein, denn es fehlt eine einheitliche musikalische Gestaltung: Bachs populärstes Großwerk besteht aus einer Folge voneinander musikalisch völlig unabhängiger Kantaten, die lediglich durch den »roten Faden« des biblischen Berichts von der Geburt Jesu zusammengehalten werden.

Bach hat wohl schon 1733 diesen Plan gehegt und realisierte ihn dann für Weihnachten 1734. Die heute übliche Zweiteilung des *Weihnachtsoratoriums* ist rein aufführungspraktisch begründet: zu Bachs Zeiten sind weder drei noch alle sechs Kantaten in einem Zuge gesungen worden. Da man sie aber heute aus dem gottesdienstlichen Rahmen herauszunehmen pflegt, hat sich die Zusammenfassung von je drei Kantaten für den viel populäreren 1. Teil und den musikalisch nicht weniger faszinierenden und vielfältigen 2. Teil eingebürgert.

Die einzelnen Kantaten waren für die (damals obligatorischen) drei Weihnachtsfeiertage, für Neujahr, den Sonntag nach Neujahr und für Epiphanias bestimmt. Damit reicht der Zyklus schon fast an den Beginn der Leidens-, der Passionszeit, heran (es folgen bis zu »Septuagesimä« nur noch die sechs Sonntage »nach Epiphanias«). Damit erklärt sich auch, warum Bach für den Schlußchor der 6. Kantate und damit als Abschluß des gesamten Zyklus die Melodie des schon damals weitverbreiteten Passionschorals *O Haupt voll Blut und Wunden* verwendet.

Natürlich ist die Einschränkung, es fehle den Kantaten eine gemeinsame Konzeption, nur formal richtig – hier liegt der Unterschied zwischen dem *Weihnachtsoratorium* und den Passionen. Aber durch die Selbständigkeit der einzelnen Kantaten gewinnt der Zyklus wiederum eine besondere, festliche Farbigkeit, die einen eigenen Reiz ausstrahlt.

Das *Weihnachtsoratorium* ist ein Paradebeispiel für Bachs Parodieverfahren. Versuchte er sonst, mit dieser Methode Zeit zu sparen, wenn er unter Termindruck stand, so liegen hier die Ursachen tiefer. Er hatte gerade mehrere Gelegenheitskompositionen für den Dresdener Hof geliefert und diese besonders sorgfältig ausgeführt – in der Hoffnung auf die baldige Ernennung zum Hofcompositeur. Nicht nur, daß es ihm hier besonders leid getan hätte, die Partituren zusammen mit dem Anlaß der Vergessenheit anheimzugeben – man kann sogar vermuten, daß Bach diese doppelte Verwendung schon im Auge hatte, als er Stimmungen wie festliche Freude, Huldigung eines Höheren und zärtliche Fürsorge in die weltlichen Partituren einbaute, weil er sie gut für den Weihnachtsstoff gebrauchen konnte.

Im einzelnen handelt es sich um nicht weniger als fünf Vorlagen, die fast alle frei gedichteten Nummern des *Weihnachtsoratoriums* betreffen, drei weltliche und zwei geistliche Werke.

Zur Geburt des Kurprinzen entstand das »Dramma per musica« *Herkules auf dem Scheidewege*, zum Geburtstag der Gemahlin des Landesherrn, Maria Josepha, die Glückwunschkantate *Tönet ihr Pauken! Erschallet Trompeten*, die beide unter großer öffentlicher Anteilnahme durch Bachs Collegium musicum aufgeführt worden waren (September und Dezember 1733). Am 5. Oktober 1734 erklang dann zum Jahrestag der Wahl Augusts III. zum polnischen König die dritte weltliche Vorlage des *Weihnachtsoratoriums* – die Kantate *Preise dein Glücke, gesegnetes Sachsen!* Kein Vierteljahr später konnte man den 9. Satz dieser Partitur mit neuem Text vernehmen: »Herrscher des Himmels, erhöre das Lallen...«

Dem Bachfreund werden zwei Übernahmen aus den beiden anderen weltlichen Vorlagen vertraut sein – der Eingangschor »Jauchzet, frohlocket« aus *Tönet ihr Pauken* und »Schlafe, mein Liebster« aus *Herkules*. In beiden Fällen muß man die dramaturgische Übereinstimmung bewundern. Der Beginn des *Weihnachtsoratoriums* als Lobpreis des himmlischen Herrschers mit Pauken und Trompeten ist – besonders zu absolutistischen Zeiten – total auf die Huldigung eines weltlichen Herrschers übertragbar.

Tönet, ihr Pauken! Erschallet, Trompeten! Klingende Saiten, erfüllet die Luft! Singet itzt Lieder, ihr muntren Poeten! Königin lebe! wird fröhlich geruft. Königin lebe! dies wünschet der Sachse, Königin lebe und blühe und wachse.	Jauchzet, frohlocket! Auf, preiset die Tage, Rühmet, was heute der Höchste getan! Lasset das Zagen, verbannet die Klage, Stimmet voll Jauchzen und Fröhlichkeit an! Dienet dem Höchsten mit herrlichen Chören, Laßt uns den Namen des Herrschers verehren.

Hier decken sich die Grundstimmungen. Im Fall der Arie »Schlafe, mein Liebster« hält sich der Textdichter eng an den wörtlichen Text der Vorlage und greift sogar dessen Reimwörter auf. In beiden Fällen geht es um ein zärtliches Schlaflied für ein neugeborenes Kind.

Schlafe, mein Liebster, und pflege Ruh, Folge der Lockung entbrannter Gedanken! Schmecke die Lust Der lüsternen Brust, Und erkenne keine Schranken!	Schlafe, mein Liebster, genieße der der Ruh! Wache nach diesem vor aller Gedeihen! Labe die Brust, Empfinde die Lust, Wo wir unser Herz erfreuen!

11 Leipzig 1737–1747

Uns gilt das kleinste Werk, darinn man Bachen schmeckt,
Mehr, als was Welschlands Kiel noch jemahls ausgeheckt.

F. W. Marpurg, 1751

Bachs Haushalt und Amtsgeschäfte wachsen ihm über den Kopf. Das zeigt die Tatsache, daß er sich jetzt einen Privatsekretär leistet. Er stellt einen Verwandten aus Schweinfurt an, »Vetter« Elias. Obgleich er ihn als Vetter bezeichnet, ist der Theologiestudent Johann Elias Bach der Sohn eines Vetters vom Thomaskantor namens Johann Valentin Bach, Stadtmusikus und Obertürmer in Schweinfurt.

Elias trifft in Leipzig ein, als sich Bach endlich recht und schlecht in der Messestadt eingerichtet hat und man ihn in Ruhe läßt – 1738. Er ist 33 Jahre alt und nimmt, der Bachschen Familientradition folgend, Wohnung bei dem ortsansässigen Vertreter der Sippe. Auf musikalischem Gebiet fühlt sich Elias unsicher. Was er der Hausmusik schuldig bleibt, macht er auf andere Art wett: als Religionslehrer für die Kinder und als eine Art Mädchen für alles im großen Haushalt des Musikdirektors. Er besorgt gelbe Nelken für seine »Muhme«, für den Hausherrn Hefebranntwein, ein andermal für Anna Magdalena einen zahmen Hänfling. Und er schreibt für Bach und seine Frau die Briefe. Einmal berichtet er dem abwesenden Bach voller Sorge über den Gesundheitszustand der ans Bett gefesselten Anna Magdalena: »...wir würden sie zu unserem größten Leidwesen gar verlieren.« Bach hält sich gerade in Berlin auf, wohin Emanuel im Jahr zuvor mit dem eben inthronisierten Friedrich II. gezogen war.

Selbst diesem unermüdlichen Helfer gegenüber zeigt sich Bachs haushälterische Genauigkeit. Der Wein, den ihm Elias später aus Schweinfurt als Geschenk zukommen läßt, wird durch die diversen Zölle zu teuer, außerdem ist das meiste unterwegs verschüttet worden. Bach bittet, von solchen Geschenken künftig abzusehen. Und als Elias um ein Exemplar des *Musikalischen Opfers* bittet, verspricht ihm Bach, sobald wie möglich eins zu schicken, möchte aber zuvor den Taler sehen.

In diesem Zeitraum werden zwei Töchter geboren; 1737 Johanna Carolina und 1742 die Jüngste, Regina Susanna.

Als frisch ernannter »Hofcompositeur« schickt Bach 1737 vier kurze Messen nach Dresden. Die Musik hat er aus mehreren Kantaten zusammengestellt, und das sogar recht flüchtig.

Eine weltliche Gelegenheitskomposition desselben Jahres gewährt einen Blick in den damaligen Alltag. Der ebenso mächtige wie intrigante Dresdener Minister, Graf Brühl, hatte einen seiner Lakaien als Johann Christian von Hennicke in den Adelsstand erhoben und mit dem Gut Wiederau bei Leipzig belehnt. Bachs Textdichter Picander wittert einen möglichen Auftraggeber für spätere Gelegenheiten. Er verfaßt einen schmeichelhaften Text und bittet Bach um Vertonung. Die Huldigungskantate *Angenehmes Wiederau* wird im September aufgeführt; Bach hat die Musik wenig später fast vollständig in seine Kantate auf das Johannisfest *Freue dich, erlöste Schar* übernommen.

Ab Mitte der 30er Jahre läßt Bach wieder einen Teil der *Clavierübung* drucken. Es ist kein Zufall, daß er gerade diesen merkwürdigen, in sich so verschiedenartigen Multi-Zyklus (Sammlung von Sammelwerken) zur Veröffentlichung bestimmt hat. Hier kann er einen Grundzug seines Schaffens verdeutlichen: die Universalität. Grenzenlose Vielfalt läßt sich am überzeugendsten innerhalb festgelegter Grenzen andeuten. So beschränkt sich Bach auf den Bereich der Tasteninstrumente (»Clavier«). Nach den *6 Partiten* folgen 1735 als Teil II ein *Concerto nach Italienischem Gusto* und eine *Ouvertüre nach Französischer Art*, und zwar »vor ein Clavicymbel mit zwey Manualen«. Mehr noch als die prächtige *Französische Ouvertüre* hat das *Italienische Konzert* einen wahren Siegeszug angetreten.

Wie bei der vielschichtigen Gesamtkonzeption der *Clavierübung* schon zu erwarten, fällt Teil III wieder ganz anders aus. Er gehört zu den seltsamsten Sammelwerken bei Bach und gilt der Orgel. Bach nennt diesen Teil *Orgelmesse*, denn er vertont sozusagen Luthers Katechismus, den er ja als Kind auf der Lateinschule auswendig gelernt hatte. Einem dreifachen *Kyrie* und dem *Gloria* als obligate Anrufung und Verherrlichung Gottes folgen die Hauptstücke des Lutherschen Katechismus, und zwar in Gestalt seiner Choräle von den Geboten, vom Glauben, vom Vaterunser, von der Taufe, vom Abendmahl und von der Beichte. Dreimal erklingt dann als Pendant zu der Anfangsliturgie in verschiedener Bearbeitung der Choral *Allein Gott in der Höh sei Ehr*. Feinsinnig hat Bach die Überlegung Luthers aufgegriffen, der ja einen »Kleinen Katechismus« für die Kinder und einen »Großen« für die Erwachsenen geschrieben hatte, und bearbeitet jeden Choral zweimal – ausladend und kunstvoll zuerst und dann schlicht und kurz gefaßt (dem »Kleinen Katechismus« entsprechend).

Wie überlegt Bach seine Kompositionen anordnet, welche Freude ihm Konstruktion und Symmetrie bereitet haben müssen, zeigt die Umrahmung dieses ohnehin schon originellen »Gebäudes«. Den Rahmen besorgt das letzte große Orgelwerk Bachs, *Präludium und Fuge Es-Dur*. Beide sind deutlich dreigeteilt und weisen damit – bei Bach selbstverständlich – auf die göttliche Dreifaltigkeit hin.

Das *Es-Dur-Präludium* atmet den Geist einer prächtigen Orchesterouvertüre und läßt drei Themen deutlich hervortreten, die der Bachforscher Steglich als Darstellung der göttlichen Dreieinigkeit interpretiert: das 1. Thema für den Weltenschöpfer und Weltenherrscher, das 2. für den Gottessohn, der aus Mitleid Mensch geworden ist, das 3. – eine fallende Tonreihe – als Symbol für den ausgegossenen oder als Taube sich herabsenkenden Geist Gottes. Was auf den ersten Blick an den Haaren herbeigezogen wirken mag, erklärt sich aus Bachs bewußt theologischer Konzeption des Werkes.

Die *Fuge* setzt die Vorstellung von der Drei-Einheit (»ein Wesen, drei Personen«) noch greifbarer um. Die drei Themen der Fuge entsprechen den Themen des *Präludiums*. Was dort das Schöpferprinzip, der Weltenherrscher war, ist hier die Anbetung Gottes, die Kirche; dem Gottes- und Menschensohn entspricht in der *Fuge* inniges Gefühl; die Brücke zwischen beiden Polen bildet der Geist, der in Bachs Motette »unserer Schwachheit« aufhilft – wie im *Präludium* durch motorische Bewegung »beflügelt«. So wiederholt die *Fuge* die Dreiheit des *Präludiums* auf höherer Ebene. Dort war die göttliche Dreieinigkeit als Gegebenheit symbolisiert, hier wird ihr der gläubige Mensch zugeordnet.

Es ist wichtig, sich den Tiefgang und den sorgfältig durchdachten

Aufbau deutlich zu machen, der die *Orgelmesse* ebenso wie die noch folgenden Spätwerke kennzeichnet. Denn erst vor diesem Hintergrund kann man ermessen, wie tief Bach die folgende Auseinandersetzung mit Johann Adolph Scheibe getroffen haben muß. Erinnern wir uns: 1729 hatte er bei der Bewerbung um die Organistenstelle an der Thomaskirche statt Scheibe seinen alten Neider Görner empfohlen. Scheibe hat inzwischen in Hamburg die Zeitschrift »Der Critische Musicus« gegründet, die schon bald großes Ansehen in der Musikwelt genießt. 1737 veröffentlicht er hier eine Kritik an Bach, die beweist, daß er die Leipziger Ablehnung keineswegs verwunden hat.

Er beginnt nach der Devise: »Erst chloroformieren, dann schneiden« mit hohem Lob auf den Virtuosen, den »Vornehmsten unter den Musikanten«, es sei schier unbegreiflich, wie der seine »Finger und Füße so sonderbar und so behend ineinander schrenken, ausdehnen, und damit die weitesten Sprünge machen kann, ohne einen einzigen falschen Ton einzumischen, oder durch eine so hefftige Bewegung den Körper zu verstellen«. Aber danach geht er zum Angriff über, und der gilt dem Komponisten Bach.

»Dieser große Mann würde die Bewunderung ganzer Nationen seyn, wenn er mehr Annehmlichkeit hätte und wenn er nicht seinen Stücken durch ein schwülstiges und verworrenes Wesen das Natürliche entzöge und ihre Schönheit durch allzu große Kunst verdunkelte. Weil er nach seinen Fingern urtheilet, so sind seine Stücke überaus schwer zu spielen; denn er verlangt, die Sänger und Instrumentalisten sollen durch ihre Kehle und Instrumente eben das machen, was er auf dem Clavier spielen kann. Dieses aber ist unmöglich.« Und er spielt auf einen Vertreter der überladensten Barockdichtung an: »Kurz: er ist in der Musik dasjenige, was ehmals der Herr von Lohenstein in der Poesie war. Die Schwülstigkeit hat beyde von dem Natürlichen auf das Künstliche, und von dem Erhabenen aufs Dunkele geführet; und man bewundert an beyden die beschwerliche Arbeit und eine ausnehmende Mühe, die doch vergebens angewandt ist, weil sie wider die Vernunft streitet.«

Der Name Bach fällt in dieser Kritik überhaupt nicht, aber jeder weiß Bescheid. Eigentlich schreibt Scheibe nicht nur über seine Stellung zu Bach, sondern zur Musik des untergehenden Zeitalters. Und manches ist sogar objektiv richtig. Bachs Gesangspartien *sind* teilweise unsanglich und meistens vom Tastenkomponisten entworfen oder Spielfiguren der Streicher nachgeformt. Aus dem Spätwerk wird aber klar, daß man hier auch nicht von einem rein instrumentalen Stil sprechen kann. Sondern beide – vokale wie instrumentale Melodik – sind nur (mehr und mehr sekundäre) Einkleidungen kontrapunktischer Linien, die ihre Logik und ihre Gesetze in sich selbst tragen. Deshalb gibt es bei den letzten Werken auch keine Hinweise mehr auf die praktische Besetzung.

Doch schon an den Köthener und frühen Leipziger Werken (mehr konnte Scheibe damals noch gar nicht kennen) ärgerte manche Zeitgenossen Bachs kontrapunktische Meisterschaft. Sie waren neuen Klängen zugeneigt und lehnten dergleichen als gekünstelt ab.

Aber nicht alle dachten so. Für Bach – der »wegen überhäuffter Amtsgeschäfte« selbst nicht kontern kann – treten anfangs der Rhetorikdozent Johann Abraham Birnbaum und später Lorenz Mizler ein. Der folgende Schlagabtausch hat in unserer gegenwärtigen Situation zwischen E- und U-Musik nichts von seiner Aktualität verloren. Scheibes Argumente werden jeweils von Birnbaum entkräftet.

Vorwurf: Mangel an Annehmlichkeiten, die Dissonanz als Würze solle sparsamer eingesetzt werden; Verteidigung: Wahre Annehmlichkeit bestehe in der Verbindung und Abwechslung von Konsonanzen und Dissonanzen (Wohl- und Mißklängen).

Bach schreibe zu chromatisch; Antwort: Er verletze nie die harmonischen Regeln.

Er entziehe seinen Stücken die Schönheit der Harmonie; Birnbaum: Bach komponiere keine simplen, aus lauter Konsonanzen bestehende »Liedergen«, deren man bald überdrüssig würde.

Und die beiden bringen die Diskussion auf den Punkt mit der Antithese: wider Bachs altfränkische Art – wider den neumodischen Trend.

Sicher wird die Kontroverse mit Scheibe ein Motiv unter anderen gewesen sein, daß Bach jetzt eigene Kompositionen drucken läßt und sich dabei in Stil und Form so betont vielfältig zeigt, als wolle er die einseitigen Kritiker klingend Lügen strafen.

Noch im Jahr darauf, 1738, schreibt Scheibe öffentlich an Johann Mattheson von der Bemühtheit in Bachs Partituren. Diesmal übernimmt Mizler die Erwiderung. Er hatte gerade eine exklusive »Societät der musikalischen Wissenschaften« gegründet und da un-

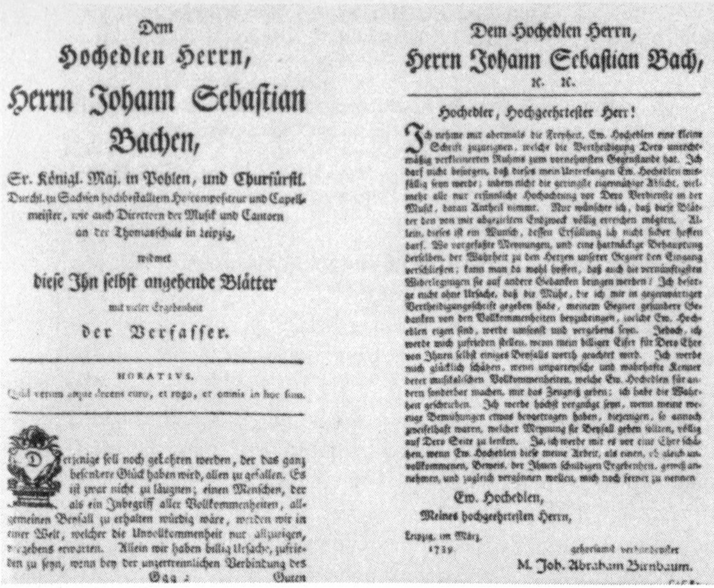

Dem

Hochedlen Herrn,

Herrn Johann Sebastian Bachen,

Sr. Königl. Maj. in Pohlen, und Churfürstl. Durchl. zu Sachsen hochbestallten Hofcompositeur und Capellmeister, wie auch Directorn der Music und Cantorn an der Thomasschule in Leipzig,

widmet

diese Ihn selbst angehende Blätter

mit vieler Ergebenheit

der Verfasser.

HORATIVS.

Quid verum atque decens curo, et rogo, et omnis in hoc sum.

Derjenige soll noch gebohren werden, der das ganz besondere Glück haben wird, allen zu gefallen. Es ist zwar nicht zu läugnen; einen Menschen, der als ein Inbegriff aller Vollkommenheiten, allgemeinen Beyfall zu erhalten würdig wäre, werden wir in einer Welt, welcher die Unvollkommenheit nur allzueigen, vergebens erwarten. Allein wir haben billig Ursache, zufrieden zu seyn, wenn bey der unzertrennlichen Verbindung des

Ggg 2 Guten

Dem Hochedlen Herrn,

Herrn Johann Sebastian Bach,

rc. rc.

Hochedler, Hochgeehrtester Herr!

Ich nehme mir abermals die Freyheit, Ew. Hochedlen eine kleine Schrift zuzueignen, welche die Vertheidigung Dero unrechtmäßig verkleinerten Ruhms zum vornehmsten Gegenstande hat. [illegible]

Ew. Hochedlen,

Meines hochgeehrtesten Herrn,

Leipzig, im März, 1739.

gehorsamst verbundener

M. Joh. Abraham Birnbaum.

Johann Adolph Scheibe, Kritik an Bach

verhohlen ein konservatives und gleichzeitig anspruchsvolles Programm verkündet. Um so mehr wiegt seine Gegenargumentation. Denn er räumt ein, »Herr Bach« habe sich »manchmahl... nach den Zeiten der Musik vor 20 und 25 Jahren gerichtet. Er kan es aber auch anders machen, wenn er will.« Und als Beleg führt er die weltliche Kantate *Willkommen! Ihr herrschenden Götter der Erden* (Text Gottsched, Musik verschollen) an, denn diese sei »vollkommen nach dem neuesten Geschmack eingerichtet gewesen, und von idermann gebillichet worden. So wohl weiß der Herr Capellmeister sich nach seinen Zuhörern zu richten.«

Nach seinen Zuhörern gerichtet hat er sich jedenfalls auch in der anderen zweiten volkstümlichen Kantate, die wir neben der um den »Coffé« kennen – der *Bauernkantate*. Das erste Rezitativ mit seinem hübsch saloppen Dialog führt uns in die ungezwungene Stimmung um den Dorfanger:

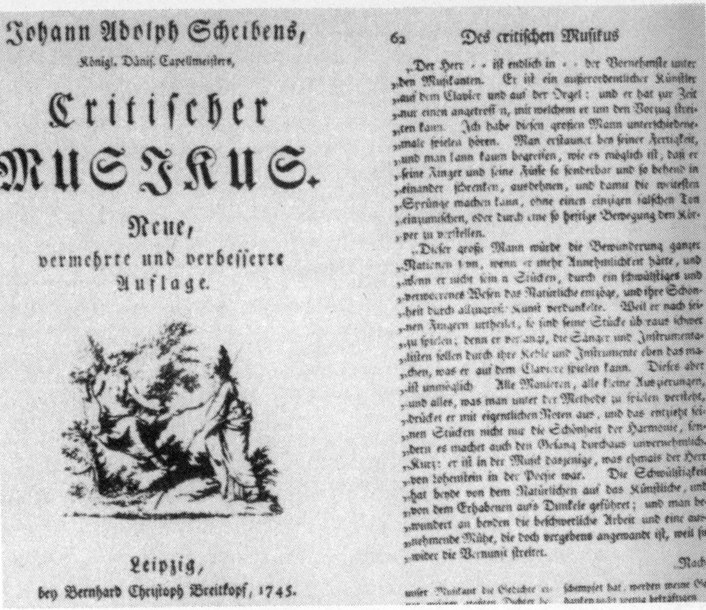
Johann Adolph Scheibens,
Königl. Dänis. Capellmeisters,
Critischer
MUSIKUS.
Neue,
vermehrte und verbesserte
Auflage.
Leipzig,
bey Bernhard Christoph Breitkopf, 1745.

62 Des critischen Musikus

„Der Herr . . . ist endlich in . . . der Vornehmste unter „den Musikanten. Er ist ein außerordentlicher Künstler „auf dem Clavier und auf der Orgel: und er hat zur Zeit „nur einen angetroffen, mit welchem er um den Vorzug strei„ten kann. Ich habe diesen großen Mann unterschiedene„male spielen hören. Man erstaunet bey seiner Fertigkeit, „und man kann kaum begreifen, wie es möglich ist, daß er „seine Finger und seine Füße so sonderbar und so behend in „einander schrenken, ausdehnen, und damit die weitesten „Sprünge machen kann, ohne einen einzigen falschen Ton „einzumischen, oder durch eine so heftige Bewegung den Kör„per zu verstellen.

„Dieser große Mann würde die Bewunderung ganzer „Nationen seyn, wenn er mehr Annehmlichkeit hätte, und „wenn er nicht seinen Stücken, durch ein schwülstiges und „verworrenes Wesen das Natürliche entzöge, und ihre Schön„heit durch allzugroße Kunst verdunkelte. Weil er nach sei„nen Fingern urtheilt, so sind seine Stücke überaus schwer „zu spielen; denn er verlangt, die Sänger und Instrumenta„listen sollen durch ihre Kehle und Instrumente eben das ma„chen, was er auf dem Claviere spielen kann. Dieses aber „ist unmöglich. Alle Manieren, alle kleine Auszierungen, „und alles, was man unter der Methode zu spielen verstehet, „drücket er mit eigentlichen Noten aus, und das entzieht sei„nen Stücken nicht nur die Schönheit der Harmonie, son„dern es machet auch den Gesang durchaus unvernehmlich. „Kurz: er ist in der Musik dasjenige, was ehmals der Herr „von Lohenstein in der Poesie war. Die Schwülstigkeit „hat beyde von dem Natürlichen auf das Künstliche, und „von dem Erhabenen aufs Dunkele geführet; und man be„wundert an beyden die beschwerliche Arbeit und eine aus„nehmende Mühe, die doch vergebens angewandt ist, weil sie „wider die Vernunft streitet.

Nach

Johann Abraham Birnbaum, Verteidigung Bachs 1738 und 1739

»Nu Mieke, gib dein Guschel immer her!«
»Wenns das alleine wär';
Ich kenn dich schon, du Bärenhäuter,
Du willst hernach nur immer weiter!«

Das Werk entstand – wie die Kantate *Angenehmes Wiederau* – auf Anregung des Textdichters Picander, und zwar für seinen Vorgesetzten bei der Getränkesteuer, der mit dem Gut Kleinzschocher belehnt worden war. Picander als versierter Gelegenheitsdichter hat den Text in einem thüringisch eingefärbten Sächsisch notiert, wie es auch Bach gesprochen haben muß. Als typische Dorfmusik sind fast alle 24 Sätze auf Tanzmelodien angelegt; Bach selbst spricht von einer »Cantate en burlesque«. Die Handlung, wenn man von einer solchen überhaupt sprechen will, ist schlicht. Die Dorfbewohner gratulieren ihrem neuen Herrn: »*Mer han en neue Oberkeet*« und nehmen dann den direkten Weg ins Wirtshaus, zum Freibier.

In enger zeitlicher Nachbarschaft zur *Bauernkantate* ensteht der vierte und letzte Teil von Bachs *Clavierübung* – eine *Aria mit verschiedenen Veränderungen*, bekannt als *Goldbergvariationen*. Sie erscheinen 1742/45 und sind wie die übrigen Teile der *Übung* »Denen Liebhabern zur Gemüths-Ergetzung« bestimmt. Doch angesichts der technischen Anforderungen dürften hier die Möglichkeiten des Musikamateurs enden.

Die *Variationen* haben eine kuriose Entstehungsgeschichte. Der livländische Reichsgraf von Keyserlingk war russischer Gesandter am sächsisch-polnischen Hof (1746 ging er in gleicher Funktion nach Berlin) und hatte sich schon vor seinem Amtsantritt 1733 für Bach eingesetzt. Wir finden ihn unter den Hörern bei Bachs Orgelkonzert an der neuen Silbermannorgel in der Sophienkirche, und v. Keyserlingk ist es zu danken, daß trotz der Verwicklungen um die Königswahl Augusts III. die Ernennung Bachs zum Hofcompositeur nicht noch länger auf sich warten ließ. Er empfing Bach 1741 bei dessen Berlinreise und wird da wohl den Auftrag zu den *Goldbergvariationen* gegeben haben; aber zu seinen Hauptverdiensten gehört das Arrangement von Bachs Besuch im Berliner Hof.

Der Graf schlief schlecht und lag nächtelang wach. Sein Günstling und Hauscembalist Johann Gottlieb Goldberg, gerade 15 Jahre alt, hatte bei Friedemann – Organist an der Dresdener Sophienkirche – Stunden genommen, diesen dann auch auf seinen Reisen nach Leipzig begleitet und auch von Bach senior gelegentlich Unterricht erhalten. So kam der Graf auf die Idee, Bach zu bitten, für Goldberg einige Stücke zu schreiben, die »so sanften und etwas muntern Charakters wären, daß er dadurch in seinen schlaflosen Nächten ein wenig aufgeheitert werden könnte« (Forkel).

Die Gesamtanlage des Zyklus ist außerordentlich einfallsreich und von einer bewußten Symmetrie geprägt: Jede dritte Variation ist ein Kanon, und zwar in immer größerem Abstand, beginnend mit dem Kanon im Einklang (Nr. 3) und endend mit dem in der None (Sekund über der Oktave; Nr. 27). Die insgesamt 30 Veränderungen steigern sich allmählich bis zu höchstem Schwierigkeitsgrad. Von Nr. 5 an ist wiederum jede dritte Variation eine Art virtuose Etüde – Nr. 14 (Bachs Zahlenmonogramm) verlangt Überschlagen der Hände, Nr. 28 Doppeltriller gleichzeitig mit dem Thema und Nr. 29 sogar Akkordtriller.

Bach ist sich nicht zu schade, unter dieses komplizierte, kunstvolle Klanggebäude einen handfesten »Kehraus« zu setzen: Vielleicht hat er an die Familienfeste der Bache zurückgedacht, wo sie einer nach dem andern in den gemeinsamen Gesang einfielen, jeder mit der eigenen Melodie, die sie aber geschickt ineinander verwoben. Jeder schien zu singen, »quod libet« – was ihm behagte. Und ein solches *Quodlibet* steht am Ende der *Goldbergvariationen*. Auf den schon erwähnten Baß des Themas schichtet der angeblich »verworrene und schwülstige« Komponist gleich zwei Gassenhauer von damals:

»Kraut und Rüben
haben mich vertrieben.
Hätt mein Mutter Fleisch gekocht,
so wär ich länger blieben.«

Und – wir kennen diesen »Schlager« schon aus der *Bauernkantate* –:

»Ich bin so lang nicht bei dir gewest;
ruck her, ruck her, ruck her!«

Der Graf hatte ein fürstliches Vergnügen an dem Opus und mit Sicherheit so viel zu erlauschen, daß er darüber wie über einer komplizierten mathematischen Aufgabe, die aber Spaß macht, unfehlbar entspannte und schlaffähig wurde. Er belohnt Bach mit einem goldenen Becher, der 100 Louisd'or enthielt, die diesmal an ihren Empfänger gelangten und nicht wie einst nach dem fiktiven Wettstreit mit Marchand in einer höfischen Rocktasche verschwanden.

Jetzt beginnt jener Lebens- und Schaffensabschnitt bei Bach, in dem man immer häufiger das Attribut »letzte« verwenden muß. Die *Bauernkantate* war seine letzte weltliche gewesen, die letzte Kirchenkantate folgt 1744: *Du Friedensfürst Herr Jesu Christ*. Im selben Jahr beendet er den zweiten Band seines *Wohltemperierten Klaviers* und nimmt auch die zwei letzten Orgelwerke (1743 und 1746) ab. Die eine Orgel steht in der Johanniskirche vor dem Grimmaischen Tor, außerhalb der Stadtmauern. Bach weiß wohl, daß er auf dem Friedhof dieser Kirche einmal ruhen wird, denn das war seit dem letzten Jahrhundert bereits gesetzlich vorgeschrieben. Aber er ahnt nicht, daß ihm nur noch sieben Jahre bleiben. Oder sollte er es geahnt und sich deshalb beeilt haben, seine großen, zeitlosen Spätwerke als klingendes Testament zu vollenden?

Die andere Orgel steht in der Wenzelskirche zu Naumburg; gemeinsam mit Gottfried Silbermann nimmt er die Prüfung ab. Silbermann war schon wiederholt mit ihm zu Orgelabnahmen bestellt worden, aber merkwürdigerweise hat Bach nie ein Werk seines Freundes geprüft. Ebenso zeigte er kein Interesse an dem neuen Tasteninstrument, das Silbermann unabhängig von dem Italiener Cristofori konstruiert hatte und das bald einen beispiellosen Triumphzug über den ganzen Globus antreten wird: das Hammerklavier.

Noch hält das Leben zwei Höhepunkte für den rastlos Schaffenden bereit, beide im Jahre 1747. Das eine Ereignis überrascht Bach nicht, denn ihm ist klar, daß er irgendwann Mizlers »Societät« beitreten wird. Aber daß er mit Friedrich dem Großen eine ausführliche und höchst ehrenvolle Begegnung haben soll, ist das Überraschungswerk seines Freundes Graf Keyserlingk.

12 Leipzig 1747–1750

Musik ist das Formular der Weisheit und Ordnung Gottes.

Andreas Werckmeister 1702

Seit in der Familie seines Zweitältesten 1745 ein erster Enkelsohn geboren war, sucht Bach nach einer Gelegenheit, wieder nach Berlin zu reisen. Keyserlingk weiß das und kann Friedrich II. durch Berichte über den Vater seines Kammercembalisten so neugierig machen, daß dieser ein Treffen wünscht. Sicher hatte sich der flötenspielende Monarch rechtzeitig auf das Ereignis vorbereitet und ein Thema entworfen, das ihm Ehre und Bach hoffentlich Mühe machen würde. Denn Könige sind eitel und besonders stolz auf ihre Amateurkünste. Die Art, wie Bach das Thema des Königs, das »Thema regium«, kommentiert – sachlich und doch auch geschickt –, zeigt uns einen souveränen Gesprächspartner, einen geistig Ebenbürtigen im Umgang mit den führenden Persönlichkeiten Europas. Forkel hat, gestützt auf Emanuels Zeugnis, dieser ehrenvollsten Episode aus der Virtuosenlaufbahn des Leipziger Musikdirektors gebührenden Raum gegeben:

»Der König hatte um diese Zeit alle Abende ein Camerkoncert, worin er meistens selbst einige Concerte auf der Flöte bließ. Eines Abends wurde ihm, als er eben seine Flöte zurecht machte, und seine Musiker schon versammelt waren, durch einen Officier der geschriebene Rapport von angekommenen Fremden gebracht. Mit der Flöte in der Hand übersah er das Papier, drehte sich aber sogleich gegen die versammelten Capellisten und sagte mit einer Art von Unruhe: Meine Herren, der alte Bach ist gekommen! Die Flöte wurde hierauf weggelegt, und der alte Bach, der in der Wohnung seines Sohnes abgetreten war, sogleich auf das Schloß beordert... Es wurden in jener Zeit noch etwas weitläufige Complimente gemacht. Die erste Erscheinung Joh. Seb. Bachs vor einem so großen Könige, der ihm nicht einmal Zeit ließ, sein Reisekleid mit einem schwarzen Cantor-Rock zu verwechseln, mußte also nothwendig mit vielen Entschuldigungen verknüpft seyn... Aber was wichtiger als dieß alles ist, der König gab für diesen Abend sein Flötenconcert auf, nöthigte aber den damahls schon sogenannten alten Bach, seine in mehreren Zimmern des Schlosses herumstehenden Silbermannische Fortepianos zu probiren. Die Capellisten gingen von Zimmer zu Zimmer mit, und Bach mußte überall probiren und fantasiren. Nachdem er einige Zeit probirt und fantasirt hatte, bat er sich vom König ein Fugenthema aus, um es sogleich ohne alle Vorbereitung auszuführen. Der König bewunderte die gelehrte Art, mit welcher sein Thema so aus dem Stegreif durchgeführt wurde, und äußerte nun, vermuthlich um zu sehen, wie weit eine solche Kunst getrieben werden könne, den Wunsch, auch eine Fuge mit 6 obligaten Stimmen zu hören. Weil aber nicht jedes Thema zu einer solchen Vollstimmigkeit geeignet ist, so wählte sich Bach selbst eines dazu, und führte es sogleich zur größten Verwunderung aller Anwesenden auf eine eben so prachtvolle und gelehrte Art aus, wie er vorher mit dem Thema des Königs gethan hatte. Auch seine Orgelkunst wollte der König kennen lernen. Bach wurde daher an den folgenden Tagen von ihm ebenso zu allen in Potsdam befindlichen Orgeln geführt, wie er vorher zu allen Silbermannischen Fortepiano geführt worden war. Nach seiner Zurückkunft nach Leipzig arbeitete er das vom König erhaltene Thema 3 und 6stimmig aus, fügte verschiedene kanonische Kunststücke darüber hinzu, ließ es unter dem Titel: *Musikalisches Opfer*, in Kupfer stechen, und dedicirte es dem Erfinder desselben.«

Die beiden Spätzyklen *Musikalisches Opfer* und *Kunst der Fuge* haben etwas Ungeklärtes, teilweise bewußt Rätselhaftes an sich. So sind die meisten Stücke aus dem *Musikalischen Opfer* unaufgelöste (nicht ausgeschriebene) Kanons, denen teilweise sogar der Schlüssel fehlt.

Unter stilistischem Aspekt ist bedeutsam, daß die ersten elf Stücke in strengem Kontrapunkt, die letzten beiden Nummern aber in freiem, zeitgemäßem Kammermusikstil komponiert wurden.

Das *Musikalische Opfer*, heute als »Variationswerk großen Stils« (R. Gerber) gewürdigt und begriffen, galt früher als buntscheckig und konzeptionslos im Aufbau, bis Mitte unseres Jahrhunderts Erich Schenk zwei Prototypen für eben diesen Aufbau des rätselhaften Werkes entdeckte, einen deutschen und einen italienischen. Vom deutschen Prototyp ausgehend, spricht Schenk vom musikalischen *Kunstbuch*, einer Art Kompendium der Setzkunst eines

Komponisten, das ohne verbale Erläuterungen auskommt und allein durch Noten spricht. Das »Kunstbuch« des Johann Theile (erschienen 1691) ist im Kreis um Friedrich II. belegt. Von ihm übernahm Bach die Anzahl der Stücke – 13. Das italienische Vorbild, das Schenk ausfindig machte, stammt von 1689 und aus der Feder des Giovanni Battista Vitali: »Artificii Musicali«. Von ihm übernahm Bach die Idee, es einem Fürsten zuzueignen: Vitali hatte das seine dem Herzog Francesco II. d'Este gewidmet, der bis 1694 regiert hat und selbst ein trefflicher Geiger war.

Die Mischung aus musikalischem Rätsel und Raritätenkabinett ist schon bei Theile vorgegeben. Da heißt es beispielsweise: »Hier fehlt der gantze Alt, such ihn, er findt sich bald.« Bach drückt sich lateinisch aus und notiert bei den schlüssellosen Kanons (Nr. 10 und 11): »Quaerendo invenietis – Suchet, so werdet ihr finden.«

»Canon« heißt ursprünglich »Regel«, »Prinzip«. So überrascht nicht, daß Vitali die Gelegenheit ergreift, um Kanon und Herrscher gleichzusetzen. Bach tut das sinngemäß auch. Bei Nr. 6 steht: »Notulis crescentibus crescat fortuna regis – Wie die Noten wachsen, so wachse das Glück des Königs« (Augmentationskanon, das ist Kanon in der Vergrößerung). Bei Nr. 7 heißt es »Ascendente modulatione ascendat gloria regis – Wie die Modulationen steigen, so steige der Ruhm des Königs« (für den Zirkelkanon).

Und wie Vitali seinen Zyklus mit einer Kammermusikkomposition für das Lieblingsinstrument seines Fürsten beendete, so tut das Bach an vorletzter Stelle mit einer ganz und gar zeitgemäßen Kirchensonate für Flöte (das Instrument Friedrichs des Großen), Violine und Cembalo und schließt mit einer erneuten Huldigung an den König, indem er das letzte Stück »Canon perpetuus« (ewiger Kanon) überschreibt – bei der erwähnten Gleichsetzung von Kanon und Herrscher eine geschickt verpackte Schmeichelei an den Dienstherren Philipp Emanuels.

Das zweite für Bach wichtige Ereignis des Jahres 1747 ist sein Eintritt in die exklusive Gesellschaft Mizlers, die sich auf etwa 20 Mitglieder, sämtlich führende Köpfe der deutschen Musikszene, beschränken wollte. Bach hatte seinen Eintritt aus zwei Gründen bewußt hinausgezögert. Erstens wollte er warten, bis Händel Mitglied geworden war, denn wenn sie sich schon nicht persönlich begegnet waren, dann befände man sich hier wenigstens indirekt in guter

Nachbarschaft. Zweitens wünschte er sich seine Namenszahl – 14 – auch als Mitgliedsnummer. Händel war der Elfte, und 1747 ist es dann soweit: Bach kann der Vierzehnte werden. Zwei Auflagen sind zu erfüllen: ein Probestück und ein Ölbildnis. Bach liefert gleich zwei »Probestücke« – die überaus kunstvollen *Kanonischen Veränderungen über »Vom Himmel hoch da komm ich her«* und einen unaufgelösten sechsstimmigen *Rätselkanon*, den er auf dem sogenannten Haußmann-Porträt in der Hand hält.

Als Lorenz Mizler 1738 in Leipzig seine »Societät« gegründet hatte, war er selbst erst 27 Jahre alt, hatte in Leipzig Theologie studiert und bei Bach wahrscheinlich Theorieunterricht erhalten, bevor er sich dann habilitierte, um in den 40er Jahren Vorlesungen in Mathematik, Musikgeschichte und Philosophie zu halten. 1747 machte er seinen Doktor in Medizin und wurde zwei Jahre nach Bachs Tod Hofarzt in Warschau. Mizler, einer der letzten Universalgelehrten, wurde ein Jahrzehnt vor seinem Tod noch in den Adelsstand erhoben. Mit der »Societät« will er der Musik als Wissenschaft wieder zu ihrer alten Bedeutung verhelfen – entgegen dem Einfluß des Rationalismus und der Aufklärung. Man arbeitet bewußt den logischen, rationalen Anteil der Musik heraus, um sie so wieder zu einer der Philosophie gleichartigen Disziplin zu erheben. Als Nur-Virtuose hätte beispielsweise Bach nicht aufgenommen werden können, weil »blose practische Musikverständige... nicht im Stande sind, etwas zur Aufnahme und Ausbesserung der Musik beyzutragen«. So wird begreiflich, daß Bach auf dem – statutengemäß für die Societät gemalten – Porträt stolz eine seiner raffiniertesten Kontrapunktarbeiten in der Hand hält. Ebenso wie die *Kanonischen Veränderungen* ist der *Rätselkanon* absichtlich im strengen Stil der Alten angelegt und richtet sich nicht nach dem Tagesgeschmack im Sinne von »Natürlichkeit« und »Gefälligkeit«. Dieser Umstand war in den Augen der »Societät«, eines Bollwerks des Konservatismus gegen den neumodischen Ungeist, kein Mangel, sondern ein Verdienst.

Bachs Rückzug in die Innerlichkeit bedeutet freilich nicht, daß die letzten Jahre frei von streitbaren Auseinandersetzungen wären. Diesmal ist der Anlaß fast lächerlich geringfügig. Ein Rektor im erzgebirgischen Städtchen Freiberg, ein gewisser Biedermann, hatte einen Lehrplan für die Schulen herausgegeben und darin – ähnlich wie Ernesti in Leipzig – Angriffe gegen die Musik und Bedenken gegen ihre Erziehungsfunktion vorgebracht. Bach, der überlastet ist, sich aber wie stets in solchen Fällen persönlich angegriffen fühlt, bittet einen Freund aus der Mizler-Gesellschaft, den Sangerhausener Organisten Schröter, öffentlich darauf zu erwidern. Schröter versucht, Bach klarzumachen, daß der Freiberger nicht auf die Musik als solche und schon gar nicht auf ihn gezielt habe. Dennoch schreibt er eine Entgegnung, die aber Bach zu milde erscheint, so daß er in Schröters Manuskript eingreift, handfeste Grobheiten einfügt und direkt beleidigend wird. Die Sache geht unrühmlich weiter. Schröter verwahrt sich, Bach schiebt die Schuld auf den Setzer, Schröter nimmt ihm das nicht ab und ersucht Bach um eine Richtigstellung. Die aber kommt nicht mehr zustande.

Bachs Ende bahnt sich an. Es naht in Verbindung mit einem schweren Augenleiden (grauer Star). Erblindet waren zuletzt auch seine Vettern Johann Ernst und Johann Gottfried Walther, der Weimarer Freund. Für die tückische Krankheit gibt der Nekrolog den Grund an: »... sein unerhörter Eifer in seinem Studiren, wobey er, sonderlich in seiner Jugend, ganze Nächte hindurch saß« und unter den damaligen kümmerlichen Lichtverhältnissen Noten las und schrieb.

Ende Mai 1749 ereilt ihn über der Arbeit an seinem letzten eigenhändig geschriebenen Werk, der *Kunst der Fuge*, der erste Schlaganfall. Auf wiederholte Empfehlung aus Dresden durch den Grafen Brühl läßt sich der Rat zu einer der taktlosesten Entscheidungen der Musikgeschichte überhaupt hinreißen: Brühls Privatkapellmeister Gottlob Harrer wird zu einer »Proba zum künfftigen Cantorat zu St. Thom:« eingeladen, »wenn der Capellmeister und Cantor Herr Sebast. Bach versterben sollte«.

Die Probe findet bereits am 8. Juni statt, und zwar »mit größtem Applaus«. Denn laut Brühl hatte sich Harrer direkt in Italien mit dem »heutigen brillanten Gusto bestens bekannt« gemacht. Wenn man heute Bachs *Italienisches Konzert* oder manche Vivaldi-Bearbeitungen hört und dann an das bißchen Modeeffekt denkt, das damalige Zeitgenossen veranlaßten, dem Thomaskantor einen Harrer vorzuziehen, wird das Ausmaß der Entfremdung zwischen Bach und der Musikwelt um ihn deutlich.

Aber selbst nach seinem ersten Schlaganfall und der Demütigung durch die Leipziger Vorgesetzten gibt dieser robuste Mann noch nicht auf. Er arbeitet weiter an der *Kunst der Fuge*, bis er völlig erblindet. Die Handschrift bricht ab, wo er sein klingendes Monogramm in die großartig konzipierte Schlußfuge einträgt...

Und weil er nicht kapitulieren will – »theils aus Begierde, Gott und seinem Nechsten, mit seinen übrigen noch sehr muntern Seelen- und Leibeskräften, ferner zu dienen« –, entschließt er sich zu einer schmerzhaften Augenoperation. Zufällig war der englische Augenarzt Taylor auf einer Europareise auch nach Leipzig gekommen. Der Kantor vertraut sich ihm an, es gab ja keine Alternative, läßt eine erste und bald eine zweite Operation durchführen. Die bringen extreme Schmerzen, doch keine Besserung des Augenlichtes, sondern eine rapide Verschlechterung des Allgemeinbefindens, so daß Bach fast ein halbes Jahr dahinsiecht. Man weiß jetzt, daß er sterben wird.

Aus Naumburg kommen seine Lieblingstochter Elisabeth Juliana, genannt »Liesgen«, und ihr Mann, Bachs Schüler Altnickol. Der Vater hatte kürzlich noch die Freude gehabt, die Hochzeit der beiden mitzuerleben; jetzt erfährt er von der Geburt ihres ersten Kindes. Ob er aber auch wußte, daß dieser Sohn, der den Namen des Großvaters erhält, das erste Jahr nicht überlebt hat?

Eines Morgens kann er plötzlich wieder sehen, aber das ist das letzte Aufflackern. Denn »wenige Stunden darauf wurde er von einem Schlagfluß überfallen; auf diesen erfolgte ein hitziges Fieber, an welchem er, ungeachtet aller möglichen Sorgfalt zweyer der geschicktesten Aerzte, am 28. Julius 1750, des Abends nach einem Viertel auf 9 Uhr, auf das Verdienst seines Erlösers sanft und seelig verschied«.

Wir dürfen glauben, daß Bach gefaßt gestorben ist; zehn Tage vor dem Ende hat er seinem Schwiegersohn sein allerletztes Werk diktiert, den sogenannten Sterbechoral *Vor deinen Thron tret ich hiermit*. Carl Philipp Emanuel hat ihn später an den Schluß der unvollendeten *Kunst der Fuge* gesetzt.

»Vor Deinen Thron tret ich hiermit,
O Gott, und Dich demütig bitt:
Wend Dein genädig Angesicht
von mir betrübtem Sünder nicht.«

Der ruhige, gemessene Schritt der begleitenden Achtel, die die Melodie in der Art Pachelbels vorbereiten, strömt Ruhe und die Zuversicht eines Sterbenden aus, der sein Ziel kennt.

Choral und Kunst der Fuge

Bach ist sozusagen mit dem Choral als »cantus firmus«, als festen Halt gewährenden Gesang, von dieser in die andere Welt gegangen. Der Choral ist der rote Faden durch rund zwei Drittel seines Gesamtwerkes, ist das Rückgrat seiner Lehre.

Er begann mit dem Choral, hat seine »elaboratio« an ihm zu unerreichter Meisterschaft gesteigert, erwarb sich mit Choralimprovisationen den höchsten Ruhm zu Lebzeiten, unterwies eine Vielzahl von Schülern (sämtlich tüchtige Kantoren oder Organisten) am Beispiel des evangelischen Chorals und widmete sich in seiner letzten Zeit – wenn man von den beiden kontrapunktischen »Wissensspeichern« *Musikalisches Opfer* und *Kunst der Fuge* absieht – ausschließlich dem cantus firmus des Gemeindelieds. Da sind die sechs nach ihrem Verleger genannten *Schüblerschen Choräle*, die *Kanonischen Veränderungen über »Vom Himmel hoch«* und schließlich die meist aus früherer Zeit stammenden, vom alten Bach redigierten *Achtzehn Choräle*, zu denen man lange Zeit auch die Variante zum cantus firmus »Wenn wir in höchsten Nöten sein«, Bachs Sterbechoral, rechnete. Heute trennt man letzteren ab und spricht von *Siebzehn Chorälen von verschiedener Art*.

Eins haben die beiden erwähnten Kompendien des strengen Satzes und sämtliche Choralbearbeitungen gemeinsam: in ihnen ist die

»inventio« vorgegeben durch ein Thema oder einen »cantus firmus«. Es deckt sich mit einer allgemeinen Erkenntnis, daß im Altersschaffen die ursprüngliche Erfindungskraft zurückgeht und statt dessen die Kunstfertigkeit zunimmt. Bachs späte Leipziger Jahre sind an Einfällen im Sinne seiner überquellenden Köthener und frühen Leipziger Jahre spürbar ärmer. Seine primäre Erfindungskraft (inventio) hat nachgelassen, dafür nimmt die sekundäre, die Fertigkeit der Bearbeitung vorgegebenen Materials (elaboratio), atemberaubend zu. Bachs Klangsprache wird unstofflich, wird abstrakt. Dafür tritt das architektonische Element seines Kontrapunkts greifbar hervor.

Das macht sein Spätwerk auch heute noch für manchen zu einer recht abstrakten Kunst. Und das ist sie auch. Sie will gar nichts anderes sein als »losgelöst« von irgendwelchen äußeren Anlässen oder Bedingungen, sogar von einer bestimmten Besetzung. Jetzt zeigt sich auch, daß Bachs vieldiskutierte Melodik tatsächlich nicht vokal empfunden ist (was ihm ja Scheibe vorwarf), aber in ihrer Reinkultur, ihrer späten Qualität, ebensowenig instrumental geprägt ist, sondern – abstrakt, im nüchternen Sinne des Wortes. Es ist die melodische Linie »an sich«, ohne jeden Ballast. Diese Linie existiert für ihn wie für den professionellen Musiker auch stumm, denn sie nimmt beim Lesen des Notenbildes jeden beliebigen Klang im inneren Gehör an.

Die menschliche Gefaßtheit, mit der Bach aus dieser Welt gegangen ist, hat ihre Entsprechung in der seltenen, manchmal erschrekkenden Konzentration seiner späteren Werke. Wie Kantaten, Oratorien und Passionen bilden auch sie eine eigene Gruppe und sind eigentlich schon keine Musik mehr im herkömmlichen Sinne, sondern im Sinne der mittelalterlichen *Musica mundana* (vgl. Goethes »Brudersphären Wettgesang«) Abbild des Kosmos über und in uns. Diese Musik kann und soll klingen, aber sie *muß* nicht klingen, sie »tönt« auch ohne akustischen Klang. Man denke an die Mehrdeutigkeit des Begriffes *Harmonie* – sowohl klingendes Geschehen als auch Proportion und Zueinanderpassen.

Die *Kunst der Fuge* ist der Schlußstein in der imposanten Kuppel des Bachschen Lebenswerkes. Der Niederschrift fehlt jeder Hinweis auf die Art der Ausführung. Notiert hat Bach die vier Stimmen in Partitur, was das Spiel auf Tasteninstrumenten allenfalls möglich, aber keineswegs zwingend erscheinen läßt.

An Tasteninstrumenten kämen heute Cembalo, Klavier oder Orgel in Frage. Cembalo und vor allem Orgel haben den Vorteil, polyphones Gewebe durch verschiedene Klangfarben deutlich zu machen, sind aber starr in der Tonerzeugung. Der heutige Flügel hat keine Register (Farben), dafür aber die Nuancen des Anschlags. Ein Pianist *kann* den Themeneinsatz im Tenor etwa durch verstärkten Daumendruck perfekt herausmeißeln. Aber ihm sind Grenzen gesetzt, was die gleichzeitige Differenzierung von vier Linien über die gesamte Strecke hinweg und die Klangfarben anbelangt.

Günstiger für Werk und Hörer scheint mir die Praxis, die vier Stimmen mehreren Spielern zu übertragen, etwa einem Streichquartett, das jede Linie individuell gestalten kann.

Das Thema, das Bach hier im Unterschied zum *Musikalischen Opfer* selbt wählen konnte, wirkt wie die zweckdienlichere, gereinigte und abstrahierte Variante des »Thema regium«. Bach wußte schließlich, was er mit ihm vorhatte. Da gibt es Fugen zu zwei, drei und vier Stimmen, mit ein, zwei, drei und (unvollendet) vier Themen, mit dem Thema – zur Unterscheidung gewöhnlich Generalthema genannt – oder dem Gegenthema in Originalgestalt oder in Umkehrung oder in metrischer Vergrößerung (Augmentation) bzw. Verkleinerung (Diminution). Es gibt das Generalthema im Krebsgang (von hinten nach vorn) oder in der Umkehrung des Krebsganges. (Alle diese Fugentechniken hat später die Zwölftontechnik aufgegriffen, um ihre Reihen zu vervielfältigen und höchste Geschlossenheit ihrer Musik zu erreichen.) Es wechselt auch der Abstand, in dem die Themeneinsätze einander folgen: mal die Quinte, mal die Dezime usf. Dann finden wir Kanons als strengen Sonderfall oder Vorform der Fuge, wo nur eine Melodie komponiert wurde, die aber zeitlich versetzt von mehreren Stimmen ausgeführt wird. Mehrmals erscheint schon der klingende Namenszug B-A-C-H; aber als Thema hebt ihn sich Bach für den gewaltigen Torso der abschließenden vierthemigen, einer sogenannten Quadrupelfuge auf.

Die ersten drei Themen setzen sich klar voneinander ab und werden erst jedes für sich durchgeführt, bevor Bach sie miteinander verbindet. Zwischen Generalthema und dem dritten, Bachs Namenszug, steht als Vermittlung und Bewegungsantrieb eines in Achtelfiguration. Nachdem Bachs Thema seinerseits durchgeführt ist und man den Einsatz eines vierten Themas und damit die Erweiterung der Fuge zur Quadrupelfuge erwartet, bricht die Handschrift ab, und man liest von der Hand Philipp Emanuels, des Erben des Manuskripts, den Vermerk: »Über dieser Fuge, wo der Nahme Bach im Contrasubject angebracht worden ist, ist der Verfaßer gestorben.«

Wohltuend und lösend wirkt in der Streichquartettfassung dann der Sterbechoral *Vor deinen Thron tret ich hiermit*; vergleichbar der Konzertpraxis, nach Bruckners Neunter Sinfonie, die er »dem lieben Gott gewidmet« und ebenfalls nicht mehr beendet hat, sein erhebendes »Tedeum« zu bringen.

13 Nach-Leben

> Dieser Mann – der größte musikalische Dichter und der größte musikalische Deklamator, den es je gegeben hat und den es wahrscheinlich je geben wird, war ein Deutscher. Sey stolz auf ihn, Vaterland; sey auf ihn stolz, aber sey auch seiner werth!
>
> *Forkel, Schluß seiner Bach-Biographie*

Bach starb nicht als armer Mann. Neben einer wertvollen Instrumentensammlung und einer stattlichen theologischen Bibliothek hinterließ er an Barem rund 1000 Taler (mal 90 zu nehmen, um den DM-Betrag zu erhalten). Bach starb auch nicht unvorbereitet, das hätte schlecht zu einem Mann gepaßt, der seit Kindheit mit dem Tod vertraut war. Sein Testament begünstigt auffällig den Jüngsten – vielleicht als Ausgleich dafür, daß dieser den Vater und Lehrer am wenigsten erlebt hatte. Die Brüder wollten anfangs protestieren, daß ausgerechnet Christian die drei wertvollsten Pedalcembali erhalten sollte. Aber man schied in gutem Einvernehmen.

Vormund der unmündigen Kinder wurde Bachs langjähriger Konkurrent Görner, Rechtsbeistand der Witwe der angesehene Leipziger Advokat Graff, der in die Bosefamilie eingeheiratet hatte. Viel Geschick hat er nicht bewiesen, denn Anna Magdalena mußte zuletzt noch eine besondere Demütigung vom Rat der Stadt hinnehmen. Da Bach seinen Dienst erst im Februar angetreten hatte, ihm seinerzeit aber das ganze 1. Quartal ausgezahlt worden war, zog man der Witwe den Betrag von 10 Talern von der ihr zustehenden Summe ab. Anna Magdalena starb 10 Jahre nach ihrem Mann als Almosenempfängerin.

Die jüngeren Kinder wurden »aufgeteilt«. Bei der Mutter blieben Johanna Carolina und Regina Susanna, für die sich später Beethoven finanziell einsetzen wird. Den dahindämmernden Gottfried Heinrich, einen Pflegefall, nahmen die Altnickols mit nach Naumburg, wo er 1763 starb.

Johann Christoph Friedrich, der unauffälligste der berühmten vier Bachsöhne, hatte noch kurz vor dem Tod seines Vaters als

18jähriger die Stelle eines »Hochgräflich Schaumburg-Lippischen Cammer Musicus« beim Grafen Wilhelm zu Bückeburg angetreten. Dessen Vater hatte 1730 die Witwe von Fürst Leopold, Bachs Dienstherrn in Köthen, geehelicht. Die harmonische Atmosphäre in Köthen wirkt also noch Jahrzehnte nach. 1758 rückte Christoph Friedrich dann zum Hofkapellmeister in Bückeburg auf und versah dieses Amt bis zu seinem Tod 1795.

Ab 1771 arbeitete er eng mit Herder zusammen, der in Bückeburg Bibliothekar war. Wie sein Vater heiratete Christoph Friedrich eine Hofsängerin; aus dieser Ehe stammt Wilhelm Friedrich Ernst, bei dem der Fürst Pate stand und der später als Cembalist der Königin Luise und Musiklehrer ihrer Kinder an den preußischen Hof ging. Christoph Friedrich war ein fleißiger, solider Komponist, allerdings weder so tief wie Emanuel noch so brillant wie Christian, und ein konsequenter Orchesterleiter. Er verband die Seßhaftigkeit seines Vaters mit der stillen Gewissenhaftigkeit eines Dorfkantors und dem Aktionsfeld eines Kapellmeisters. Er war der ausgeglichenste von Bachs Söhnen.

In Friedemann potenzierte sich das cholerische Temperament des Vaters: Er wurde zum Aussteiger.

Emanuel verstärkte des Vaters haushälterischen Sinn und Organisationstalent – er wurde geizig und pedantisch.

Christian schließlich realisierte mit seinem großzügigen Lebensradius Bachs sicher gehegte, aber nie verwirklichte Sehnsüchte und den Aufbruch in die internationale Musikwelt, die der Vater erst nach seinem Tode erobern konnte. Christian war Bachs Liebling, aber als Nesthäkchen auch besonders respektlos. Seiner Äußerung über den Vater als »alte Perücke« entspricht Bachs humorig-spöttische Prophezeiung: »Mei Christian is e dummer Junge, darum macht er ooch gewiß emal sei Glück in der Welt.«

Die Biographie ist spannend. 1750 kommt der noch Minderjährige zu Bruder Emanuel nach Berlin (wie einst Sebastian nach Ohrdruf), geht aber schon vier Jahre später nach Italien, findet in Mailand Gönner und nimmt bei Padre Martini Unterricht, um sich den neuesten Opernstil anzueignen. In Neapel hat er mit seinen Opern enormen Erfolg; um den Organistenposten am Mailänder Dom zu erhalten, wird Johann Christian katholisch. Er heißt jetzt »Signor Giovanni Bach«. 1763 finden wir ihn in London, wo man bei ihm eine Oper bestellt hat, die eine umjubelte Premiere hat – in Anwesenheit des gesamten Hofes. Er wird Musikmeister der Königin; nebenbei unterrichtet »John Bach« in der High-Society und kommt mit Pferd und Wagen vorgefahren. 1779 erhält er für eine Oper in Paris 10000 Francs. Enormen Einfluß übt er auf den achtjährigen Mozart aus, der 1764/65 in London unter seiner Anleitung die ersten Sinfonien schreibt.

Der genialische und äußerst erfolgreiche Weltmann gestand aber selbst, daß er »nicht fähig sey, das zu spielen, was sein Vater gesetzt hatte«. Mit dieser Qualifikation befand er sich durchaus im Einklang mit seiner Zeit. Wenn sein älterer Bruder Philipp Emanuel den »empfindsamen Stil« seiner Zeit vertritt, gilt Christian als Vertreter des »galanten Stils«, der äußerlichen Ergänzung des intimen, empfindsamen Stils. Beide aber treffen sie die Bedürfnisse der nachwachsenden Generation, beide sind sie zu Lebzeiten weit berühmter als ihr Vater. Und wenn man »Bach« sagte, meinte man einen von ihnen. Für Johann Sebastian hatte sich schon in seinen späten Leipziger Jahren als Unterscheidungsattribut »der alte Bach« eingebürgert.

Drei Nachrufe verdienen Erwähnung. Zuerst ein Sonett von Telemann, das allerdings in eine Huldigung an seinen Patensohn Emanuel mündet:

»Erblichener Bach! Dir hat allein Dein Orgelschlagen
Das edle Vorzugswort des »Großen« längst gebracht;
Und was für Kunst dein Kiel aufs Notenblatt getragen,
Das ward mit höchster Lust, auch oft mit Neid, betracht'.
So schlaf! Dein Name bleibt vom Untergange frei:
Die Schüler deiner Zucht, und ihrer Schüler Reih'
Bereiten für dein Haupt des Nachruhms Ehrenkrone;
Auch deiner Kinder Hand setzt ihren Schmuck daran;
Doch was insonderheit dich schätzbar machen kann,
Das zeiget uns Berlin in deinem würd'gen Sohne.«

Die meisten Prophezeiungen erfüllten sich nicht. Nicht nur Bachs sterbliche Hülle schlief, sondern auch sein Name. Für rund 100 Jahre versank der in Vergessenheit. Es gab Schüler, die ihn verleugneten, und Söhne, die sein Werk als nicht mehr zeitgemäß eher umgingen als pflegten. Bachs Auferstehung verdanken wir fremden, späten Bewunderern, die fassungslos vor seinem unpfleglich überlieferten Riesenwerk standen. Beethoven brach in den Ruf aus: »Bach? Nein: *Meer* sollte er heißen!« Aber bis dahin ist es noch weit.

Den zweiten Nachruf kann man als Beginn der Bach-Literatur bezeichnen.

Die Mizlersche Societät hatte in ihrem Statut die Verpflichtung übernommen, jedes verstorbene Mitglied durch einen umfangreichen »Nekrolog« (Nachruf) zu ehren und zu verewigen. Beauftragt wurde Bachs Sohn Philipp Emanuel und der Schüler Agricola (später Hofkapellmeister bei Friedrich II.). Bis ein halbes Jahrhundert später die erste reguläre Biographie von Forkel erschien, blieb dieser Nekrolog das einzige solide Informationsmaterial über Bachs Leben und Schaffen. Dem Nachruf pflegte nach Mizlers Protokoll ein Gedicht zu folgen, das ein gewisser Dr. Wenzky verfaßte. Zuerst ruft Wenzky den Musen zu:

»Hört, was euch das Gerüchte bringt,
Hört was für Klagen Leipzig singt,
Es wird euch stören:
Doch müßt ihr's hören.«

Dann singt die Musenstadt an der Pleiße den erhebenden Reim:

»Der große Bach, der unsre Stadt,
Ja, der Europens weite Reiche
Erhob, und wenig seiner Stärke hat,
Ist – leider! eine Leiche.«

Am Schluß des Poems tröstet Bach die trauernden Hinterbliebenen, er werde im Himmel bessere musikalische Verhältnisse antreffen, als er sie in Leipzig vorgefunden habe.

Fast 150 Jahre lang wußte man nicht, wo Bach begraben worden war. Der Bachbiograph Rochlitz hatte um 1800 nur herausfinden können, daß Bach auf dem Johannisfriedhof außerhalb der Stadtmauern lag. Die dazugehörige Kirche wurde 1894 zwecks Erweiterung teilweise abgetragen und das Terrain auch über die Grundmauern hinaus ausgeschachtet. Dabei stieß man auf zwei eichene Särge.

Soviel war bekannt aus der Rechnung des Johannishospitals für den Totengräber: Bach wurde in einem Flachgrab ohne Stein, und zwar in einem Eichensarg bestattet. Aus anatomischen Messungen schloß man, daß nur das eine Skelett in Frage kam: Die charakteristischen Merkmale von Bachs Schädelform, wie sie auf zeitgenössischen Bildnissen klar hervortreten, fanden sich bestätigt – schlaffe rechte Oberlidfalte, hervortretender Unterkiefer, asymmetrische Augenhöhlen.

Um eine einigermaßen zuverlässige Bachbüste zu erhalten, modellierte der Leipziger Bildhauer Seffner über einem Gipsabguß des vermutlichen Bachschädels einen Kopf, der inzwischen als wahrheitsähnliches Phantombild des Thomaskantors anerkannt ist und nach dem Seffner dann sein Denkmal entworfen hat.

Inzwischen hatte Bach eine gebührende Ruhestätte in der Johanniskirche erhalten. Im 2. Weltkrieg wurde zwar deren Schiff zerstört, die Bachgruft aber blieb unversehrt, so daß 1950 seine Gebeine in die Thomaskirche überführt und dort im Altarraum beigesetzt werden konnten – anläßlich seines 200. Todestages.

Außer den feierlichen Nachrufen gab es Versuche von Freunden, Bachs Namen vor dem Vergessen zu bewahren. So warb Mattheson für den Absatz der inzwischen gestochenen *Kunst der Fuge* und nannte sie »ein praktisches und prächtiges Werk«, das »alle französischen und welschen Fugenmacher dereinst in Erstaunen setzen wird, dafern sie es nur recht einsehen und wohl verstehen, will nicht sagen, spielen können. Wie wäre es denn, wenn ein jeder Aus- und Einländer an diese Seltenheit seinen Louisd'or wagte?« Und er appelliert an den Nationalstolz seiner Landsleute: »Deutschland ist und bleibt doch ganz gewiß das wahre Orgel- und Fugenland.«

Carl Philipp Emanuel, der den Druck besorgen ließ, konnte für das Vorwort sogar einen angesehenen Musikschriftsteller gewinnen, der allerdings nicht Schüler Bachs, sondern Rameaus war – Friedrich Wilhelm Marpurg.

Andererseits hat man selbst bei Mizlers Gesellschaft Bachs Bedeutung als Komponist nicht erkannt. Im selben Jahrgang, der auch den Nekrolog enthält, findet sich eine Aufzählung der Komponisten, die den Ruhm der deutschen Musik begründen, in der Reihenfolge ihrer Bedeutung. Am Anfang stehen Hasse (!) und Händel sowie Telemann; dann folgen die Brüder Graun (Carl Heinrich als Kapellmeister am Berliner Hof und Begründer der dortigen Oper; Johann Gottlieb, auch Violinvirtuose und Lehrer Friedemanns) und der gothaische Hofkapellmeister Stölzel. Bach bildet den Abschluß: Ihm folgen Namen, die man heute nur noch als Virtuosen kennt.

Kurioserweise waren es die Söhne, die dem Ruhm des Vaters im Wege standen. Man liest mit Bitterkeit die Aufzeichnungen des reisenden Musikschriftstellers Charles Burney, der 1772 auch nach Hamburg kommt und bei Emanuel Quartier nimmt. Wenn Burney feststellt, daß sein Gastgeber der »größte Komponist für Klavierinstrumente« überhaupt sei, der jemals gelebt hat, wenn er ihn »gelehrter als sein Vater« nennt und sogar noch behauptet, er habe diesen in der »Mannigfaltigkeit der Modulation weit übertroffen«, dann kann er so gut wie keine Kenntnis vom Werk des Vaters gehabt haben. Aber wäre es nicht Aufgabe des Sohnes gewesen, ihm die Augen zu öffnen?

Und derselbe Emanuel, der später Forkel gegenüber das Lehrsystem seines Vaters rühmt, sieht die kunstfertige Ausarbeitung (elaboratio) als Anzeichen für den Mangel an Einfall (inventio). Ihm wäre es, so erinnert sich Burney, »allemal ein sicherer Beweis, daß es demjenigen ganz und gar an Genie fehle, der sich mit einem so knechtischen Studieren abgeben und in so unbedeutende Arbeiten verliebt sein könnte«.

Daß Emanuel das Werk seines Vaters nicht tatkräftig verbreitete, hatte allerdings auch objektive Ursachen. Die Aufführungsbedingungen waren in der Hansestadt noch kläglicher als in Leipzig, und das Interesse an Kirchenmusik war spürbar zurückgegangen. Und was Druckausgaben betraf, so scheute der ohnehin sparsame Emanuel weitere Risiken, seit sich der Stich der *Kunst der Fuge* als Mißerfolg erwiesen hatte: bis 1756, dem Geburtsjahr Mozarts, waren ganze *dreißig* Exemplare abgesetzt worden! Wenigstens hütete er sorgfältig sein Erbteil an väterlichen Handschriften – anders als Friedemann, dessen Anteil bald in alle Winde verstreut war. Wenn jemand die Autographen und Handschriften sehen wollte, lieh er sie zur Einsicht und Abschrift aus – allerdings gegen Gebühr, und die forderte er sogar von seinem Freund Forkel, dem ersten Biographen seines Vaters! Wer muß da nicht zurückdenken an Vetter Elias und den Taler Vorkasse, den Bach senior für sein *Musikalisches Opfer* zu sehen wünschte?

Neben dem Ruhm seiner beiden Söhne in Hamburg und Mailand/London war es die zunehmende Popularität Händels, die

Bachs Bedeutung erst einmal verdunkeln mußte. Schon immer hatte man Händel als Komponisten über Bach gestellt. Und jetzt waren es ganz besonders seine Oratorien mit den im Vergleich zu den Kantaten anhörbaren Texten, die ihm den Vorzug sicherten.

Der zweite Thomaskantor nach Bach, Johann Friedrich Doles, verteidigte die kunstvollen alten Formen und zollte in dieser Disziplin seinem einstigen Lehrer hohes Lob, hielt aber diese ehrwürdige Kunst nur für Kenner geeignet und umging sie vor größerem Publikum und erst recht in der kirchenmusikalischen Praxis. Er schlug vor, bei den alten Techniken die »gehörigen Schranken zu beobachten und dabey die sanfte und rührende Melodie nicht zu vergessen«, was man ihm – Kind seiner Zeit – keineswegs ankreiden darf. Immerhin ließ er Bachs Passionen und Motetten singen. Einer solchen Aufführung verdankt Mozart sein Bach-Erlebnis, das ein Thomaner jener Zeit, Johann Friedrich Rochlitz, aus eigener Erinnerung aufgezeichnet hat:

»Mozart kannte Bach mehr vom Hörensagen als aus seinen Werken; wenigstens waren seine Motetten, da sie nie gedruckt waren, ihm noch ganz unbekannt. Kaum hatte der Chor einige Takte gesungen, so stutzte er; noch einige Takte – da rief er: Was ist das? Und nun schien seine ganze Seele in seinen Ohren zu sein. Als der Gesang zu Ende war, rief er voller Freude: Das ist wieder einmal etwas, woraus sich was lernen läßt!« Als Mozart erfuhr, daß die Thomasschule sämtliche Motetten Bachs besitze, ließ er sich die bringen, und in Ermangelung von Partituren – es gab keine! – legte er die einzelnen Stimmen um sich herum »in beide Hände, auf die Knie, auf die nächsten Stühle« und vertiefte sich in sie, bis er alles, was von Bach war, »sorgsam durchgesehen hatte. Er erbat sich eine Kopie und hielt diese sehr hoch.«

Nach Doles ist es erst einmal vorbei mit der Bach-Pflege in Leipzig. Sein Nachfolger Hiller tat – wie Zelter an Goethe schreibt – alles, um den Thomanern »Abscheu gegen die Kruditäten« Bachs einzuflößen. Er war ein erklärter Anhänger Händels und Hasses; als sich die Gelegenheit bot, Bachs Chorschaffen wenigstens ansatzweise zu drucken, zog er es vor, Hasses italienische Opern zu bearbeiten und mit geistlichen Texten zu versehen. Ironie des Schicksals: Das heutige Alumnat (Internat) des Thomanerchores steht in der Hillerstraße zu Leipzig.

Nach ihm kamen mit Müller, Schicht und Weinlig (Wagners Theorielehrer) Kantoren, denen überhaupt erst einmal bewußt war, an welcher Kirche sie Dienst taten und welches Genie da vor ihnen gewirkt hatte. Doch die systematische Bachpflege setzte erst 1842, mit der Berufung Moritz Hauptmanns, ein.

Zuvor bereiteten vier Männer den Boden für die Renaissance des gewaltigen Nachlasses: die Schriftsteller Forkel und Rochlitz sowie die Komponisten und Dirigenten Zelter und Mendelssohn.

Johann Nikolaus von Forkel, der im Jahr vor Bachs Tod geboren worden war und jetzt als Universitätsmusikdirektor in Göttingen wirkte, hatte die beiden ältesten Söhne gründlich befragt und legte 1802 seine Ergebnisse in einer nur 69 Seiten langen Publikation der Öffentlichkeit vor. Sein Buch ist nicht nur als Faktensammlung von hoher Bedeutung – seine bahnbrechende Wirkung bezieht es noch mehr aus dem »sieghaften Enthusiasmus« (Albert Schweitzer), mit dem es geschrieben wurde. Den Titel *Über Johann Sebastians Leben, Kunst und Kunstwerke* ergänzt der Verfasser durch die bedeutungsvolle Widmung: »Für patriotische Verehrer echter musikalischer Kunst«. Diplomatisch fügt er eine persönliche Widmung hinzu: »An Gottfried Freiherrn van Swieten in Wien.« Einen besseren Förderer hätte er nicht finden können; van Swieten hatte Philipp Emanuel schon als Gesandter in Berlin unterstützt, in Wien war er befreundet mit Haydn, dessen Oratorientexte er bearbeitete, mit Mozart und mit dem jungen Beethoven, der häufig in seinen Hauskonzerten spielte.

Bachs Name war plötzlich bei der europäischen Musikszene in aller Munde. Selbst die unvermeidliche Gegenüberstellung mit Händel erhielt einen neuen Akzent: Rochlitz, den Albert Schweitzer als einfühlsamen ersten Bach-Ästhetiker bezeichnet, schrieb: Wenn Händel prächtiger sei, so sei Bach wahrer.

Forkel appellierte besonders an den Patriotismus der Deutschen. So heißt es im Vorwort: »Die Werke, die uns Joh. Seb. Bach hinterlassen hat, sind ein unschätzbares National-Erbgut, dem kein anderes Volk etwas Ähnliches entgegensetzen kann.« Er spricht von der Pflicht eines jeden deutschen Mannes, ein solches patriotisches Unternehmen zu unterstützen, die Werke vor der Vergessenheit zu bewahren, und zieht das Fazit: »Die Erhaltung des Andenkens an diesen großen Mann... ist nicht bloße Kunst-Angelegenheit – sie ist

Nationalangelegenheit.« Doch das »wirksamste Mittel zur lebendigen Erhaltung musikalischer Kunstwerke bleibt freylich immer die öffentliche Aufführung derselben vor einem zahlreichen Publikum«.

Aber auch dafür müssen Voraussetzungen geschaffen werden: »Soll der wahre Genuß großer musikalischer Kunstwerke allgemeiner werden, so müssen wir vor allen Dingen bessere Musiklehrer haben.« Und er läßt einen hochaktuellen Satz folgen: »Im Mangel guter Lehrer liegt eigentlich die Quelle alles musikalischen Übels.« Und gerade Bach kann er als vielseitigen Künstler empfehlen: »Auch vor Einseitigkeit, wohin nichts so leicht als der herrschende Zeitgeschmack führt, werden wir durch das Studium solcher Klassiker bewahrt, die den Umfang der Kunst so erschöpft haben wie Bach.«

Dabei vergißt er die Realität um ihn (er ist seiner Zeit voraus) keineswegs: »Aber sich an diese alten Meister gewöhnen – das muß man allerdings zuvor, das liegt an ihnen wie an uns.«

Seine Arbeit schließt der enthusiastische Verfasser mit einem Aufruf: »Und dieser Mann – der größte musikalische Dichter und der größte musikalische Deklamator, den es je gegeben hat und den es wahrscheinlich je geben wird – war ein Deutscher. Sey stolz auf ihn, Vaterland; sey auf ihn stolz, aber, sey auch seiner werth!«

Neben Forkel macht sich Johann Friedrich Rochlitz um Bachs »Auferstehung« verdient. Der Thomaner wird von den vierstimmigen Choralsätzen und dem *Wohltemperierten Klavier* direkt magisch angezogen, vertieft sich in diese Musik und wagt erste Definitionen im ästhetischen Sinne. Er sieht in Bach den »Dürer der deutschen Tonkunst«, denn er erreiche seine erhabenen Wirkungen durch die unerschöpfliche Kombination (elaboratio) des einfach Erfundenen (inventio). Bach stehe für eine Kunst, die »befriedigt« – im Unterschied zu der, die nur »gefällt«.

Rochlitz hat sich auch um die letzte Tochter Bachs gekümmert, die bei ihres Vaters Tod erst acht Jahre alt war. Als Regina Susanna in Not geriet, veröffentlichte er in der »Musikalischen Zeitung« einen Aufruf: »Gäbe nur jeder, der von den Bachen gelernt hat, die geringste Kleinigkeit; wie sorglos und bequem würde das gute Weib ihre letzten Jahre hinbringen können.

Unter den Spendern befand sich Ludwig van Beethoven, der über den Leipziger Musikverleger Breitkopf die Einnahmen aus seinem Oratorium »Christus am Ölberg« zur Verfügung stellte. Beethoven war Bach tief verpflichtet. Sein *Wohltemperiertes Klavier* hatte er unter Neefes Aufsicht so intensiv durchgearbeitet, daß er es später seine »musikalische Bibel« nannte.

Die »Pioniertaten« dieser beiden Vordenker dürfen nicht darüber hinwegtäuschen, daß Bach in der »Beliebtheitsliste« beim breiten Publikum nach wie vor ganz hinten stand. Seine Musik, zuletzt ohnehin nach innen gewandt, galt als verstaubt und zu kompliziert. Der siegreiche Rationalismus verachtete alles Kunstvolle als künstlich. So muß sich Bach Bearbeitungen gefallen lassen, die ihn salonfähig machen wollen in einem empfindsamen Zeitalter – ausgeführt von seinem Sohn Emanuel und von Carl Friedrich Zelter, dem wakkeren Maurermeister, Komponisten, Chorleiter und Musikberater Goethes. Er erklärt alles Störende an Bachs Musik als französische Zutat, als entbehrlich, und legt den seines Erachtens wahren Bach frei. Und es ist schon rührend, mit welcher Selbstsicherheit dieser schlichte Denker seine Notiz an Goethe abschließt: »So habe ich mir für mich alleine manche seiner Kirchenstücke zugerichtet, und das Herz sagt mir, der alte Bach nickt mir zu, wie der gute Haydn: Ja, ja, so hab' ich's gewollt!«

Aber Zelter findet für die damals nicht leicht überschaubare Persönlichkeit Bachs immerhin eine gute Formel: »Alles erwogen, was gegen ihn zeugen könnte, ist dieser Leipziger Kantor doch eine Erscheinung Gottes: klar, doch unerklärbar.«

In zwei Punkten hat sich Zelter wesentliche Verdienste um die Bach-Pflege erworben. Erstens hat er Goethe *Das Wohltemperierte Klavier* zugeschickt, aus dem sich dieser bei einem Kuraufenthalt in Bad Berka vom dortigen Organisten vorspielen ließ. Tief beeindruckt von der in sich stimmigen und aus sich herausgewachsenen, architektonisch klaren, wohlproportionierten Klangwelt Bachs – die auch einem Nichtmusiker wie Goethe sich mitgeteilt haben muß –, schrieb er am 21. Juni 1827 zurück: »Ich sprachs mir aus: als wenn die ewige Harmonie sich mit sich selbst unterhielte, wie sichs etwa in Gottes Busen, kurz vor der Weltschöpfung möchte zugetragen haben. So bewegte sichs auch in meinem Innern und es war mir, als wenn ich weder Ohren, am wenigsten Augen, und wieder keine übrigen Sinne besäße noch brauchte.«

Zweitens hätte die Wiederaufführung der *Matthäuspassion* und damit die Bach-Renaissance des 19. Jahrhunderts ohne Zelter noch länger auf sich warten lassen. Zu Beginn des Jahres 1829 kamen zu ihm sein Schüler Felix Mendelssohn und dessen Freund, der Schauspieler Eduard Devrient. Sie baten den etwas autoritären Meister, der seit 1800 die Berliner Singakademie leitete, Felix mit diesem Chor Bachs *Matthäuspassion* einstudieren und aufführen zu lassen, ein Jahrhundert nachdem sie unter Bachs eigener Leitung in Leipzig erstmals erklungen war. Später prägten die beiden selbst das Wort, daß erst »ein Komödiant und ein Judenjunge« nötig gewesen seien, um nach 100 Jahren dieses Werk wieder dem Schattenreich zu entreißen.

Sämtliche der 400 Mitwirkenden bei der Wiederaufführung verzichteten auf Honorar und sogar auf Freikarten! Mendelssohn zählt damals nicht mehr als 20 Jahre und hatte noch nie eine solche Mammutbesetzung dirigiert. Es war auch für ihn ein überwältigendes Erlebnis. Seine Schwester Fanny schreibt: »Der überfüllte Saal gab einen Anblick wie eine Kirche, die feierlichste Andacht herrschte in der Versammlung; man hörte nur einzelne unwillkürliche Äußerungen des tief erregten Gefühls.«

Mendelssohn brachte später als neu ernannter Gewandhauskapellmeister die *Matthäuspassion* auch nach Leipzig, wo sie 1841 zum erstenmal seit Bachs Zeiten wieder zu hören war. Zwei Jahre darauf stiftete er das erste Bach-Denkmal. Bei der Enthüllung war auch Wilhelm Friedrich Ernst, Sohn des »Bückeburger Bachs«, zugegen.

Das Jahr 1833 brachte zwei weiteren Großwerken ihre Auferstehung: der *Johannespassion* durch die Berliner Singakademie und der gekürzten *h-Moll-Messe* durch den Frankfurter Cäcilienverein. Dieser führte dann auch das *Weihnachtsoratorium* wieder auf, allerdings erst 1858.

Die Sorgenkinder der Bach-Renaissance waren die Kantaten. Trotz des glänzenden Erfolges der *Matthäuspassion* 1829 war in Berlin bis 1843 keine einzige Bachkantate erklungen. Was stand dem im Wege? Zelter trifft den Kern: »Das größte Hinderniß in unserer Zeit liegt freilich in den ganz verruchten deutschen Kirchentexten, welche dem polemischen Ernste der Reformation unterliegen, indem sie durch einen dicken Glaubensqualm den Unglauben aufstöbern, den niemand verlangt.«

Diese Kritik ist zeittypisch: Zelter fühlte sich abgestoßen von dem unablässigen Wettern gegen den Unglauben und von dem Moralisieren. Man ist doch kein Atheist, wozu dann diese Geschütze?

Nun, die Zeiten haben sich geändert. Zum barocken Überschwang gehörte auch die halb wohlige »Buß-und-Reu«-Haltung neben dem damals absolut normalen Bilderreichtum und der blumigen Sprache. Daß solche Metaphern ein Zeitalter später »danebengehen« konnten, wen wundert das? Man stelle sich vor, wie der ahnungslose Hörer des 19. Jahrhunderts beispielsweise den folgenden Vierzeiler aufgenommen haben mag:

»Ei, ei wie vergnügt ist mir mein Sterbekasten,
Weil Jesus mir in Armen liegt!
So kann mein Geist recht freudig rasten!«

Die Musikfreunde des 19. Jahrhunderts nahmen den Text noch wörtlich und ernst: Da liegt ein Toter im Sarg, hält vergnügt Jesus im Arm und findet das entspannend. Erst eine Generation, die Wagners Texte mit seinem Gesamtkunstwerk zur Kenntnis und in Kauf nehmen muß, wird wieder die nötige Nachsicht und Distanz aufbringen. Und für uns heute hat sich Bachs Musik längst wie Efeu um das alte Gemäuer mancher Texte gelegt und sie überhörbar gemacht.

Auch die Oratorien enthalten Textpassagen, die heute – für sich genommen – beinahe komisch wirken. Etwa die folgende Altarie aus der *Matthäuspassion*:

»Buß und Reu
Knirscht das Sündenherz entzwei,
Daß die Tränen meiner Zähren
Angenehme Spezerei,
Treuer Jesu, dir gebären.«

Statt eines Kommentars sei nur dazu eingeladen, sich den geschilderten Prozeß einmal sachlich zu vergegenwärtigen.

Ferrucio Busoni, ansonsten ein Bach-Verehrer, meldet seine Bedenken gegen die kritiklose Weiterverwendung solcher monströser Sprachgebilde noch im Jahre 1919 an und zielt vor allem auf die Arientexte, denn die Arie ist seiner Ansicht nach das »lähmende, profanierende Moment, die jeweilige Betrachtung des bezopften Bigotten, und schon die Disharmonie zwischen diesen Texten und jenen des Evangeliums ist derart verwundend, daß ich mich wundere, wie noch nie jemand dagegen protestierte«. Und der so sensible Bach-Interpret versteigt sich zu dem Vorschlag, die Oratorien einfach der Arien zu entledigen, auch wenn sie dann zusammenschrumpfen würden.

Zu den Schwierigkeiten mit den »verruchten« Texten kam ein zweites Hindernis für die Verbreitung der Kantaten, und zwar überraschenderweise aus dem kirchenmusikalischen Lager selbst. Es handelte sich dabei um eine Neuauflage der Einwände, die schon von den Pietisten zu Bachs Lebzeiten geäußert worden waren: »...seine außerordentliche Einwirkung auf das Gemüt der Hörer, eben die Mittel, wodurch er diese erreicht, schließen das wunderwürdige Werk Bachs von der Kirche, der Stätte der Anbetung, aus« (Carl v. Winterfeld).

Während die Oratorien ihren Siegeszug antraten und die Kantaten noch immer auf ihre »Wiederzulassung« warteten – was tat sich auf verlegerischem Gebiet?

Die etwa gleichzeitig mit Forkels Biographie enthusiastisch begonnene Gesamtausgabe bei Hoffmeister & Kühnel in Leipzig (nachmals Peters) blieb in den Anfängen stecken. Simrock & Nägeli in Hamburg hatte eine große Ausgabe geplant, dasselbe Schicksal erlitten und sich bald nur auf einige relativ gut gehende Klavier- und Instrumentalwerke beschränkt. Man hält kaum für möglich, daß Bachs *Magnificat* bei der Hamburger Versteigerung seines Handschriftennachlasses für ganze sieben Mark zu haben war!

Als Breitkopf & Härtel 1821 mit *Ein feste Burg ist unser Gott* einen Kantatendruck wagte, wurde es ein erklärter Ladenhüter. Einziger Erfolg vor der Jahrhundertmitte war die Gesamtausgabe der Orgelwerke durch Peters – seitdem begleitet Bachs Musik seine Kollegen an den deutschen Orgelbänken durch das Kirchenjahr.

Als 1843 die englische Händel-Gesellschaft gegründet wurde, fragte Robert Schumann in seiner »Neuen Leipziger Zeitschrift für Musik«, wann es endlich eine deutsche Bach-Gesellschaft gebe.

Lange mußte er nicht mehr warten – 1850 war es soweit. Den Vorsitz hatte der damalige Thomaskantor Moritz Hauptmann, im Vorstand saßen u. a. der Mozart-Biograph und Leipziger Archäologe Otto Jahn und Robert Schumann; als Geschäftsführer fungierte Breitkopf & Härtel. Hauptaufgabe und Hauptverdienst dieser ersten Bach-Gesellschaft war eine Gesamtausgabe der Werke.

Leider ging man aus Sorge, die allgemeine Begeisterung könne bald nachlassen, hastig und konzeptionslos vor, übersah wichtige Quellen und leistete sich den marktpolitischen Fehler, in den ersten Jahrzehnten die Bände nicht einzeln, sondern nur komplett abzugeben – wie ein Konversationslexikon. Als man sich endlich entschloß, den Einzelband zum doppelten Preis anzubieten, war das Interesse der Musikwelt erlahmt.

Der erste Band erschien 1851, der letzte (Nr. 46) 1899; man hatte 403 Subskribenten, deren Zahl sich allerdings nicht vermehrte, sondern sogar noch mit gezielten Werbeaktionen – u. a. durch Franz Liszt – gehalten werden mußte. Brahms zählte zu den größten Ereignissen seines Lebens die Gründung des Deutschen Reiches und die Vollendung der Bachausgabe!

Nach Moritz Hauptmann (gest. 1868) übernahm Wilhelm Rust das Thomaskantorat. Rust hatte schon seit 1853 an der Ausgabe mitgearbeitet (ab 1858 als Hauptredakteur), wurde 1878 Thomasorganist und gab die Hälfte der Bände heraus.

Allmählich kam Bach in Mode. Vielerorts entstanden Bach-Vereine. In Wien trat Brahms mit dem Singverein für den Leipziger Meister ein. Liszt bevorzugte in seinen Konzertprogrammen Bachs Orgelwerke, die er sich für Klavier eingerichtet hatte; noch auf seine Initiative hin wurde 1885, zum 200. Geburtstag des Altmeisters, das Eisenacher Bachdenkmal enthüllt.

Überraschende Unterstützung erhielt die Bachpflege durch den meistdiskutierten deutschen Komponisten des 19. Jahrhunderts, durch Richard Wagner. Er hat den Weg Bachs zum deutschen Publikum direkt und indirekt geebnet. Erstens war der Meister von Bayreuth selbst Verehrer des Thomaskantors und sah ihn, wie schon Forkel, ganz unter nationalem Aspekt: nachzulesen in seinem Aufsatz »Was ist deutsch?«

»Will man die wunderbare Eigentümlichkeit, Kraft und Bedeutung des deutschen Geistes in einem unvergleichlich beredten Bilde erfassen, so blicke man scharf und sinnvoll auf die sonst fast unerklärlich rätselhafte Erscheinung des musikalischen Wundermannes Sebastian Bach. Er ist die Geschichte des innerlichsten Lebens des deutschen Geistes während des grauenvollen Jahrhunderts der gänzlichen Erloschenheit des deutschen Volkes. Da seht diesen Kopf, in der wahnsinnigen französischen Allongeperücke versteckt, diesen Meister – als elenden Kantor und Organisten zwischen kleinen thüringischen Ortschaften, die man kaum dem Namen nach kennt, mit nahrungslosen Anstellungen sich hinschleppend, so unbeachtet bleibend, daß es eines ganzen Jahrhunderts wiederum bedurfte, um seine Werke der Vergessenheit zu entziehen; selbst in der Musik eine Kunstform vorfindend, welche äußerlich das ganze Abbild seiner Zeit war, trocken, steif pedantisch, wie Perücke und Zopf in Noten dargestellt: und nun sehe man, welche Welt der unbegreiflich große Sebastian aus diesen Elementen aufbaute! Auf diese Schöpfungen weise ich nur hin; denn es ist unmöglich, ihren Reichtum, ihre Erhabenheit und alles in sich fassende Bedeutung durch irgendeinen Vergleich näher zu bezeichnen.«

Aber indirekt bewirkte Wagner noch mehr für die allmähliche Popularisierung Bachs. Sein Gesamtkunstwerk und seine durchaus kontrapunktische Klangsprache (die, wie bei Bach, nicht vom Gesang ausgeht) sind alles andere als einfach; man mußte sich in Wagner einhören und einarbeiten. Das Publikum wurde unversehens anspruchsvoll und »belastbar«. Und das war auch die Voraussetzung, um Bach zu begreifen.

Inzwischen hatte auch die Bach-Literatur entscheidenden Zuwachs bekommen: durch Spitta und Schweitzer.

Philipp Spitta, von Haus aus Altphilologe, veröffentlichte 1873 und 1880 eine zweibändige, knapp 2000 Seiten umfassende Biographie, die sich sogleich größter Beliebtheit erfreute (daraufhin erhielt er einen Ruf an die Berliner Universität). Das nicht ganz einheitlich gestaltete Werk ist überreich an Fakten und originellen Gedankengängen, weshalb es Schweitzer als »Steinbruch für popularisierende Bach-Biographen« bezeichnet.

Ein solcher im besten Sinne des Wortes war er auch selbst, der Dr. med et theol. et phil. Albert Schweitzer, dessen Vielseitigkeit von einem beeindruckenden Auftragsbewußtsein begleitet wird. Schweitzer zählte zu den führenden Organisten seiner Zeit und hatte sich in der sogenannten »Orgelbewegung« (zur Wiederherstellung des Bachschen Orgelklanges) exponiert. 1905 legte er ein Bach-Buch vor, dessen individueller Zuschnitt, abwechslungsreicher Aufbau und persönliches Engagement in der Literatur über Musiker seinesgleichen sucht. Besonders bemüht sich Schweitzer um die Darstellung des Kantatenwerkes, der Choralvorspiele und Choralbearbeitungen. Er begründet das motivische »Wörterbuch der Bachschen Tonsprache« und stellt speziell die Beziehung der Choralsätze zu den entsprechenden Texten (meist der Anfangsstrophe) her.

Mittlerweile kannte man Bachs Grab und hatte sogar eine ziemlich präzise Vorstellung von seiner äußeren Erscheinung, so daß der Bildhauer Seffner 1908 sein neues Bachdenkmal im Thomaskirchhof errichten konnte.

Inzwischen war auch die 1. Gesamtausgabe beendet und damit die Funktion der von Moritz Hauptmann gegründeten Bach-Gesellschaft erfüllt. 1900 wurde deshalb eine Neue Bach-Gesellschaft unter Vorsitz des Musikwissenschaftlers Hermann Kretzschmar ins Leben gerufen. Im Vorstand saß u. a. der Geiger und Brahmsfreund Joseph Joachim, in einzelnen Ausschüssen arbeiteten Busoni und Mahler mit. Man setzte sich zum Ziel, ein Bach-Jahrbuch herauszugeben (was ab 1904 geschehen ist) und ein Museum einzurichten. Außerdem begründete die Neue Bach-Gesellschaft die Tradition der fast alljährlichen Bachfeste, die zwischen drei und sechs Tagen dauern und auch Musik von Bachs Zeitgenossen und Verwandten sowie (seit 1952) relevante Werke des 20. Jahrhunderts zu Gehör bringen und von wissenschaftlichen Vorträgen begleitet werden.

Auf dem zweiten Bachfest 1904 wurde bekanntgegeben, daß das Geburtshaus des Komponisten zum Verkauf stünde; durch großherzige Spenden und Sammlungen konnte es erworben und zum ersten Bach-Museum der Welt umgestaltet werden. Doch schon 1928 erhoben sich Zweifel; das Jahr 1984 brachte dann die endgültige Klärung: Bach hat in diesem Haus nicht einmal gewohnt!

1946 konstituierte sich in Schaffhausen eine »Internationale Bach-Gesellschaft«. 1951 folgte das Johann-Sebastian-Bach-Institut Göttingen mit dem Auftrag, das Erscheinen einer Neuen Gesamtausgabe vorzubereiten (in Koordination mit dem Deutschen Verlag für Musik, Nachfolger von Breitkopf & Härtel Leipzig). Anläßlich des groß aufgezogenen Bachfestes 1950 in Leipzig – anwesend war u. a. Dmitri Schostakowitsch, der selber konzertierte – wurde diese neue Ausgabe unter Leitung des Göttinger Instituts und des Leipziger Bach-Archivs begründet. Weil das Format handlicher geworden ist, hatte man insgesamt 85 Bände geplant; davon ist bislang die Hälfte erschienen. Den Druck übernehmen die Verlagshäuser Bärenreiter und Deutscher Verlag für Musik.

Dem 20. Jahrhundert blieb es auch vorbehalten, Bachs langjährigen »Klangkörper«, den Thomanerchor, zu internationaler Geltung zu bringen. Das verdankt er dem Thomasorganisten Karl Straube, der zu den führenden Orgelvirtuosen seiner Zeit gehörte und das Amt Bachs 1918 antrat. Er führte den Chor erstmals auf vielbeachtete Auslandstourneen und begründete die regelmäßige Rundfunkübertragung der Bachkantaten. Beides – Konzerttätigkeit und Medienarbeit – führte sein Nachfolger Günther Ramin zu einem bisher nicht überbotenen Niveau; der großartige Orgelspieler und Improvisationskünstler war 1940 von der Orgelbank ans Dirigentenpult gewechselt. Nach seinem unerwarteten Tod, einem Interim unter Ekkehard Tietze und dem kurzzeitigen Kantorat von Kurt Thomas und Erhard Mauersberger ist heute Hans-Joachim Rotzsch Verwalter des wohl attraktivsten Amtes innerhalb der europäischen Kirchenmusikszene.

Wie am Beispiel der Neuen Gesamtausgabe abzulesen, wirkt sich Bach – der oft genug innerdeutsche Grenzen passiert hat – in einer schwierigen Zeit als grenzen-, ja systemüberspannend aus. 1949 hatte der Sarkophag mit Bachs Gebeinen seinen endgültigen Platz gefunden, im Chor der Thomaskirche. Ob von deutschen Musikfreunden aus Ost und West mitgebracht, von den Hunderten ausländischer Besucher, von Gemeindegliedern oder sowjetischen Soldaten, die diesen Ort der Besinnung täglich aufsuchen, niedergelegt – auf der schlichten Grabplatte hinter den Stufen zum Altarraum liegen immer wieder frische Blumen.

Und die Bachforschung? Da gibt es immer wieder Überraschungen. Nicht nur, daß sich erst unlängst das vermeintliche Geburtshaus des Komponisten als Flop herausgestellt hat; 1983 fand man in sowjetischen Archiven einen weiteren Brief von Bach an Erdmann, und Ende 1984 erreichte uns – mitten in der Drucklegung dieses Buches – die Pressenotiz, daß der aus Heidelberg stammende Musikwissenschaftler Christoph Wolff in der Bibliothek der Yale-Universität eine Handschriftensammlung mit 33 bislang unbekannten Choralsätzen von Johann Sebastian Bach entdeckt hat.

Das ist nicht alles: Anfang 1985 wurde bekannt, daß unabhängig von Wolff der deutsche Organist und Musikforscher Wilhelm Krumbach an der Yale-Universität auf dieselbe und eine weitere Sammlung von Orgelchorälen gestoßen ist und sogar noch einen dritten Fund gemacht hat – in der Musikbibliothek zu Leipzig. Krumbach spricht von insgesamt 60 neuentdeckten Choralsätzen. Sicher hat zu so intensiver Forschungstätigkeit auch das Bach-Jubiläum 1985 beigetragen; doch zeigt sich gerade an diesem Beispiel, wieviel Neues auch heute noch zu einem »alten Meister« gesagt werden kann.

Mit Bach haben die Komponisten des 20. Jahrhunderts zahllose Überlegungen und Experimente angestellt. Von einigen war schon die Rede. Busoni erwägt 1921 die szenische Aufführung der *Matthäuspassion*, bei der er aber die Arien weglassen möchte (!); Schönberg bearbeitet Orgelwerke für großes Sinfonieorchester und läßt so die dynamische Mehrstimmigkeit Bachs greifbarer werden (*Clavierübung III*). Und 1981 realisiert der Choreograph Neumeier zumindest teilweise die Anregung Busonis und bringt die *Matthäuspassion* auf die Ballettbühne der Hamburger Oper.

Doch längst hat sich Bachs Anziehungskraft auch auf die sogenannte U-Musik ausgewirkt. Das verdanken wir dem Jazz, der in der Motorik seiner Musik wesensverwandte Züge entdeckte. Über diese unerwartete Parallele gelangten seine Partituren in die Hände der Swinglesingers und Jacques Loussiers (»Play Bach«), die ihm einen enormen Zustrom an »Fans« aus unverhoffter Richtung brachten. Wer diese Bearbeitungen vorschnell als Entweihung abtun möchte, möge der Kraft Bachscher Musik vertrauen, die ihre Substanz auch in wechselnder Gestalt bewahren kann.

Mit Sicherheit wird es auch in Zukunft beides geben und geben müssen: das traditionelle Bach-Musizieren, das aus dem internationalen Musikleben nicht mehr wegzudenken ist, *und* den experimentellen Umgang mit diesem ebenso zeitlosen wie vielfältigen Gesamtwerk. Und wenn das auch außerhalb des kirchlichen und konzertanten Rahmens geschieht – um so besser. Das verträgt es durchaus, und Bach – da bin ich mir sicher – hätte Verständnis.

14 Bach und die Zahl

Musik ist eine verborgene Übung von Arithmetik
des seines Zählens unbewußten Geistes.
Leibniz

Um kein Gebiet des Bach-Schaffens ist so viel polemisiert worden wie um die Zahlensymbolik. Auf der einen Seite leugnet man jegliche Bedeutung mathematischer Zusammenhänge und Proportionen in seiner Musik; auftretende Gesetzmäßigkeiten erklärt man als zufällig, unbeabsichtigt.

Auf der anderen Seite stehen die Totaldeuter, die *alle* Notenköpfe abzählen und *sämtliche* Quersummen addieren und dem notierten Schaffen des Komponisten möglichst durchgehend eine latente Symbolebene unterlegen wollen.

Wie so oft, hilft hier ein Kompromiß, denn man wird sich heute kaum einem dieser Extreme anschließen können. Ich beziehe mich im folgenden auf die Forschungen von F. Smend.

Fest steht, daß Bachs Kompositionsweise durch den *Ars canonica*, den »strengen Satz«, schon von vornherein hochgradig »organisiert« im architektonisch-logischen Sinne ist, also auch durchaus mathematische Züge aufweist. Nehmen wir einen Kanon oder eine Fuge – solche Formem sind heute ohne weiteres auf Formeln zu bringen und etwa einem Computer einzuspeisen, der dann im selben Sinne fortfährt... (Daß dann dennoch die innere Logik, die seelisch-emotionale Komponente fehlt und es halt Computermusik bleibt, ist eine andere Frage.)

Aber ich kann mir nicht vorstellen, daß Bach ständig »mitgezählt« hätte. Nachweisbar hat er jedoch *manchmal* bewußt konstruiert, und zwar in mindestens zwei Bereichen, wo sich ihm einfach Zahlenkombinationen und -symbole aufdrängten. Zum einen geht es um das Monogramm (sein Name) und bestimmte Devisen oder Parolen, zum andern um kontrapunktische Sophistik und Geistesakrobatik.

Grundlage für beide Bereiche ist die im Barock weitverbreitete Zählung des Alphabets: A = 1 und so weiter bis Z = 24, wobei nach lateinischer Schreibweise jeweils die Buchstabenpaare I und J sowie U und V gleich gezählt werden.

Man wird verstehen, daß für Bach die seinem Namen entsprechenden Quersummen eine wichtige Bedeutung haben. BACH = 2 + 1 + 3 + 8 = 14; nimmt man die Vornamen als Monogramm hinzu, so ergibt sich die reziproke Quersumme 41. Daneben finden wir so elementare Zahlensymbolik wie zehnfache Tonwiederholung oder zehnfacher Themeneinsatz bei dem Choral *Dies sind die heil'gen zehn Gebot* oder die drei für die Trinität.

Seit 1716 führt Bach ein selbstgewähltes heraldisches Siegel mit Krone. Der Stirnreif weist 5 Juwelen auf, die Kronenzacken tragen 9 Edelsteine oder Perlen, als summa 14 Stück.

Bachs Siegel

Der andere Bereich betrifft die esoterische Kunst des Kontrapunkts und das Verklausulieren von Zusammenhängen oder Botschaften – eine Art Geistestraining unter Gleichgesinnten und Gleichgebildeten. Und das paßt genau in Bachs Spätphase.

Als Bach in Mizlers »Societät« eintrat, hatte er auf Händel (11. Mitglied) und auf die monogrammatische Zahl 14 gewartet. Als die an der Reihe war, ist er eingetreten. Seinem pflichtgemäß gelieferten Porträt ließ er eines seiner knappesten und doch kompliziertesten Kabinettstückchen einarbeiten. In der rechten Hand hält er einen auf drei Systemen notierten dreifachen Kanon. Zu sechs Stimmen! Also soll jeder Kanon mit einem zweiten Einsatz beantwortet werden, doch völlig frei bleibt, wann diese jeweils zweite Stimme einsetzen soll, in welcher Richtung sie sich bewegen soll und ob das Metrum beibehalten oder die Zählzeit verdoppelt bzw. halbiert wird. Obgleich die Mizler-Herren in den exakten Wissenschaften bewandert waren, schienen sie das Rätsel nicht gelöst zu haben, denn sie veröffentlichten den Kanon 1754 unaufgelöst!

Es würde unseren Rahmen sprengen, die geradezu spannenden Lösungen vorzuführen. Aber wir leisten uns ein Notenbeispiel und betrachten unter dem Aspekt der Zahlensymbolik wenigstens die unaufgelöste Version. Den Baß hat Bach bei Händel entnommen und schon in den *Goldbergvariationen* verwendet. Die Baßlinie umfaßt 11 Töne – Händels Mitgliedsnummer bei Mizler; ebenso der gesamte Sopran. Der Alt umfaßt 8 Töne – Symbol für »H«; ebenso der gesamte 1. Takt in allen Stimmen – 8! Aber Bach ist auch vertreten: in den Takten 2 und 3, die als »Canon perpetuus« – Kanon ohne Ende – ständig wiederholt werden sollen. Sie enthalten in den bei-

Rätselkanon, Ausschnitt aus dem Bachporträt von Elias Haußmann, 1746

den Oberstimmen 14 Töne, die einerseits BACH bedeuten, andererseits seine Mitgliedsnummer bei der »Societät«. Wenn man nun den Baß als Händels Thema und gleichzeitig Namenssymbol ausklammert, bleiben insgesamt noch 19 Töne übrig – die Quersumme von 1 + 7 + 4 + 7, der Jahreszahl von Bachs Eintritt in die Gesellschaft.

Daß Menschen Lieblingszahlen haben, ist bekannt. Und es bedarf auch keiner Mühe, mehrteilige Werke auf eine bestimmte gewünschte Anzahl zu bringen. Bei Bach waren es etwa die beiden existenzwichtigen Antrittskantaten für St. Nikolai und St. Thomas: Sie haben beide je 14 Sätze, keine gewöhnliche Anzahl. Bachs frühesterhaltene Klavierfuge läßt das Thema 14mal erklingen; ebenso 14mal erscheint das »Thema regium« in der Triosonate aus dem *Musikalischen Opfer*. Und als er in der ersten Lieferung an Friedrich II. schon den das gesamte Werk abschließenden »Canon perpetuum« mitschickt (obgleich der zur zweiten Lieferung gehören würde), war dort die Kanonstimme genau auf 41 Töne ausgeschrieben: J. S. Bach.

Das monogrammatische Moment hat bei Bach manchmal sogar einen mystischen Anflug. Zur Praxis der barocken Zahlensymbolik gehört auch, daß Worte mit gleicher Quersumme gegeneinander ausgetauscht werden können. Nach dieser Regel wäre der Titel dieses Buches – *Soli Deo Gloria* – mit ein und derselben Summe auszudrücken: J. S. B. = 29 = S. D. G. Das bedeutet, daß bei Bachs Unterschrift immer zugleich das Lob Gottes, die Dankbarkeit gegenüber seinem Schöpfer mitgeschwungen hat.

Auch elementaren Argumenten und Beobachtungen wie den folgenden kann man sich kaum verschließen. Ein Meister, der seinem Porträtisten die Anweisung gibt, einen bestimmten Notentext genau mitabzubilden, wird ihm auch verständlich machen können, daß es ihm auf die Anzahl der Knöpfe auf seinem Wams ankommt: Auf dem Bild von Haußmann sind es 14, und auf einer Kopie der zweiten (verschollenen) Fassung des Bildes sind diese Knöpfe zwar abweichend angeordnet, aber die Anzahl ist geblieben – 14.

Besonders überzeugend erscheint mir Smends zahlensymbolische Deutung von Bachs Sterbechoral. Die Zeilen des cantus firmus *Vor deinen Thron tret ich hiermit* sind durch jeweils 6 oder 7 Takte Pause voneinander getrennt. Auffälligerweise ist nur die Anfangszeile mit Verzierungen ausgestattet. Warum? Auf diese Weise kommen 14 Töne zusammen – BACH. Doch die Anzahl der Noten des gesamten cantus firmus beträgt 41 und symbolisiert J. S. BACH, der vor seinen Schöpfer hintritt.

Derartige Feinheiten und überhaupt zahlenbezogene Details sind nicht für den Hörer bestimmt, sondern vom Komponisten für den Spieler oder Leser eingearbeitet worden – man wußte sich unter Gleichgesinnten. Und manchmal sollte dieses Verfahren den Adressaten auch nur in Trab halten oder gar verunsichern – als kleiner Anschauungsunterricht für eigenes Mittelmaß.

15 Bach und das Instrument – Virtuose und Fachmann

> Man soll ihm auf die Orgel folgen. Diese ist seine eigentliche Seele, der er den lebendigen Hauch unmittelbar eingibt.
>
> *Zelter*

Bach ist durch und durch Tastenmensch und denkt, hört innerlich und entwirft »tastig«. Er kam von der Orgel her und dürfte Mehrstimmigkeit deshalb direkt physisch empfunden, die Polyphonie direkt in seinem Körper gespürt haben, wie ein sensibler Autofahrer die Schwingungen des Wagens mitverfolgt. Natürlich war Bach auch mit der Violine bestens vertraut. Aber das Fundament vor allem für seine herausragende Polyphonie liefern die Tasteninstrumente, und da vor allem die mit Pedal – ob Orgel oder Pedalcembalo. Wissenswert sind unter diesem Gesichtspunkt Beobachtungen von Zeitgenossen zu der Art, wie Bach gespielt, wie er die Tasten berührt hat.

Forkel schreibt von seinem Anschlag, Bach habe mit einer »so leichten Bewegung der Finger gespielt«, daß man sie »kaum bemerken konnte. Nur die vorderen Gelenke der Finger waren in Bewegung, die Hand behielt auch bey den schwersten Stellen ihre gerundete Form, die Finger hoben sich nur wenig von den Tasten auf, fast nicht mehr als bey Trillerbewegungen, und wenn der eine zu thun hatte, blieb der andere in seiner ruhigen Lage. Noch weniger nahmen die übrigen Theile seines Körpers Antheil an seinem Spielen.«

Ohne die beschriebene Fähigkeit der Finger, voneinander unabhängig sich anzuspannen und zu lösen – jedem Klavierspieler aus den sogenannten Fesselungsübungen vertraut –, ist Bachs Musik unspielbar.

Forkels Schilderung trifft vollkommen den Anschlagtyp, der für Orgel und Cembalo erforderlich ist, für jene Tasteninstrumente, bei denen man den einzelnen Ton nicht durch das Gewicht des Anschlages verändern kann.

Für die relativ distanzierte, kontrollierte und nüchterne Spielweise Bachs, wie sie in verblüffendem Gegensatz zum emotionalen und klanglichen Ergebnis seines Vortrags stand, lautet die Devise: »Sowenig wie möglich und soviel wie nötig« an Bewegung.

Bachs Domäne war die Orgel mit ihrem für Laien beängstigenden Nebeneinander von Handspiel auf bis zu fünf Tastenreihen (Manualen; das oberste zuweilen in Augenhöhe und auf Armlänge vom Spieler entfernt) einerseits und Fußspiel andererseits (manchmal sogar zweistimmig). Vor diesem Hintergrund begreift man Nutzen und Notwendigkeit einer so kalkulierten Spielweise. Der Organist muß sich völlig auf die gleichzeitigen Bewegungsabläufe seiner zehn Finger und zwei Füße konzentrieren – ein Umstand, der der Natur des menschlichen Körpers direkt widerstrebt. Genauer gesagt, muß man die Füße doppelt zählen, denn hier kommt noch der Wechsel von »Spitze und Hacke« dazu, die sogar mit entsprechenden Zeichen als »Fußsatz« in die Noten der Orgelschüler eingetragen werden. So erhöht sich die Anzahl der unabhängig voneinander einsetzbaren »Hebel« auf insgesamt vierzehn (diese Zahl ist uns vertraut).

In der Beherrschung dieser 14 »Hebel« stand Bach zu Lebzeiten und für spätere Generationen einsam da. Im Pedalspiel brillierte er zur Verblüffung seiner Zeitgenossen, aber auch auf den Manualen hatte er Neues anzubieten – den Daumenuntersatz. Was jeder Klavierspieler heute für selbstverständlich hält, kam damals erst auf. Vor Bach wurde der Daumen wegen seiner Kürze und Plumpheit nicht benutzt; Tonleitern und verwandte Figuren spielte man mit Finger-*Über*satz. Bach hat den Daumen-*Unter*satz nicht erfunden (parallel zu ihm verwendet ihn auch der Franzose Couperin), aber er gibt ihn als erster systematisch an seine Schüler weiter, wenn auch noch gleichzeitig mit dem Übersatz der Finger. Letzteren braucht man beim Orgelspiel heute noch oft genug – das sei des »Gleichgewichtes der Methoden« wegen erwähnt –, weil man hier durch strengstes Legato – gebundenes Spiel – der Finger ersetzen muß, was das Klavier durch das rechte Pedal mühelos erreicht: daß nacheinander gespielte Töne ineinander übergehen. Bei der Orgel entsteht sofort ein »Loch«, wenn nicht ein Ton dem andern nahtlos folgt. Bei präzisem Anschlag treffen sich die Tasten auf halbem Weg: beim Loslassen der ersten und Niederdrücken der zweiten. Mit der Einführung des Daumens hat Bach jedenfalls eine wahre Revolution im Tastenspiel ausgelöst, die russische Pianistenschule nennt den

Daumen unter diesem Aspekt »Fingermultiplikator«. Man darf bezweifeln, daß alle Zeitgenossen über Bachs Neuerung erbaut waren.

Für zwei Fälle war der Daumen direkt unerläßlich. Um 1700 setzte sich die temperierte Stimmung durch und löste die mitteltönige ab, nach der man nur in Tonarten bis zu drei Vorzeichen noch »sauber« musizieren konnte. Alles Weitere klang verstimmt. Andreas Werckmeister hatte 1691 mit einem Traktat die Umstellung auf das neue akustische System ausgelöst; Bach folgte ihm mit dem gigantischen Gebäude seines zweiteiligen, nach diesem System betitelten *Wohltemperierten Klaviers*, wo er die Verwendbarkeit sämtlicher 24 Dur- und Molltonarten demonstrierte, sofern das Instrument temperiert gestimmt war. Aber das war auch eine Frage der Spieltechnik – ohne Daumenuntersatz wären die nun ebenfalls verwendeten vorzeichenreichen Tonleitern mit mehr schwarzen als weißen Tasten überhaupt nicht spielbar gewesen.

Der zweite Fall ist die bis zu fünfstimmige Polyphonie, die Bach sogar auf dem Manual von den beiden Händen eines Spielers verlangt (wie im *Wohltemperierten Klavier*); ein so dichtes Stimmengewebe wäre – zumal im gebotenen Legato – ohne Daumenuntersatz undenkbar!

Bis auf wenige Stücke, die er dem zarten Klang des Clavichords anvertraut hatte, schrieb Bach seine *Clavier*musik für Orgel oder Cembalo; beide Instrumente hatten zwei, die Orgel zuweilen doch mehr Manuale, beide gab es mit und ohne Pedal. (Pedalcembali waren noch bis zu Schumanns Zeiten in Gebrauch und besonders für Übungszwecke begehrt, denn wo sollte man vor Erfindung des elektrischen Stroms immer einen Bälgetreter für das luftaufwendige Orgelspiel auf zwei Manualen und Pedal mit den verschiedenen Registern hernehmen?)

Seltsamerweise war Bach der erste, der die drei Tastenreihen – zwei Manuale und Pedal – systematisch als gleichberechtigte Partner behandelte: in seinen *Triosonaten*, die einfach atemberaubend zu spielen sind, weil man sich auf das klare Ausformen der durchweg gleichwertigen Linien in allen drei Ebenen konzentrieren muß. Die Aufmerksamkeit wird nicht nur *zwei*-, sondern *drei*geteilt. Diese Bewußtseinserweiterung teilt sich den Hörern mit, denn auch sie werden unwillkürlich gezwungen, die drei Linien gleichzeitig zu verfolgen.

»Seine Füße flogen über die Pedale, als ob sie Schwingen hätten; donnergleich brausten die mächtigen Klänge durch die Kirche«, berichtete ein Zeitgenosse aus Kassel. Bachs Pedalkunst wirkte zu seiner Zeit um so frappierender, als man das Pedalspiel damals schon allmählich aufgab; markige Bässe waren nicht mehr gefragt, man war empfindsam geworden. Emanuel, der Zweitgeborene Bachs, gesteht als Hamburger Musikdirektor, er habe schon jahrelang kein Pedal mehr benutzt!

Es ist kennzeichnend, daß im Nekrolog Bachs brillantes Spiel in einem Atemzug mit seiner kreativen Phantasie erwähnt wird: »Mit seinen zween Füßen konnte er auf dem Pedale solche Sätze ausführen, die manchen nicht ungeschickten Clavieristen mit fünf Fingern zu machen sauer genug werden würden... Wie fremd, wie neu, wie ausdrückend waren nicht seine Einfälle beim Phantasieren; wie vollkommen brachte er sie nicht heraus!«

Phantasieren oder Improvisieren ist bei Bach, der als Meister dieser hohen und seltenen Kunst galt, niemals ein formloses Sich-Verströmen, wie es dann im 19. Jahrhundert wurde und wovor etwa Schumann die jungen Musiker warnte.

Zu Bachs Spiel gehört noch die Fertigkeit des Registrierens, die ja schon auf den späteren Orchesterkomponisten hinweist. Man bedenke, daß große Orgeln rund 60 verschiedene Klangfarben in mehreren Oktavlagen anboten: vom 32′ bis zum 2′ (»Fuß« hier als Längenmaß für die Pfeifen), also den gesamten Tastenvorrat um ganze vier Oktaven versetzen konnten: das war ein regelrechtes Orchester, mit dem kleinen, aber wichtigen Unterschied freilich, daß die einzelnen Linien nicht individuell ausgeformt und artikuliert werden konnten und die Anzahl der gleichzeitig geführten Stimmen schon spieltechnisch begrenzt war. Aber dafür saß da ein einziger Spieler und gebot über diesen klanglichen Kosmos.

Auf den ersten Blick dachten Fachleute, daß Bachs Registerkombinationen niemals gut klingen könnten. Er verfuhr so ungewöhnlich, daß manche Organisten und Orgelbauer »erschraken, wenn sie ihn registrieren sahen..., wunderten sich aber sehr, wenn sie nachher bemerkten, daß die Orgel gerade so am besten klang und nur etwas Fremdartiges, Ungewöhnliches bekommen hatte, das durch ihre Art, zu registrieren, nicht hervorgebracht werden konnte«.

Man wußte also nicht, wie er es machte!

Hand in Hand mit der Spiel- und Registrierfertigkeit ging bei Bach die Kenntnis vom Orgelbau selbst. Er galt als höchste Kapazität für Orgelprüfungen und für Orgeldispositionen und wurde dementsprechend oft angefordert und auch angemessen honoriert. »Noch nie hat jemand so scharf und doch dabey aufrichtig Orgelproben übernommen. Den ganzen Orgelbau verstand er im höchsten Grade«, schreibt Emanuel über seinen Vater. Der hatte eine handfeste Art, ein ihm unbekanntes oder neues Werk zu testen. »Das erste, was er bei einer Orgeluntersuchung tat, war, daß er alle klingenden Stimmen zog und das volle Werk sodann so vollstimmig als möglich spielte. Hierbei pflegte er im Scherz zu sagen: Er müsse vor allen Dingen wissen, ob das Werk eine gute Lunge habe. Sodann ging es an die Untersuchung einzelner Teile... Nach geendigter Probe und wenn das Werk darnach beschaffen war und seinen Beifall hatte, machte er gewöhnlich noch einige Zeit für sich und die Anwesenden von den oben erwähnten Orgelkünsten Gebrauch und zeigte dadurch jedesmal aufs neue, daß er wirklch der Fürst aller Clavier- und Orgelspieler sei.«

16 Lehrwerkstatt – Bach als Pädagoge

> Mein Vater rechnete die unter seine seligsten Stunden, wo sich Bach, unter dem Vorwande, keine Lust zum Informiren zu haben, an eines seiner vortrefflichen Instrumente setzte und so diese Stunden in Minuten verwandelte.
>
> *E. L. Gerber, Lexicon der Tonkünstler, Leipzig 1790*

Der Musikhistoriker Heinrich Besseler meinte, daß es nach Bach nie wieder eine so perfekte Einheit von Schaffen und Lehre gegeben habe. Für ihn war das Unterrichten mehr als eine Vertragserfüllung – erstens war es Tradition der Bache, daß die Begabten und Kundigen den befähigten Nachwuchs oder die »Schwächeren« unterwiesen, zum andern bezog er aus seinem Unterricht immer neue Anregungen, ja selbst konkrete Einfälle.

Ein Systematiker war Bach kaum; er hatte einmal begonnen, ein Lehrbuch wenigstens des Generalbasses zu schreiben, aber bald schon ließ er das sein und entschied sich für die direkte, persönliche Vermittlung – auch wenn das aufreibender war.

Wenn er auch kein Lehrbuch schrieb, so hat er doch eine Reihe pädagogisch orientierter Sammlungen verfaßt, die er seine Schüler, nach Schwierigkeitsgrad geordnet, spielen ließ. Denn bei ihm gab es nur *einen* Weg: die *Dreiheit* der folgenden Begriffe: Der Beginn ist die *executio* – das Spielen lehrreicher Musik, es folgt die *elaboratio* – die Aus- und Bearbeitung vorgegebener Melodien, und erst zuallerletzt kommt die *inventio* – die freie Erfindung, das war dann das persönlichste Feld des einzelnen, dafür war der Lehrer nicht mehr zuständig. Aber er bereitete seine Schüler optimal auf ihren Alleingang vor, denn alle drei Stadien beruhten auf ein und demselben Fundament: dem *Generalbaß*.

Was heute Spezialdisziplin im Rahmen des Tonsatz- oder Kompositionsunterrichtes ist, war damals jedem Musiker geläufig. Ich erlaube mir den Versuch einer knappen Erläuterung.

Die musikalische Kurz- oder Schnellschrift mit Hilfe von Ziffern (denn das ist rein praktisch der Generalbaß) heißt »General«, weil er »allgemeingültig« ist, und »Baß«, weil sich diese Kurzschrift oder Bezifferung auf die tiefste Stimme bezieht. Ein Bachchoral, im Generalbaß notiert, besteht nur noch aus zwei Stimmen statt der sonst erforderlichen vier: den Außenstimmen Sopran und Baß. Unter den einzelnen Baßnoten geben Ziffern an, welche Akkorde die rechte Hand zusammen mit der Melodie zwischen die Außenstimmen setzen muß. Da herrscht höchste Rationalisierung. Der Normalfall, daß auf dem Baßton ein Dreiklang in Grundstellung errichtet wird, benötigt keinerlei Angabe (keine Bezifferung). Alle Abweichungen von der normalen, der Grundstellung des Dreiklangs (Terz und Quint auf dem Baßton) müssen durch Ziffern gefordert werden, die sich auf die Intervalle zwischen dem Baß- und den jeweils zu spielenden Tönen beziehen. Das Notieren im Generalbaß spart enorm viel Zeit; das Spiel im Generalbaß entwickelt das Gefühl für die Außenstimmen und trainiert das blitzschnelle Erfassen der harmonischen Zusammenhänge.

Wenn sich in Bachs Auffassung vom Generalbaß Berührungen mit der christlichen Dreifaltigkeit ergeben, dann ist das kein Zufall. Für Bach war ein solches Denken ganz natürlich: Verankerung seines Handwerks im Glauben an den dreifaltigen Gott. Das bezeugt eindrucksvoll seine Definition: »Der Generalbaß ist das vollkommenste Fundament der Musik, welcher mit beiden Händen gespielt wird, dergestalt, daß die linke Hand die vorgeschriebenen Noten spielt, die rechte aber Con- und Dissonantien dazu greift, damit dieses eine wohlklingende Harmonie gebe zur Ehre Gottes und zulässiger Ergötzung des Gemüts, und soll, wie aller Musik, also auch des General-Basses Finis und Endursache anders nicht, als nur zu Gottes Ehre und Recreation des Gemütes sein; wo dieses nicht in acht genommen wird, da ist's keine eigentliche Musik, sondern ein teuflisches Geplärr und Geleier.« Man vermeint, Luther zu hören.

Schon die Dreistufenmethode *executio–elaboratio–inventio*, in Bachs Lehrwerkstatt konkret *Clavierspiel – cantus-firmus-Arbeit – freie Komposition*, verrät einen theologischen Bezug. Erst recht der Generalbaß als Technik, die alle drei Stadien absichert. Bach führt ihn auf die »vollkommene harmonische Dreiheit« (trias harmonica perfecta) zurück, nämlich auf den Dur- und Moll-Dreiklang als »Wurzel aller Harmonie« und Musiktheorie. Diese Dreiheit ist für ihn göttlichen Ursprungs oder ein »Formular von Gottes Weisheit«, wie Andreas Werckmeister schreibt (dessen Traktat zur gleichschwebenden Stimmung die Grundlage für Bachs *Wohltemperiertes Klavier* lieferte).

Carl Philipp Emanuel hat Forkel die Unterrichtsmethode seines Vaters geschildert:

»Das erste was er... that, war, seine Schüler die ihm eigene Art des Anschlags... zu lehren. Zu diesem Behufe mußten sie mehrere Monate hindurch nichts als einzelne Sätze für alle Finger beyder Hände, mit steter Rücksicht auf diesen deutlichen und sauberen Anschlag üben. Unter einigen Monathen konnte keiner von diesen Übungen loskommen, und seiner Überzeugung nach hätten sie wenigstens 6 bis 12 Monathe lang fortgesetzt werden müssen. Fand sich aber, daß irgend einem derselben nach einigen Monathen die Geduld ausgehen wollte, so war er so gefällig, kleine, zusammenhängende Stücke vorzuschreiben, worin jene Übungssätze in Verbindung gebracht waren. Von dieser Art sind die *6 kleinen Präludien* für Anfänger und noch mehr die *15 zweistimmigen Inventionen*. Beyde schrieb er in den Stunden des Unterrichts selbst nieder und nahm dabey bloß auf das gegenwärtige Bedürfnis des Schülers Rücksicht. In der Folge hat er sie aber in schöne, ausdrucksvolle kleine Kunstwerke umgeschaffen. Mit dieser Fingerübung entweder in einzelnen Sätzen oder in den dazu eingerichteten kleinen Stücken war die Übung aller Manieren in beyden Händen verbunden. Hierauf führte er seine Schüler sogleich an seine eigenen größeren Arbeiten, an welchen sie, wie er recht gut wußte, ihre Kräfte am besten üben konnten. Um ihnen die Schwierigkeiten zu erleichtern, bediente er sich eines vortrefflichen Mittels, nämlich: er spielte ihnen das Stück, welches sie einüben sollten, selbst erst im Zusammenhang vor und sagte dann: ›So muß es klingen.‹«

An diesem Bericht ist mehreres überraschend. Zuerst die Priorität, die er dem Anschlag zuweist. Es kam ihm nicht nur auf technische Sauberkeit, sondern auch auf bewußten, präzisen und »beseelten« Anschlag an. So nennt er seine *Inventionen* im Titel eine »Auffrichtige Anleitung, womit denen Liebhabern des Clavires, besonders aber denen Lehrbegierigen, eine deütliche Art gezeiget wird, nicht aleine (1) mit 2 Stimmen reine spielen zu lernen, sondern auch bey weiteren progreßen (2) mit dreyen obligaten Partien richtig und wohl zu verfahren, anbey aber auch zugleich gute inventiones nicht alleine zu bekommen, sondern auch selbige wohl durchzuführen, am allermeisten aber eine cantable Art im Spielen zu erlangen, und darneben einen starken Vorschmack von der Composition zu überkommen.« (1723)

Daß Bach mit seinen Schülern Geduld hatte, erstaunt uns bei seinem cholerischen Temperament. Aber seine starke Kinderliebe, die Familientradition der Bache und sein sicher angeborener Lehr-Drang werden ihm geholfen haben, pädagogische Durststrecken durchzustehen. Einzige Bedingung: Die Schüler mußten begabt und willig sein. Man weiß, daß er streng auswählte. Unterricht, der nicht auch ihm selbst zum Gewinn gereichte, und sei es durch eigenes Spielen (was für ihn immer »im Training bleiben« bedeutete) oder Komponieren (wie oben belegt), war für ihn undenkbar und wurde, sofern wirklich unvermeidlich, an Dritte delegiert. Und es klingt rührend, daß er den kleinen Kerlen die Mühen versüßt, indem er die technischen Übungen in ansprechende Spielstücke einkleidet; dazu ist er sich nicht zu schade. Und gerade diese elementaren Schöpfungen haben sich in die Finger, Ohren und Herzen von Generationen Klavierspielern und -schülern eingeschlichen. Was gibt es für einen Komponisten Schöneres?

Bach spielt vor – das ist die zweite wichtige Aussage Emanuels. (Es soll noch immer Pädagogen geben, die sich hinter bestimmten Methoden verschanzen und ihre Schüler allein lassen, indem sie sich weigern, die geforderte Literatur vorzuspielen. Meistens liegt das an dem Unvermögen zum Blattspiel. Bei Bach gehörte aber Primavistaspiel genauso wie Improvisation zum großen Komplex der *executio*.) Durch das Spielen seiner pädagogischen Literatur sollten die Schüler einen Vorgeschmack vom Komponieren erhalten – eine durchaus moderne Theorie: vorwegenehmendes, unbewußtes Lernen, das Sich-Einspielen in eine Klangwelt, die man dann allmählich selbst nach den er-spielten Regeln gestalten lernt.

Die Einheit von Beherrschung der Tasteninstrumente und Beherrschung der Tonsatzgrundlagen dokumentiert das Zeugnis, das Bach einem Schüler ausstellt. Der habe sich bei ihm in »Clavier, General-Baß und denen daraus fließenden Fundamental-Regeln der Composition informiren laßen«.

Bach verfuhr genau umgekehrt wie sein Wiener Zeitgenosse

Johann Joseph Fux. Der hat in seinem »Gradus ad parnassum« (1725 noch lateinisch erschienen und von Bachs gelehrtem Freund Mizler 1742 ins Deutsche übersetzt) den strengen zweistimmigen Kontrapunkt Palestrinas zur Grundlage seiner Methode gemacht. Bach geht sofort vom vierstimmigen Satz aus, wirft seine Schüler sozusagen gleich »ins Wasser« und gelangt erst allmählich über den dreistimmigen zum zweistimmigen Satz.

Dieses Buch über Bach soll praxisbezogen enden: mit einem Überblick zu den Werken, die Bach als Lehrwerke für Anfänger, Fortgeschrittene und Kollegen geschrieben hat und in denen er seine eigenen in 50 Berufsjahren gesammelten Erfahrungen zusammenfaßt.

Noch in der Weimarer Zeit begann Bach das *Orgelbüchlein*, in Köthen entstanden dann die *Französischen* und *Englischen Suiten*, die *Zwei- und dreistimmigen Inventionen*, die erwähnten *Klavierbüchlein für Friedemann* und *Anna Magdalena* sowie der 1. Teil des *Wohltemperierten Klaviers*, in Leipzig kamen dann das *Zweite Klavierbüchlein* für Magdalena und der 2. Teil des *Wohltemperierten Klaviers* hinzu. Damit überspannen die Lehrwerke drei Jahrzehnte seines Schaffens.

Das *Orgelbüchlein* gilt dem »anfahenden Organisten«; es gibt ihm Anleitung, »auff allerhand Arth einen Choral durchzuführen, anbey sich auch im Pedalstudio zu habilitieren«. Bach schließt den Untertitel mit einer doppelten Widmung:

> »Dem höchsten Gott allein zu Ehren,
> dem Nechsten, draus sich zu belehren.«

Obwohl es ausschließlich um vierstimmige Choralsätze geht, sind diese weniger für den gottesdienstlichen Gebrauch bestimmt, sondern für die »berufliche Weiterbildung des Kirchenmusikers«. Abgesehen von der Eignung der Sätze als Pedalstudien (executio) liefert das *Orgelbüchlein* ausgezeichnetes Anschauungsmaterial für die unterschiedlichste, phantasievolle Verarbeitung der geistlichen Weisen (elaboratio). Und da liegt der große pädagogische Vorzug der Sammlung: Die »inventio« ist durch den Choral vorgegeben, und die »elaboratio« wird durch unglaublich reiche motivische Umsetzung der Texte (meist ist es die 1. Strophe der Gemeindelieder) angeregt.

Bis auf zwei Ausnahmen (*Christum wir sollen loben schon* und *O Lamm Gottes unschuldig*) liegt die Melodie im Sopran. Leider klafft zwischen Konzeption und Verwirklichung eine enorme Lücke: Von den geplanten 164 Chorälen, mit denen Bach den Bogen über das gesamte Kirchenjahr spannen wollte, hat er nur 45 ausgeführt. Wenn man die Verschiedenartigkeit dieses ersten Drittels bedenkt, muß man die Unvollständigkeit noch mehr beklagen. Schweitzer nennt das *Orgelbüchlein* das »Wörterbuch der Tonsprache Bachs«, weil hier komprimiert die Beziehung zwischen Wort und Ton enthalten und ablesbar ist. Er hat auch die Logik des Aufbaus herausgefunden: Drei Gruppen von Chorälen repräsentieren die drei kirchlichen Höhepunkte des Jahres: Weihnachten, Passion und Ostern. Das Zentrum des *Orgelbüchleins* bildet der als einziger mit drei Strophen vertretene Osterchoral *Christ ist erstanden*. Mit dieser zyklischen Anlage weist das *Orgelbüchlein* auf die *Orgelmesse* vom 3. Teil der *Clavierübung* voraus, wo Bach der Auswahl der Choräle Luthers Katechismus zugrunde legt.

Unter den 62 Stücken, aus denen sich das *Klavierbüchlein für Friedemann Bach* zusammensetzt, finden sich nur zwei Choralbearbeitungen. Dennoch beginnt die Notenschrift mit den Initialen INI: »In nomine Jesu« (Im Namen Jesu). Der Choral *Wer nur den lieben Gott läßt walten* ist programmatisch für Bach und den musikalischen Werdegang, auf den der Vater seinen Ältesten vorbereitet: finden wir ihn doch auch in dem *Notenbüchlein für Anna Magdalena*! Das quantitative Verhältnis zwischen geistlichen und weltlichen Stücken zeigt, daß Bach aus Friedemann einen weltoffenen »Rundum-Musiker« machen wollte, wie er selbst ja auch einer geworden war – zwischen Hof und Kirche pendelnd. Und das paßt sowohl zu dem Motto als auch zu dem zuversichtlichen Choral: Anleitung zu einem fröhlichen, diesseitigen Glauben.

Zwischen jenem *Notenbüchlein* und dem *Wohltemperierten Klavier* liegt eine enorme Entwicklungsstrecke, die Bachs Schüler zurücklegen mußten, wie uns Emanuel berichtet. Der gewaltige Doppelzyklus verlangte ganz neue Fähigkeiten, die nicht einmal alle qualifizierten Zeitgenossen besaßen: Spiel in sämtlichen 24 Tonarten, Daumenuntersatz und bis zu fünfstimmiges polyphones Gewebe. Daß Bach hier ein schon beachtliches Niveau voraussetzt, deutet der Untertitel an: »Zum Nutzen und Gebrauch der Lehrbegierigen Musicalischen Jugend, als auch derer in diesem studio schon habil seyenden besonderem ZeitVertreib.«

Und so will sich auch dieses Bach-Buch von seinem Leser verabschieden – ob er zur lernbegierigen Jugend gehört oder ob er seinen Bach schon kannte: wie die Tonkunst, so ist auch Johann Sebastian Bach ein Thema ohne Ende.

Anhang

Zeittafel

für den historisch interessierten Leser. Gezeigt werden soll die Einbettung Bachs in die politische, geistes- und kulturgeschichtliche Landschaft. Mit Monteverdi geht ein Zeitalter zu Ende, mit Berlioz beginnt die musikalische Neuzeit.

1643 Monteverdi gestorben
1648 Ende des Dreißigjährigen Krieges (Westfälischer Friede zu Osnabrück), Gleichberechtigung der Konfessionen
1649 Karl I. von England hingerichtet, England Republik unter Cromwell
1650 Schütz: Sinfoniae sacrae
1653 Corelli geboren. Lully wird französischer Hofkomponist und Leiter der 24 Violinisten des Königs
1653 Paul Gerhardt: Befiehl du deine Wege
1657 Sebastian Knüpfer Thomaskantor
1660 England wieder Monarchie (Karl II.)
1661 Ludwig XIV. von Frankreich. Höhepunkt des Absolutismus
1664 Andreas Gryphius gestorben. Schütz: Weihnachtsoratorium
1666 Schütz: Matthäuspassion. Newton entdeckt die Schwerkraftgesetze
1667 Baubeginn Versailles. Grimmelshausen: Der abenteuerliche Simplicissimus
1669 Rembrandt gestorben
1670 A. de Chambonnières (Pièces de clavecin) gestorben
1671 Erstes Pariser Opernhaus eröffnet
Bachs Vater Ambrosius trifft in Eisenach ein
1672 Schütz gestorben. Erste öffentliche Konzerte (Banister in London)
1673 Molière gestorben
1676 Leibniz erfindet die Differentialrechnung
1677 Johann Schelle Thomaskantor
1678 Deutsche Oper (am Gänsemarkt) in Hamburg eröffnet. Lenôtre legt den Park von Versailles an
1680 Purcell Organist an Westminster in London
1681 Telemann geboren
1682 Peter I. (der Große) wird Zar von Rußland (regiert bis 1725)
1683 Türken belagern Wien
1685 Edikt von Nantes aufgehoben, Hugenotten flüchten nach Deutschland. Händel und D. Scarlatti geboren
21.3. Johann Sebastian Bach in Eisenach geboren; getauft 23.3.
1687 Ludwig XIV. verwüstet die Pfalz. Thomasius hält deutsche Vorlesungen (Leipzig)

1693 Eröffnung des Leipziger Opernhauses
Bach besucht die Lateinschule Eisenach
1694 Universität Halle gegründet
3.5. Begräbnis der Mutter
1695 20.2. Tod des Vaters. Sebastian kommt zum Bruder nach Ohrdruf
1696 Besuch des Ohrdrufer Lyzeums
1697 Kurfürst Friedrich August (der Starke) König von Polen, konvertiert zum Katholizismus
1700 Der Nordische Krieg (bis 1721). Akademie der Wissenschaften in Berlin durch Leibniz gegründet. Hasse geboren. Kuhnaus »Biblische Historien« für Klavier und erste Kantatendichtungen von Neumeister erschienen
Bach als Mettenschüler am Michaeliskloster in Lüneburg
1701 Kurfürst Friedrich III. von Brandenburg als Friedrich I. König von Preußen. Bau des Schlosses und Zeughauses in Berlin (Schlüter). Graun geboren. Johann Kuhnau Thomaskantor. Telemann Student in Leipzig, gründet ein Collegium musicum
1702 Erfolglose Bewerbung um eine Organistenstelle in Sangerhausen
1703 Reiterstandbild des Großen Kurfürsten in Berlin (Schlüter)
Bachs Onkel Christoph in Eisenach gestorben
März: Bach als Hofmusikus in Weimar
Juli: Orgelprüfung in Arnstadt
August: Anstellung als Organist ebenda
Präludium und Fuge a (Fuge später) für Orgel
1704 Bruder Jakob geht als Musiker zum Schwedenheer. Bach schreibt zum Abschied ein
Capriccio für Clavier; *Fuge c* für Orgel
1705 Händels erste Oper für Hamburg. Bach wandert nach Lübeck zu Buxtehude
1706 Die Schweden in Sachsen und Schlesien. Der rationalistische Philosoph Christian Wolff lehrt in Halle. Rameau: Pièces de clavecin
Fantasie G für Orgel
1707 Händel geht nach Italien
15.6. Bach Organist in Mühlhausen. Am 17.10. heiratet er Maria Barbara, eine Cousine 2. Grades
Erste Kantaten, darunter *Christ lag in Todesbanden* BW 4 und *Gottes Zeit ist die allerbeste Zeit* (Actus tragicus) BW 106
1708 Händel schreibt italienische Oratorien
Juni: Bach als Hoforganist und Kammermusikus in Weimar
29.12. Taufe des ersten Kindes Catharina Dorothea
Ratswahlkantate *Gott ist mein König* BW 71
1709 Karl XII. bei Poltawa geschlagen. Böttger erfindet in Dresden das Porzellan. Christofori baut in Florenz erste Hammerklaviere
Präludium und Fuge e und *Toccata und Fuge d* für Orgel
1710 Händel betritt erstmals englischen Boden
22.11. Wilhelm Friedemann in Weimar geboren
1711 Der Londoner Hoflautenist John Shore erfindet die Stimmgabel

1712 Friedrich II. von Preußen geboren. In Dresden baut Pöppelmann den Zwinger. Corelli: Concerti grossi. Graupner wird Hofkapellmeister in Darmstadt, Händel geht nach England, sein einstiger Lehrer Zachow (Organist in Halle) stirbt

1713 Friedrich Wilhelm I. von Preußen. Corelli gestorben. Couperin (le Grand): Pièces de clavecin. Blüte der französischen Cembalosuiten

Dez.: Probespiel um die Nachfolge Zachows in Halle

Jagdkantate BW 208

1714 Der Kurfürst von Hannover wird als Georg I. englischer König. Händel ist sein Hofkapellmeister. Gluck geboren

Febr.: Bach zieht seine Bewerbung in Halle zurück

2.3. Ernennung zum Konzertmeister der Weimarer Hofkapelle

8.3. Carl Philipp Emanuel geboren

Ich hatte viel Bekümmernis BW 21

1715 Ludwig XIV. gestorben, Nachfolger Ludwig XV. Preußen tritt auf der Seite Rußlands in den Nordischen Krieg ein. J. J. Fux wird Hofkapellmeister in Wien; Mattheson Musikdirektor am Hamburger Dom, läßt erstmals Sängerinnen bei Kirchenmusiken mitwirken

11.5. Johann Gottfried Bernhard geboren

1716 Leibniz gestorben. Händel: Passion nach Brockes (Hamburg)

28.4./2.5. Orgelprüfung in Halle (in Zachows ehemaliger Kirche)

4 wichtige Orgelwerke: *Präludium und Fuge f, Präludium (Fantasie)* und *Fuge c, Präludium (Toccata)* und *Fuge F* und die *Fuge* aus *Präludium und Fuge c* BW 146

1717 Prinz Eugen besiegt die Türken bei Belgrad. Schulpflicht in Preußen. J. J. Winckelmann geboren

5.8. Bach zum Hofkapellmeister in Köthen berufen

Herbst: Geplanter Wettstreit mit Marchand in Dresden

6.11.–2.12. Arrest; endet mit ungnädiger Entlasssung aus Weimarer Diensten

6.12. Orgelprüfung in Leipzig (Paulinerkirche)

Passacaglia c für Orgel, *Orgelbüchlein* beendet

1718 1. Reise mit dem Fürsten nach Karlsbad

1719 B. Chr. Breitkopf übernimmt in Leipzig die Druckerei J. C. Müller (seit 1542).

In London gründet Händel seine Opernakademie

1720 2. Reise mit dem Fürsten nach Karlsbad

7.7. Maria Barbara wird bestattet

Nov.: Bach bewirbt sich um einen Organistenposten in Hamburg (St. Jacobi). Er spielt vor Reinken

Präludium (Fantasie) und Fuge g für Orgel, *Violinkonzerte a* und *E*, *Doppelviolinkonzerte d*, *Tripelkonzert* (Flöte, Violine, Cembalo und Orchester), *6 Sonaten* für Violine und Klavier, je *3 Sonaten* und *Partiten* für Violine allein (in *Partita II d* die berühmte *Chaconne*), *6 Suiten* für Violoncello allein

1721 Telemann wird städtischer Musikdirektor in Hamburg

3.12. Bach heiratet Anna Magdalena Wilcke
6 Brandenburgische Konzerte, Orchestersuiten C und *h* (in letzterer das *D-Dur-Air*), *Notenbüchlein* für *Wilhelm Friedemann*

1722 Graf v. Zinzendorf nimmt die Böhmischen Brüder in Herrnhut auf. Thomaskantor Kuhnau gestorben. Rameau: Traité de l'harmonie, Mattheson: Critica musica (Hamburg)
16.4. Bruder Jakob in Stockholm gestorben
Dez.: Bach bewirbt sich um das Thomaskantorat
je *6 Französische* und *Englische Suiten* für Klavier, *Das Wohltemperierte Klavier* Teil I

1723 Christian Wolff wegen »Irrlehre« aus Halle verwiesen
7.2. Probekantate für Leipzig
5.5. Unterzeichnung des Dienstvertrages
22.5. Umzug nach Leipzig
30.5. Erste Kantatenaufführung in der Nikolaikirche
Nov.: Orgelprüfung in Störmthal
Orgelweihkantate *Höchsterwünschtes Freudenfest* BW 194, *Magnificat*, Motetten *Singet dem Herrn ein neues Lied* und *Jesu, meine Freude*, *Inventionen* und *Sinfonien* für Klavier beendet, *Johannespassion* (Uraufführung 7.4.)

1724 Kant und Klopstock geboren; Gottsched kommt nach Leipzig. J. Chr. Hoffmann baut in Bachs Auftrag ein Violoncello mit 5. Saite (Viola pomposa)
26.2. Gottfried Heinrich geboren
25.6. Orgelprüfung Gera
Johannespassion (Uraufführung 7.4.), *Ein feste Burg ist unser Gott* BW 80 (Jahr ungesichert)

1725 Peter I. von Rußland gestorben. Fux veröffentlicht Kompositionsschule »Gradus ad Parnassum«
19./20.9. Orgelkonzerte in Dresden
Der zufriedengestellte Aeolus BW 205, *Gott der Herr ist Sonn und Schild* BW 79, *Wie schön leuchtet der Morgenstern* BW 1, *Lobe den Herrn, den mächtigen König der Ehren* BW 137; *Notenbüchlein* für Anna Magdalena (darin *Sooft ich meine Tabakspfeife* und *Willst du dein Herz mir schenken ...) Präludium und Fuge G* für Orgel

1726 J. Swift: Gullivers Reisen. Bähr baut die Dresdner Frauenkirche (bis 1740)
5.4. Elisabeth Juliana Friederica (»Liesgen«, spätere Altnickol) getauft
Nov.: Bach beginnt eigene Werke zu veröffentlichen (op. 1)
Ich will den Kreuzstab gerne tragen BW 56

1727 *Trauerode* auf den Tod der Gemahlin Augusts des Starken (Uraufführung 17.10.). *Triosonaten* für Pedalcembalo oder Orgel; bis 1736 entstehen 3 wichtige Orgelwerke: *Präludien und Fugen* dorisch, *h* und *e* (»große«)

1728 Gays gegen Händel gerichtete »Beggar's opera« in London. Tartini gründet Geigenschule in Padua. Fürst Leopold gestorben

1729 Lessing geboren

Febr.: Bach am Weißenfelser Hof
23./24.3. Trauerfeiern für den Köthener Fürsten
Frühjahr: Übernahme eines Collegium musicum
Juni: Bach lädt Händel, der in Halle zu Besuch weilt, vergeblich nach Leipzig ein
Der Streit zwischen Phöbus und Pan BW 201
Matthäuspassion (Uraufführung 15.4.)

1730 23.8. Eingabe an den Rat der Stadt (»Entwurff...«)
8.9. Gesner wird Rektor der Thomasschule
28.10. Brief an Jugendfreund Erdmann
Chromatische Fantasie und Fuge f. Kl. (Endfassung), für Orgel: *Präludium und Fuge C, Präludium* zu *Präludium und Fuge c* BW 546

1731 Hasse wird Hofkapellmeister in Dresden. Umbau der Thomasschule
Sept.: Orgelkonzert in Dresden
Clavierübung Teil I gedruckt (*6 Partiten*), *Wachet auf, ruft uns die Stimme* BW 140

1732 Salzburger Emigranten in Deutschland. Haydn geboren. Händel führt in London regelmäßig Oratorien auf. J. J. Walther: Musicalisches Lexicon
April: Umzug in die erweiterte Thomasschule
21.6. Johann Christoph Friedrich (der »Bückeburger Bach«) geboren
Sept.: Orgelprüfung in Kassel

1733 August der Starke gestorben. Friedrich August III. (regiert bis 1763) mit Graf Brühl als Premier. Pergolesi: La serva padrona. Telemann: Tafelmusik
23.6. Friedemann in Dresden angestellt (Sophienkirche)
Juli: Reise nach Dresden und (27.7.) Überreichung der *Hohen Messe*

1734 Carl v. Linné: Systema naturae. Gesner geht nach Göttingen, neuer Rektor wird Ernesti d. J.
Johann Gottfried Bernhard Organist in Mühlhausen
Jahreswende: Uraufführung *Weihnachtsoratorium*

1735 Juni: Reise nach Mühlhausen
5.9. Johann Christian geboren
Clavierübung Teil II gedruckt (darin *Italienisches Konzert*), *Lobet Gott in allen Reichen* (»Himmelfahrtsoratorium«) BW 11, *Kaffeekantate* BW 211 (Jahr ungesichert)

1736 Der preußische Kronprinz bezieht Schloß Rheinsberg. Sperontes: Die singende Muse an der Pleiße
Ab Juli: Präfektenstreit mit Ernesti
19.11. Bach erhält den Titel »königlicher Hofcompositeur«
1.12. Orgelkonzert in der Dresdener Frauenkirche
Lieder und Arien aus Schemellis Gesangbuch erschienen (darin *Vergiß mein nicht, Ich steh an deiner Krippen hier*)

1737 Universität Göttingen gegründet, Scheibes Zeitschrift »Der critische Musicus« erscheint.
Johann Gottfried Bernhard Organist in Sangerhausen
Frühjahr: Bach pausiert am Collegium musicum

Herbst: Er stellt Elias Bach als Sekretär ein
1738 Die Deutsche Oper in Hamburg schließt. Mizler gründet in Leipzig die »Societät der musikalischen Wissenschaften«
Carl Philipp Emanuel wird Cembalist des preußischen Kronprinzen
28.4. *Huldigungskantate* für August III. in Leipzig aufgeführt (Musik verschollen)
1739 Händel: 12 Concerti grossi. Mattheson: Der vollkommene Kapellmeister
Johann Gottfried Bernhard als Student in Jena, wo er am 27.5. stirbt
Okt.: Bach leitet wieder das Collegium musicum
Clavierübung Teil III (*Orgelkatechismus* mit *Präludium* und *Fuge Es*) gedruckt
1740 Friedrich Wilhelm I. gestorben. Unter Friedrich II. wird Berlin neben Hamburg Zentrum des norddeutschen Musiklebens; Hofkapellmeister ist Graun. Knobelsdorff baut die Oper »Unter den Linden«. Maria Theresia österreichische Kaiserin. Österreichischer Erbfolgekrieg. Erster Schlesischer Krieg zwischen Österreich und Preußen (bis 1742)
Carl Philipp Emanuel als Kammercembalist nach Berlin
1741 J.J. Fux und Vivaldi gestorben
Aug.: Bach reist nach Berlin
1742 Händel: Uraufführung Messias. Berliner Oper mit »Cäsar und Cleopatra« von Hasse eröffnet
Carl Philipp Emanuel: Preußische Sonaten (dem König Friedrich II. gewidmet)
22.2. Bachs letztes Kind, Regina Susanna, getauft
31.10. Elias Bach reist ab
Bauernkantate BW 212, *Clavierübung* Teil IV gedruckt (*Goldbergvariationen*)
1743 David Hume: Untersuchung über den menschlichen Verstand. Händel: Samson, Dettinger Tedeum. In Leipzig das »Große Konzert« gegründet
Dez.: Orgelprüfung an der Leipziger Johanniskirche
1744 Zweiter Schlesischer Krieg (bis 1745)
1744 Herder geboren. L. Euler »Theorie der Planeten- und Kometenbewegungen« (Berlin). Schloß Schönbrunn bei Wien vollendet
Das Wohltemperierte Klavier Teil II beendet
1745 Dresdener Friede: Friedrich II. behält Schlesien. Würzburger »Residenz« vollendet (B. Neumann). Händel: Herakles, Uraufführung Belsazar. Stamitz Konzertmeister am Mannheimer Hof; Gluck in London. Preußischer Armeemarsch »Hohenfriedberger«
1746 Pestalozzi geboren. Händel: Judas Maccabäus
16.4. Friedemann als Organist in Halle
24./28.9. Orgelprüfung in Naumburg mit G. Silbermann
1.1. Motette *Singet dem Herrn* zur Feier des Dresdner Friedens
1747 Händel: Josua
7./8.5. Bach bei Friedrich II. in Potsdam
Juni: Eintritt in Mizlers »Societät«
Sept.: *Das Musikalische Opfer* erscheint

1748 Schloß Sanssouci bei Potsdam vollendet
Bach wird von Elias Haußmann porträtiert
1749 Goethe geboren
20. 1. Elisabeth heiratet Bachs Schüler Altnickol
8. 6. Harrer legt die Kantoratsprobe für Bachs Nachfolge ab
1750 Hochblüte des französischen Rokoko (bis 1770). Voltaire bei Friedrich II. Joh. Gottlob Harrer Thomaskantor
Jan.: Johann Christoph Friedrich Bach als Hofmusiker nach Bückeburg
März / April: Zwei Augenoperationen
28. 7. Bach, erblindet, stirbt in Leipzig
1751 1. Band der »Encyclopédie française« erschienen: Händel erblindet über seinem letzten Oratorium Jephta. Katholische Hofkirche in Dresden mit einer Messe von Hasse eingeweiht
1752 Buffonistenstreit in Paris. Rousseaus Singspiel »Der Dorfwahrsager«. Quantz: Flötenschule. Leipzig wird Zentrum des deutschen Singspiels
1753 Berliner Liederschule. G. Silbermann gestorben
Carl Philipp Emanuel: Versuch über die wahre Art, das Clavier zu spielen
1755 Kants erste große Schrift. Haydns erste Streichquartette. Grauns Passionsoratorium »Der Tod Jesu« (Berlin)
1756 Dritter (7jähriger) Schlesischer Krieg: Friedrich II. fällt in Sachsen ein. Mozart geboren, sein Vater, Leopold, schreibt »Versuch einer gründlichen Violinschule«. Joh. Friedrich Doles Thomaskantor
Johann Christian trifft in Mailand ein
1757 Schlachten bei Kolin, Roßbach und Leuthen. Stamitz gestorben
1758 Carl Philipp Emanuel vertont Gellerts Oden und Lieder
1759 Händel gestorben, Schiller geboren. Haydns erste Sinfonien
1760 Bachs Witwe stirbt als Almosenempfängerin
1761 Haydn Kapellmeister in Eisenstadt
1762 Katharina II. (die Große) von Rußland. Gluck: Orpheus und Eurydike (Wien)
1763 Siebenjähriger Krieg mit Frieden von Hubertusburg beendet.
Gottfried Heinrich gestorben
1764 Rameau gestorben. Winckelmann: Geschichte der Kunst des Altertums. Mozart schreibt unter Einfluß des »Londoner« Bachs (Johann Christian) seine erste Sinfonie
1766 Schloß Trianon bei Versailles erbaut
1769 Napoleon Bonaparte geboren
1770 Beethoven und Hegel geboren
1771 Matthias Claudius: Der Mond ist aufgegangen. Burneys musikalische Reisetagebücher
1772 1. Teilung Polens (zwischen Preußen, Österreich und Rußland). Händels »Messias« erstmals in Deutschland (Hamburg). Lessing: Emilia Galotti
1774 Ludwig XV. gestorben, Ludwig XVI. Goethe: Werther. Gluck: Iphigenie in Aulis
1775 Goethe trifft in Weimar ein

1776 Streit zwischen Gluck- und Piccini-Anhängern in Paris
1777 Schubart auf dem Hohenasperg inhaftiert
1778 Herder: Stimmen der Völker in Liedern
1779 Lessing: Nathan der Weise
1780 Maria Theresia gestorben; ihr folgt der reformfreudige Joseph II.
1781 Kant: Kritik der reinen Vernunft. Mozart kündigt dem Salzburger Erzbischof und wird freier Künstler in Wien. Hiller begründet die Leipziger Gewandhauskonzerte
1782 Paganini geboren
Johann Christian gestorben
1783 Luftballonfahrten der Gebrüder Montgolfier. Hasse gestorben. Reichard vertont Goethes »Veilchen«. Beethovens erste 3 (Kurfürsten-)Sonaten gedruckt
1784 Schiller: Kabale und Liebe. Beaumarchais: Le mariage de Figaro. Vorfristige Hundertjahrfeier für Händel in der Westminster-Abbey
1785 Mozart vertont Goethes »Veilchen«
1786 Friedrich II. gestorben; Goethes erste Italienreise. Weber geboren. Mozart: Figaros Hochzeit. Händels »Messias« im Berliner Dom (unter Hiller), Händel-Gesamtausgabe begonnen
1787 Goethe: Iphigenie. Schiller: Don Carlos. Gluck gestorben. Mozart: Don Giovanni
1788 Goethe: Tasso, Egmont. Kant: Kritik der praktischen Vernunft. Schopenhauer geboren. Mozarts letzte 3 Sinfonien. Forkel: Allgemeingeschichte der Musik
Carl Philipp Emanuel gestorben
1789 Französische Revolution. Mozart bearbeitet Händels »Messias«. Johann Adam Hiller wird Thomaskantor (bis 1804)
1790 Joseph II. gestorben. Goethes zweite Italienreise. Mozart: Cosi fan tutte. Haydn: 12 Londoner Sinfonien
1791 Kaiserkrönung Leopolds II., aus diesem Anlaß schreibt Mozart seine letzte Oper »Titus«. Zuvor »Zauberflöte«. Über dem »Requiem« stirbt er. Meyerbeer geboren. G. Langhans vollendet das Brandenburger Tor in Berlin. Fasch gründet die Berliner Singakademie. Gerber: Lexicon der Tonkünstler
1792 Frankreich wird Republik. Rossini geboren. Beethoven trifft in Wien ein, nimmt Unterricht bei Haydn
1793 Zweite Teilung Polens (zwischen Preußen und Rußland). Pariser Schrekkensherrschaft. Ludwig XVI. enthauptet
1794 Notre-Dame in Paris als »Tempel der Vernunft«
1795 Dritte Teilung Polens (zwischen Preußen, Österreich und Rußland). Goethe: Römische Elegien. Schiller: Briefe über die ästhetische Erziehung des Menschengeschlechtes. Beethoven: Klaviertrios op. 1 (für Haydn) gedruckt. Härtel wird Sozius des Leipziger Verlegers Breitkopf
Johann Christoph Friedrich Bach gestorben
1797 Schubert geboren. Haydn komponiert die Melodie des heutigen »Deutschlandliedes«

1798 Beethoven: Sonate pathétique op. 13. Rochlitz gründet in Leipzig die »Allgemeine Musikalische Zeitung«

1800 Sturz des Directoire in Paris, Bonaparte 1. Konsul. Schiller: Maria Stuart. Cherubini: Wasserträger. Beethoven: 1. Sinfonie. Zelter folgt Fasch als Leiter der Berliner Singakademie. Musikverlag Hoffmeister & Kühnel (ab 1814 C. F. Peters) in Leipzig gegründet

1801 Novalis: Heinrich von Ofterdingen. Haydn: Uraufführung Jahreszeiten, Pariser Aufführung der »Schöpfung«

Das Wohltemperierte Klavier erscheint in Bonn und Zürich. Hoffmeister & Kühnel beginnen mit der Gesamtausgabe der Bachschen Clavierwerke

1802 Beethoven: Heiligenstädter Testament

Forkel: Über Joh. Seb. Bachs Leben, Kunst und Kunstwerke

1803 Berlioz geboren

Literaturverzeichnis

erfaßt nur die mehrmals verwendeten wichtigen und neueren Quellen.

Besseler, Heinrich: Aufsätze zur Musikästhetik und Musikgeschichte, Leipzig 1978

Blankenburg, Walter (Hg.): Johann Sebastian Bach, Darmstadt 1970

Dürr, Alfred: Die Kantaten von Johann Sebastian Bach, Kassel 1971

Forkel, Joh. Nikolaus: Über Johann Sebastian Bachs Leben, Kunst und Kunstwerke, Berlin 1966 (Hg. Walther Vetter)

Gretschel, Carl Christian Carus: Leipzig und seine Umgebungen, Reprint, Leipzig 1980

Gurlitt, Willibald: Johann Sebastian Bach. Der Meister und sein Werk, München 1980

Hanke, Wolfgang: Die Thomaner, Berlin (DDR) 1979

Hempel, Irene und Gunter: Musikstadt Leipzig, Leipzig 1979

Keller, Hermann: Die Orgelwerke Bachs, Leipzig 1948

Kolneder, Walter: Lübbes Bach-Lexikon, Bergisch-Gladbach 1982

Marcel, Luc-André: Johann Sebastian Bach in Selbstzeugnissen und Bilddokumenten, Reinbek 1983

Neumann, Werner: Auf den Lebenswegen Johann Sebastian Bachs, Berlin 1953

Neumann, Werner: Bilddokumente zur Lebensgeschichte Johann Sebastian Bachs, Kassel 1979

Otterbach, Friedemann: Johann Sebastian Bach. Leben und Werk, Stuttgart 1982

Schering, Arnold: Tabellen zur Musikgeschichte, Wiesbaden 1962

Schmieder, Wolfgang: Thematisch-systematisches Verzeichnis der Werke Johann Sebastian Bachs, Leipzig 1976

Schulze, Hans-Joachim (Hg.): Johann Sebastian Bach. Leben und Werk in Dokumenten, Kassel 1975

Schweitzer, Albert: Johann Sebastian Bach, Leipzig 1961

Schwendowius, Barbara und Dömling, Wolfgang (Hg.): Johann Sebastian Bach. Zeit. Leben. Wirken, Kassel 1976

Siegmund-Schultze, Walther: Johann Sebastian Bach, Leipzig 1976

Smend, Friedrich: Bach in Köthen, Berlin o. J.

Smend, Friedrich: Johann Sebastian Bach. Kirchenkantaten vom 8. Sonntag nach Trinitatis bis Michaelis, Berlin-Dahlem 1947

Spitta, Philipp: Johann Sebastian Bach, Leipzig 1949

Terry, Charles Sanford: Johann Sebastian Bach. Eine Lebensgeschichte, Leipzig 1950

Vetter, Walther: Der Kapellmeister Bach, Potsdam 1950

Erklärung der Fachausdrücke

a capella: unbegleiteter mehrstimmiger Chorgesang

Arie: kunstvoller Sologesang mit Instrumentalbegleitung, zu Bachs Zeit gewöhnlich virtuose Dacapo-Arie (dreiteilig, mit verzierter Wiederholung des ersten Teils)

Arioso: liedhafter Sologesang mit Instrumentalbegleitung, schlichter und kürzer als die Arie. Vorform des Kunstliedes im 19. Jahrhundert

BWV: Bach-Werke-Verzeichnis, 1950 von Wolfgang Schneider vorgelegt und nach Gattungen geordnet (Kantaten und weitere Vokalwerke; Orgel-, Klavier- und weitere Instrumentalwerke)

cantus firmus (c. f., lat. »fester Gesang«): geistliche oder weltliche Melodie, die einer Komposition oder Improvisation zugrunde gelegt wird. Meist plaziert man den c. f. in die Oberstimme

Choral (lat. cantus choralis – Chorgesang): bei Bach das Gemeindelied der evangelischen Kirche sowie dessen mehrstimmige Bearbeitung für Chor oder Orgel

Fuge (lat. fuga – Flucht): kunstvollste Form der Polyphonie in strengem Kontrapunkt, Weiterentwicklung des Kanons. Fugen mit zwei Themen heißen Doppel-, mit drei Themen Tripel-, mit vier Themen Quadrupelfugen

Generalbaß: musikalische Kurzschrift zur Bezeichnung der Akkorde über der Baßstimme (Bezifferung)

Kanon (lat. Regel, Richtschnur): polyphone Form, bei der nur ein einziges Thema von mehreren Stimmen, zeitlich versetzt, ausgeführt wird. Vorform der Fuge

Kantate (lat. cantare – singen):: mehrsätzige instrumentalbegleitete Vokalkomposition geistlichen oder weltlichen Inhalts für Soli und / oder Chor und Orchester

Kontrapunkt (lat. punctus contra punctum – Note gegen Note): Anleitung für das polyphone Komponieren; für die freie Komposition von gleicher Bedeutung wie Algebra für Mathematik

Manual (lat. manus – Hand): die für die Hände bestimmte Tastenreihe der Orgel. Große Orgeln haben bis zu fünf schräg übereinander angeordnete Manuale

Motette (ital. mottetto): polyphones geistliches a-capella-Chorwerk

Oratorium (lat. Betsaal): mehrsätzige Komposition für Soli, Chor und Orchester mit einer durchgehenden Handlung

Passion (lat. passio – Leid): Schilderung der Leidensgeschichte Christi durch die Evangelisten; musikalische Umsetzung in Oratorienform

Pedal (lat. pes – Fuß): Tastenreihe für die Füße des Organisten

Polyphonie (gr. Vielstimmigkeit): Kompositionstechnik, bei der alle Stimmen selbständig behandelt werden, im Gegensatz zur

Homophonie (gr. Gleichstimmigkeit), wo kraß zwischen Melodie und Begleitung unterschieden wird

Präludium (lat. Vorspiel): zur Bachzeit gewöhnlich mit nachfolgender Fuge oder Toccata gekoppelt, im Gegensatz zur Fuge kompositorisch frei

Rezitativ (vgl. »rezitieren«): Sprechgesang mit instrumentaler, meist nur akkordischer Begleitung

Suite (frz. Folge): Folge lose aneinandergereihter Tänze oder tanzartiger Instrumentalsätze

Temperatur (lat. richtige Mischung, Mäßigung): Die um 1700 aufkommende gleichschwebende Temperatur war die Einteilung der Oktave in 12 gleichgroße Abstände

Toccata (it. toccare–schlagen, berühren; vgl. frz. toucher): freies, dem Improvisieren nachgeformtes Stück für ein Tasteninstrument, ursprünglich wohl zu dessen spieltechnischer Erprobung und zur virtuosen Präsentation des Solisten bestimmt. Bei Bach gelegentlich anstelle eines Präludiums mit einer Fuge gekoppelt oder (in Frühwerken) aus bis zu 6 Teilen bestehend

Personenverzeichnis

Bildnachweis

Die Vorlagen zu den folgenden Abbildungen im Bildteil befinden sich im Archiv für Kunst und Geschichte, Berlin: 1, 2, 3, 4, 9, 10, 11, 12, 15, 20, 21, 22, 23, 26. Einige Vorlagen wurden den Archiven des Autors und des Erika Klopp Verlags entnommen.

Originale von Bildern, Autographen und Dokumenten befinden sich u. a. in folgenden Museen und Sammlungen: Archiv der Thomaskirche, Leipzig; Bach-Archiv, Leipzig; Bachhaus, Eisenach; Deutsche Staatsbibliothek (Musikabteilung), Berlin (Ost); Museum für Kunst und Geschichte der Stadt Leipzig; Musikbibliothek, Leipzig.

Biographien / Erinnerungen / Tagebücher

Musik

Fritz Busch
Aus dem Leben eines Musikers
Band 5605

Pablo Casals
Licht und Schatten auf einem langen Weg
Erinnerungen, aufgezeichnet von Albert E. Kahn
Band 1421

Alfred Einstein
Mozart
Sein Charakter – Sein Werk
Mit 99 Notenbeispielen
Band 2039

Hans Gal
Johannes Brahms
Leben und Werk
Band 2222

Giuseppe Verdi und die Oper
Band 5601

Richard Wagner
Band 5608

Heinrich Eduard Jacob
Felix Mendelssohn und seine Zeit
Band 5023

Friedemann Otterbach
Die Musikerfamilie Bach
Briefe und Dokumente
Band 2147

Fischer Taschenbuch Verlag

fi 93 / 5

Musiker-Briefe im Fischer Taschenbuch Verlag

Hans P. Busch (Hg.)
Verdi-Briefe
Mit Kommentaren und Abbildungen
Band 2141

Rudolf Elvers (Hg.)
Felix Mendelssohn-Bartholdy Briefe
Mit Kommentaren und Abbildungen
Band 2142

Albrecht Goes (Hg.)
Mozart-Briefe
Mit Kommentaren und Abbildungen
Band 2140

Dieter Rexroth (Hg.)
Paul Hindemith-Briefe
Mit Kommentaren und Abbildungen
Band 2146

Hans Christoph Worbs (Hg.)
Carl Maria von Weber Briefe
Mit Kommentaren und Abbildungen
Band 2144

Frédéric Chopin

Briefe

Herausgegeben mit einem Vorwort
und Kommentaren von Krystyna Kobylańska
535 Seiten, Leinen

Zweihundert Briefe von Chopin – in der umfänglichsten und gründlichsten Ausgabe, die bisher gelungen ist. Ein beträchtlicher Teil seiner Korrespondenz ist vernichtet oder verloren, die Geschichte der Sammlungen und Editionen »außergewöhnlich verworren, mitunter tragisch«, wie die Herausgeberin in ihrem Vorwort ausführt.

Den ersten Brief schrieb der Vierzehnjährige am 10. August 1824, den letzten der Neununddreißigjährige am 17. September 1849, einen Monat vor seinem Tode. Der Leser erfährt die Atmosphäre des Elternhauses und der polnischen Heimat, beobachtet den spielerischen Beginn und das rasche Wachsen eines unvergleichlichen Künstlertums, die ersten ausgedehnten Reisen, die Schaffensjahre in Paris, die bitter endende Beziehung zu George Sand (Valldemosa auf Mallorca, Nohant), den langen tapferen Kampf mit der Lungentuberkulose, den Aufenthalt des Todkranken in England und Schottland, die Rückkehr nach Paris.

Der Briefschreiber, der Patriotismus mit Weltbürgertum verbindet, ist bei aller Lebendigkeit und Anschaulichkeit seines Erzählens unliterarisch. Er teilt viel mit und verschweigt manches. Das Geheimnis des Schöpfertums vermag er nicht preiszugeben, das Romantische seiner Musik findet keinen Einlaß in seine Zeilen; sie sind hell, sachlich, gegenständlich, aufmerksam auf Erscheinungen der Gesellschaft. Immer aber sind sie erfüllt von Gefühl, bewegt von Familiensinn und Freundlichkeit.

S. Fischer

fi 476/1

Verdi-Boito
Briefwechsel

Herausgegeben und übersetzt von Hans Busch
780 Seiten. Leinen

Dem Zusammenwirken von Verdi und Boito verdanken wir mit ›Otello‹ und ›Falstaff‹ Gipfelwerke der Opernkunst und den größten ihr geltenden Briefwechsel. Dieser Korrespondenz läßt sich nur die zwischen Strauss und Hofmannsthal vergleichen – einen Briefwechsel von Mozart und da Ponte gibt es nicht. »Aber weder Mozart noch Strauss fanden den Dichter, der wie Boito Musiker war und zum Freunde wurde«, schreibt Hans Busch. Er bietet erstmalig die vollständige Dokumentation dieser schöpferischen Gemeinschaft. Das menschliche Verhältnis zwischen dem Komponisten und seinem fast dreißig Jahre jüngeren Librettisten gedieh nach gefährlichen Krisen zu einer Vater-Sohn-Beziehung. Ihre gegensätzlichen Naturen zogen einander an, Shakespeare verband sie im Geist des Musikdramas. Ihre Werkstattgespräche spiegeln sich zum großen Teil in diesen Briefen wider, die einen Zeitraum von einundzwanzig Jahren, fast bis zu Verdis Tod, umspannen. Die Neufassung des ›Simon Boccanegra‹ stellte die beginnende Zusammenarbeit auf eine harte, erfolgreiche Probe. Am Schluß steht die Uraufführung der ›Pezzi Sacri‹ in Paris.

Hans Busch hat die Mehrzahl der Briefe Verdis an Boito erst ans Licht gehoben. Sein Buch gliedert sich in vier Hauptteile. Ihnen ist jeweils eine umfassende Einleitung vorangestellt, die viele Briefe Anderer enthält. Lebenstafeln der beiden Meister und zehn biographische Skizzen vervollständigen den Überblick. Reiche Anmerkungen sind Ergebnis intensiven Forschens. Als Übersetzer aus dem Italienischen wahrt Busch die Diktion der Briefschreiber: Verdis rauhe und warme Bündigkeit, Boitos Anmut, Skrupelhaftigkeit und Noblesse.

S. Fischer

fi 615 / 1

Die Frau in der Gesellschaft

Deutsche Dichterinnen vom 16. Jahrhundert bis zur Gegenwart
Gedichte und Lebensläufe
Herausgegeben und eingeleitet von Gisela Brinker-Gabler
Band 3701

Diese Anthologie ist der erste Versuch, eine Tradition deutschsprachiger Lyrik freizulegen, die in der Literaturgeschichte verschüttet ist. Eine Einleitung über die Bedingungen schreibender Frauen, Kurzbiographien, Fotos und bibliographische Angaben vervollständigen den Band.

Eva Weissweiler
Komponistinnen aus 500 Jahren
Eine Kultur- und Wirkungsgeschichte in Biographien und Werkbeispielen
Band 3714

Anhand von ausgewählten Biographien und zahlreichen Musikbeispielen möchte die Autorin hier die längst fällige Rehabilitation der komponierenden Frau einleiten. Vor dem Hintergrund der jeweiligen gesellschaftlichen Situation und der damit verbundenen Vorurteile der Musikwissenschaft wird hier zum erstenmal ein Überblick über die Entwicklung der weiblichen Kunstmusik im Verlauf der Jahrhunderte gegeben.

Fischer Taschenbuch Verlag

Arthur Schnitzler

Briefe 1875–1912

Herausgegeben von Therese Nickl und Heinrich Schnitzler

1047 Seiten. Leinen

Arthur Schnitzler erweist sich ein halbes Jahrhundert nach seinem Tod als lebendiger Dichter. Sein Werk beschwört mit einer vergangenen Epoche, einer vergangenen Gesellschaft gleichermaßen Grundmächte und nur äußerlich sich wandelnde Gesetze des Lebens. Erst heute erkennen wir Schnitzlers illusionslosen Ernst und seine unerbittliche Wahrhaftigkeit ganz: Aus seinen Briefen gewinnen wir ein Selbstporträt und Schicksalsbild.

Der erste Band führt von einem Gruß des Dreizehnjährigen an die Mutter bis zur Lebenshöhe, zu der Vollendung des »Professor Bernhardi«, dem fünfzigsten Geburtstag und der ersten Werkausgabe, die S. Fischer ihm bereitete. Die Mehrzahl der Briefe wird hier zum ersten Mal veröffentlicht.

Briefe 1913–1931

Herausgegeben von Peter Michael Braunwarth, Richard Miklin, Susanne Pertlik und Heinrich Schnitzler

1198 Seiten. Leinen

Die Briefe sind Spiegelungen, Reaktionen, unerschrockene Stellungnahmen und Klärungen. Krieg. Krise und Scheidung der Ehe, Verhandlungen mit dem Verleger, mit Theatern und Schauspielern (z.B. Elisabeth Bergner). Reisen.

Das schöne Vater-Sohn-Verhältnis zwischen ihm und Heinrich, die Vater- oder Tochtertragödie: der Selbstmord der noch nicht neunzehnjährigen Lili. Die tiefe, anhaltende Trauer um Hofmannsthal. Nicht zuletzt, vielmehr immer wieder: Politik. Diese Briefe sind geschrieben mit Bedacht auf den Adressaten, nicht auf spätere Publikation.

S. Fischer

fi 1123/1